Gaosu Gonglu Gaikuojian Gongcheng Jishu yu Shijian

高速公路改扩建工程技术与实践

徐　强　等编著

人民交通出版社

内 容 提 要

本书依托河南省高速公路改扩建实体工程，针对改扩建方案比选、路基拼接、桥梁拼宽、互通式立交、分离式立交以及通道和涵洞的扩建等关键工程技术问题，进行了探索和研究。本书着重介绍了山区高速公路改扩建工程的单侧拼接加宽相关的工程技术问题，列举了平原区和山区高速公路改扩建工程从工可到设计、实施的工程实例。

本书可作为公路工程设计和施工技术人员参考书，也可供相关专业大专院校的师生参考。

图书在版编目(CIP)数据

高速公路改扩建工程技术与实践/徐强等编著.
—北京：人民交通出版社，2010.8
ISBN 978-7-114-08536-9

Ⅰ.①高… Ⅱ.①徐… Ⅲ.①高速公路—改造—道路工程—研究 Ⅳ.①U412.36

中国版本图书馆 CIP 数据核字(2010)第 132779 号

书　　名：高速公路改扩建工程技术与实践
著 作 者：徐　强　等
责任编辑：丁润铎
出版发行：人民交通出版社
地　　址：(100011) 北京市朝阳区安定门外外馆斜街 3 号
网　　址：http://www.ccpress.com.cn
销售电话：(010) 59757969，59757973
总 经 销：人民交通出版社发行部
经　　销：各地新华书店
印　　刷：北京鑫正大印刷有限公司
开　　本：720 × 960　1/16
印　　张：11.75
字　　数：201 千
版　　次：2010 年 8 月　第 1 版
印　　次：2011 年 6 月　第 2 次印刷
书　　号：ISBN 978-7-114-08536-9
定　　价：30.00 元

《高速公路改扩建关键技术系列丛书》

编审委员会

主 任 委 员：范跃武

副主任委员：徐　强　常兴文　王　丽
　　　　　　　王世杰　张伟中

《高速公路改扩建工程技术与实践》

编审委员会

主　　编：徐　强

副 主 编：王　丽　李广慧　王笑风

编写成员：刘东旭　杜战军　朱建强　周艳丽
　　　　　　韩文涛　苏沛东　马　炅　李孟绪
　　　　　　龙志刚　张　可　王　燕　杨　磊
　　　　　　葛梦澜

前　　言

随着我国经济持续快速发展，高速公路的建设十分迅猛，截至 2009 年年底，中国高速公路通车总里程已达 6.5 万 km，总里程居世界第二位。河南省地处我国中部，是连接东西南北的交通枢纽，从满足长远经济发展和交通需求的角度出发，对境内的高速公路进行改扩建将是今后公路建设的主旋律。G30 高速公路刘江至广武段改扩建工程建成通车，宣告了河南省首条高速公路改扩建工程正式投入运营，而河南省境内的 G4 和 G30 高速公路其他路段的加宽扩建工程也已全面启动，计划五年内将目前的四车道高速公路扩建为八车道高速公路。

高速公路改扩建项目主要分为平原微丘区和山岭重丘区两大类。因此，改扩建方案设计和施工各有特点，其中不但涉及扩建方案比选、路基拼接、旧路改造和桥涵等构造物的扩建等关键工程技术问题，而且包含交通组织设计等问题。由于目前我国还没有成熟、统一的高速公路改扩建设计方法，尽管在设计规范中有公路扩建的条款，但仅针对新、老路基路面交接部位的连接问题，提出了一些具体的设计要求和施工要点，并没有针对路基、路面和桥涵构造物加宽拼接提出具体的设计指标。与新建高速公路项目相比，高速公路的改扩建工程本身就是一项繁杂的系统工程，而且由于各地的高速公路地形、地质条件差异较大，在高速公路改扩建的实践中还存在不少问题。河南省交通规划勘察设计院有限责任公司在承担 G4 和 G30 高速公路河南省内段改扩建设计任务的同时，还针对一些高速公路改扩建关键工程技术问题进行了深入的研究，如在路基拼接技术、旧路改善技术、桥涵构造物拼接技术以及改扩建交通组织等方面进行了专题研究，这些研究成果将陆续整理并出版。

考虑到本书是一本介绍高速公路改扩建实践的著作，读者对象多为从事工程设计和施工的技术人员，因此，本书主要针对高速公路改扩建设计中涉及的工程问题进行阐述，没有过多地从理论上进行研究。

河南省交通规划勘察设计院有限责任公司的技术人员参与编写了本书。其中，设计一分院参加了第一章、第四章的编写，设计二分院参加了第五章、第七章的编写，设计三分院参加了第七章的编写，设计四分院参加了第三章、第八章的编写，规划分院参加了第二章、第六章的编写，全书由总工程师王丽教授级高工审阅。

本书在编写过程中得到了河南省交通运输厅及交通系统各单位的支持与帮助，在此表示感谢。最后，感谢人民交通出版社的丁润铎、张一梅编辑，为本书的出版付出了辛勤的劳动。

编　者

2010 年 6 月

目 录

第1章 绪 论

随着我国经济持续快速发展，高速公路的建设十分迅猛。河南省的高速公路建设在全国范围内是比较领先的。1995 年 12 月，连霍高速公路郑州至洛阳段通车，这是河南省第一条建成通车的高速公路。此后的十余年，河南省高速公路建设步入快速发展阶段。截至 2009 年年底，河南省境内的高速公路通车里程达到 4 860km，连续四年位居全国之冠。国家高速公路网规划的河南省内路段已全部建成通车。由于早期高速公路受经济发展水平和技术所制约在设计理念、技术标准、施工方法等方面，都处于相对较低的水平，同时交通量剧增造成的道路病害也日益增多，"通而不畅"的现象日趋显现，由此引发的交通延误和交通事故屡见不鲜，已经不能满足"高速、快捷、安全"的设计要求。因此，从 2005 年开始，贯通河南省境内的连霍高速、京港澳高速公路河南段，逐步由双向四车道加宽升级至双向八车道，朝着"畅、洁、绿、美、安"的现代化高速公路目标迈进。

1.1 高速公路改扩建的必要性

1.1.1 满足交通量日益增长的需要

由于受建设时社会经济水平、技术条件和建设思想的制约，我国早期建设的高速公路以双向四车道为主，能够满足当时的交通需求，建成通车后对沿线区域的社会经济发展都起到了很好的促进和带动作用。近年来，我国经济一直处于高速增长态势，极大地拉动了高速公路沿线交通需求的快速增长，年平均增长率多在 10%以上，有的甚至达到 20%以上，远远超过项目规划立项时交通量的增长预测值。由此造成早期建设的高速公路交通量激增，出现通行能力不足、交通服务水平下降的情况。下面以已经或正在改扩建的几条高速公路的交通量增长为例进行说明。

原广佛高速公路于 1989 年建成通车，是广东省第一条高速公路。随着珠三角地区的经济快速发展，该高速公路交通量逐年剧增，其日均交通量由开通初期的 6 000 辆增长到 1996 年的日均 55 000 辆，交通量达到饱和。

原沈大高速公路于 1984 年 6 月开工建设，1990 年 9 月全线建成通车时，全线日均交通量为 6 739 辆。运营 10 年间，交通量以年均 11.8%的速度增长，至 2000 年其日均交通量已达 20 613 辆，2005 年日均交通量已达29 800辆。

原京津塘高速公路在 1991 年建成通车时只有不到 2 000 辆的日均交通量，而至 2005 年，15 年内日均交通量已经增加到 26 000 辆，增加了二十多倍，年均交通量增长超过 10%。其分年的日均交通量如图 1-1 所示。

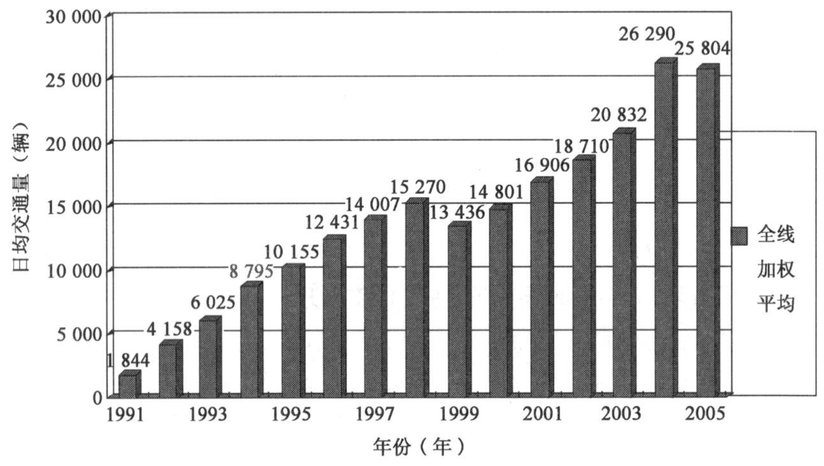

图 1-1　京津塘高速公路改扩建前日均交通量

原沪宁高速公路于 1992 年 6 月开工建设，全长 249.45km。1996 年 9 月 15 日，全线建成并投入运营。建成后，全线年均交通量平均增长率为 18.3%；2002 年全线的日均交通量为 41 143 辆。

连霍高速公路开封至洛阳段全长 200.2km，于 1991 年 6 月开工建设，1995 年 12 月全线建成通车，是河南第一条功能设施齐全、全封闭、全立交的双向行驶四车道高速公路。据资料统计，G30 高速公路 1999～2004 年郑州至洛阳段交通量平均增长率为 6.80%，其中郑州至巩义段为 7.24%，2004 年日均交通量分别为 25 147 辆和 27 291 辆。根据交通量预测结果，2010 年日均交通量将达到 33 785辆，接近二级服务水平时的通行能力上限；2011 年郑州至洛阳段日均交通量将达到 36 203 辆；2015 年日均交通量将达到 47 748 辆，即将达到四车道高速公路通行能力的上限。

以上数据表明，国内早期修建的高速公路要么已经达到饱和，要么接近饱和交通量。对其进行改扩建，提高其通行能力，符合经济和交通发展的客观要求。

1.1.2 提高服务水平的需要

高速公路交通量不断增长造成的直接后果是高速公路的服务水平日益下降，主要表现为交通拥挤时有发生，行车速度和通行能力明显降低，不能满足快速和舒适的通行要求。例如，原沪宁高速公路由于交通量不断增长，特别是大型车明显增加，导致沪宁高速公路服务水平日益下降，通车仅 6 年时间，其道路服务水平已接近三级服务水平。原四车道的广佛高速公路于 1989 年 8 月建成通车。随着珠三角地区的经济飞速发展，广佛高速公路的交通量逐年剧增，至 1995 年年底，日均交通量已达 55 000 辆，通行能力已经饱和，服务水平逐年降低，交通事故也逐年增加，高峰期经常发生堵车现象。

一方面，服务水平的降低使高速公路失去了快捷、舒适的特征，不再适应社会、经济发展的需要。此时，高速公路对经济发展不仅不具有促进作用，而且开始起制约作用。因而，对旧线进行改造、扩建成为必然要求。

另一方面，受当时路面设计理论和施工工艺、设备、材料等因素影响，早期修建的路面设计标准较低，部分施工技术还不够完善，加上近年来超限、超载车辆的作用，使得路面的裂缝、车辙、龟裂、磨光等病害过早地出现，桥面构造往往破损严重，不但影响行车的舒适性，而且容易引发交通事故，严重影响行车的安全性。因此，对旧线改扩建一般结合大修进行。这样既能提高通道的通行能力，又能对原有路线进行改造，起到一举两得的效果，确保高速公路处于较高的服务水平。

从河南省境内几个高速公路的改扩建项目的实施情况来看，扩容改造基本上都结合大修进行，并收到了很好的效果。

1.2 国内外高速公路改扩建的现状及发展

1932 年，德国修建了从波恩至科隆的高速公路，世界第一条高速公路自此诞生。高速公路因其行车速度快、通行能力大、经济效益高、行车舒适安全等特点备受世界各国青睐。高速公路已成为世界各国实现交通现代化的一个主要标志。高速公路通车里程已经成为衡量一个国家或地区经济发达程度的一项重要指标。

截至 2009 年年底，全世界已有 80 多个国家和地区拥有高速公路，高速公路通车里程已超过 25 万 km。目前，美国高速公路网已基本建成，总里程约 10 万 km，居世界第一位，连接了美国所有人口在 5 万人以上的城镇。我国高速公路通车总里程已经达到6.5万km,居世界第二位。其他高速公路比较发达的国家还有英国、法国、德国、加拿大、日本等。

总体上说,由于西方发达国家早在20世纪30年代就开始修建、改造高速公路,对于高速公路的改扩建已经有了比较系统、完备的认识。随着技术的进步和对环境重视程度的提高,国外高速公路改扩建由过去简单地考虑满足交通功能的思维模式转变为考虑交通、生态、环境、经济、技术、社会影响等综合效益的扩建模式,从单目标问题转化为多目标综合寻优问题。下面以美国和日本在高速公路改扩建方面的经验为例进行介绍。

1.2.1 美国高速公路改扩建

美国在高速公路建设上取得的成就是有目共睹的。第二次世界大战以后,因美国国防需要,美国开始在国内大规模地建设高速公路。到20世纪60年代中期,美国的高速公路网基本成形。由于国情不同,美国的土地利用政策相对宽松,因此高速公路建设具备很好的前瞻性,在公路设计和建设中坚持长远的观点。例如,美国高速公路的中央分隔带通常设计得较宽:1956年国家州际公路和国防公路集合设计标准中规定城区高速公路中央分隔带宽4.9m,乡村区高速公路的中央分隔带宽11m;1967年出版的AASHTO规范中推荐的最小中央分隔带宽为18～24m,靠近城区的中央分隔带为7～8m。较宽的中央分隔带既便于排水、管线布设和交通安全设施等的布置,也便于将来的道路拓宽。

随着经济的发展及交通量的不断增加,从20世纪70年代中期至80年代中期,美国掀起了一股大规模的高速公路改扩建热潮。出于对环境保护的考虑,联邦政府非常赞同对旧线进行拓宽扩建。由于美国的路基拓宽改造一般在中央分隔带内进行,所以新老路基的沉降差异问题并不突出。

在桥梁拓宽方面的通用做法是:对于既增加桥宽又加大孔径的桥,老桥的上下部都要拆除,采用分段施工。先改造一侧,老桥维持通车;然后,再利用新建的一侧通车,拆除旧桥,修建另一部分;最后,现浇两部分间的湿接缝。对于只增加宽度的桥梁,则在原来的基础上加宽。大部分桥梁上部结构为T形,加宽时只需凿除旧桥边梁的翼缘,通过现浇混凝土把新旧桥的桥面板连为整体,下部基础、盖梁等则是新老桥分离的。

在此期间,对扩建方案的研究主要针对具体项目中的工程技术问题,类似我国目前所处的高速公路改扩建初期阶段。随着对高速公路扩建问题探索的深入,TRB组织于1983年在美国召开了高速公路扩建工程专题国际会议。该会议比较完整地总结了发达国家近 10 年来对高速公路扩建的技术方法，主要集中在结构拼接和施工方法上的总结，而对于高速公路改扩建的方案设计、比选以及线形设计等问题几乎没有涉及。1983 年，美国的 Jack E. Leisch 在 ITE Journal 上发表了名为《高速公路改扩建设计特点和方案研究》的论文，较为系统地论述了在高速公路改建拓宽中在几何线形设计方面普遍遇到的问题，尤其是对立交上设计作了很精辟的总结。

在美国，有一个比较成熟的经验，即有经验的设计师在公路桥梁的规划设计阶段，通常会对其日后的拓宽作一定的考虑，如 SBWM(Strutted Box Widening Method)法和 SGWM(Strutted Girder Widening Method)法就为预应力混凝土箱梁的拓宽提供了一个很好的思路。

SBWM 法和 SGWM 法的本质都是利用撑杆来支撑加宽的桥面，应用到现浇桥梁加宽中称做 SBWM 法，应用于预制梁桥加宽中则称做 SGWM 法。SBWM法或 SGWM 法要求在原有桥梁设计时考虑后期拓宽的需要，即对梁高等结构基本尺寸作充分的预留，使之能满足日后拓宽结构的受力要求；在构造上，应预留预应力管道位置以及斜撑支撑点构造，为后续拓宽提供便利，如图 1-2～图 1-4 所示。

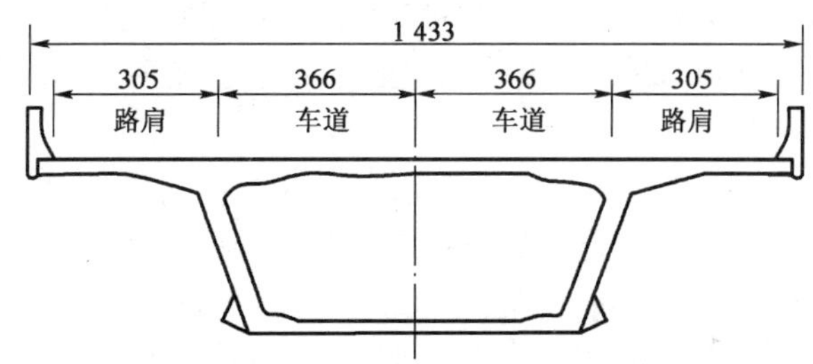

图 1-2　第一阶段的两车道箱梁结构断面示意图(尺寸单位：cm)

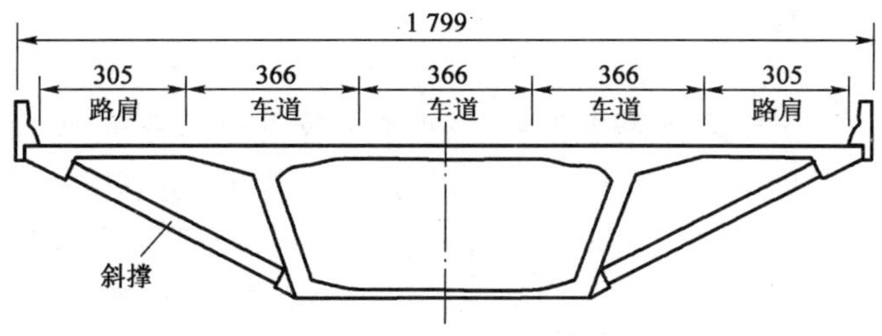

图 1-3　第二阶段的三车道箱梁结构断面示意图(尺寸单位：cm)

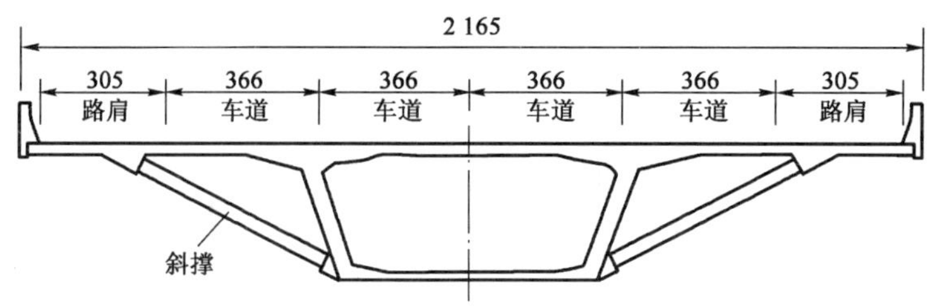

图 1-4　第三阶段的四车道箱梁结构断面示意图(尺寸单位:cm)

从 20 世纪 80 年代末至今,环境与公共关系对高速公路改建项目的重要性越来越突出。美国在高速公路改扩建方面的研究,越来越多地侧重于扩建项目如何减少对自然环境和公众生活的影响,如何有效地与公众进行沟通,如何在工程中利用先进的技术等问题,在改扩建项目的方案设计、比选、施工区道路安全性和施工区的交通组织等方面的技术日臻成熟。

1.2.2　日本高速公路改扩建

日本于 20 世纪 60 年代初开始建设高速公路,到了 20 世纪 80 年代,陆续建成了名神、中央、东名、首都、阪神等干线高速公路,初步形成了高速公路干线网络。此后,开始大力兴建与干线交叉的支线高标准道路。目前,日本全国高速公路总里程接近 8 000km,最终目标是在全国建成总长度为 11 520km 的高速公路网络。

日本的高速公路建设也经历了高速发展、注重提高质量、兼顾维修保养出精品三个阶段。和美国一样,日本的公路部门非常重视前期的规划工作,充分体现以人为本和经济实用的原则,为后续的改扩建留有余量,提供了较好的扩建条件。在技术方面,日本国内的施工企业非常注重技术创新工作,在路基处理、路基拼接、桥梁拼接和立交拓宽等方面,总结了很多实用的技术。概括来讲,日本在高速公路改扩建中积累的经验主要有以下几个方面。

(1)路基处理技术

日本大多数地区属火山地貌,少部分地区为盆地和海相沉积平原,深软土地基分布较广。由于高速公路规划建设线路多呈南北纵向分布,少量为东西横断走向。道路所穿越的地区基本为山区、峡谷,软土地基处理量较小,因此,在道路新建和扩建中对局部软土地基段一般不作深层地基处理,而基本采用水泥或石灰进行土质改良、提前预压或用轻质填料进行路基填筑,以减少路基工后沉降。用轻质填料进行路基填筑是日本在高速公路扩建中总结的实用技术。目前,日本的轻质路基填料主要有两种类型:一种是空气泡沫砂浆和空气泡沫轻质稳定土;另一种是发泡聚苯乙烯块或颗粒土。该技术的成功应用加快了道路新建和扩建施工进度,缩短了施工周期,具有较好的综合效益,近年来被广泛推广使用。

(2)路基拼接技术

由于受地理条件限制,日本现已建成通车的高速公路中隧道和桥梁所占比例较大,填筑路基段大多位于山间峡谷,依山体而建。因此,根据地形条件,除少数一般的平原、丘陵挖、填方路基段采用两侧拼接加宽的方式外,其他路段多以单侧拼接加宽为主,局部路段的隧道、桥梁和路基采取分离新建的做法。由于对路基段的拼接应用了轻质填料技术,所以在拼接过程中一般不对原路基进行大面积开挖台阶和复压,从而加快了扩建的速度。

(3)排水性沥青混凝土路面技术

在路面新材料应用方面,目前日本正在全国范围内大力推广排水性沥青混凝土路面。路面结构为:4cm 排水性沥青混凝土面层+6cm 沥青防水层+10～20cm 沥青处治基层+10～20cm 水泥处治底基层。其面层所用石料一般选用坚质砂岩,10～13mm 粒径石料占 70%～80%,砂占 10%～15%,矿粉占 5%,树脂沥青占 5%,空隙率达 20%。从面层渗透的水在防水层表面排至路基边沟。尽管此种路面结构的建设成本比一般沥青路面高,但由于排水性沥青混凝土路面的摩擦系数较高且能降低行车噪声,消除普通路面车辆雨天行驶产生的尾雾现象,并具有较高的抗车辙能力,从而提高了道路的安全系数和行车的舒适性。因此,日本道路公团要求所有新建及改建的路面均采用此结构。

(4)桥梁拼接技术

日本是地震灾害多发的国家,桥梁的设计更加注重抗震性能。所以,在道路扩建中,一般不对原桥作直接拼接加宽处理,而是与原桥并行新建,上下结构均不作连接。由于日本高速公路多通过山区,桥下净空较高,多采用钢桁架桥、钢箱梁以及其他形式的钢结构桥梁。在需要对原桥直接作拼接加宽处理时,上下部结构均作连接,以提高新老桥梁整体刚度。只有当预应力混凝土连续箱梁施加有横向预应力时,上部结构才不作连接。

(5)跨线桥及立交扩建技术

在日本道路拓宽建设中,也经常遇到上跨桥的拆除和新建问题。日本的上跨桥大多采用钢结构,因此,其拆除相对较为简单。在上跨桥的新建方面,日本采用“同步施工、一次合龙”的方法,即在不影响道路通行的条件下,先在道路两侧浇筑钢筋混凝土斜拱托座式桥台,同时在预制厂预制好上跨桥主跨的全幅或半幅完整梁体,然后通过大型运输车辆运送到现场后,利用一台或多台大型起重机进行一次性起吊对接和安装锚固。这种工法仅在拆桥和架桥的吊装阶段会中断交通，对交通的影响已降至最低。

由于高速公路沿线经济发展，增加横向交通通道的需求日益增加，日本许多已建成通车的高速公路经常面临增加横向交通通道的问题。由于地理环境的制约，许多地区无法通过新建上跨桥的方式来解决新增横向交通通道的问题。日本等许多发达国家早就开始了在保证上部道路通车条件下进行下穿通道施工相关技术的研究和试验工作。经过多年的实践，日本已成功地将用于铁路新增下穿通道的液压顶推混凝土箱体技术应用于道路下穿通道的施工中，并形成了自己独特的“单桩顶推、组合成梁、圈拱浇注”的工法。

关于预制钢筋混凝土箱梁以不断行顶推方式下穿现有高速公路，我国也有相关的尝试。河南省交通规划勘察设计院曾于 2005 年在郑开(郑州至开封)大道下穿京港澳高速公路的工程设计中成功运用了此方法，取得了很好的效果，值得今后在全国范围内进一步推广。

1.2.3 国内高速公路改扩建

我国内地高速公路的建设始于 1984 年 6 月 27 日开工的沈大高速公路，全长 375km，于 1986 年开始分段投入使用，1990 年 9 月 1 日全线通车。而 1984 年 12 月 21 日动工兴建的沪嘉高速公路全长 15.9km，由于其在 1988 年 10 月 31 日建成通车，成为当时中国内地第一条通车的高速公路。随后广佛、沪宁、京津塘、京石、京沪、连霍等高速公路相继开通，在开通高速公路的沿线往往都形成了繁忙的经济走廊带，对沿线的经济拉动作用非常明显。因此，各级政府对高速公路优越性的认识更加充分，高速公路的建设得到了迅猛发展。

但是，近年来在高速公路建设中出现一个新的现象，那就是在新建高速公路里程不断增加的同时，对已建成高速公路进行改扩建和拓宽的要求也逐渐增多。对现有高速公路进行改建、扩建时，主要有两种选择，即新建复线或拓宽旧线。

新建复线是指在不改变现有道路的基础上，在距其较近范围(一般为 5～10km)内新建一条与已有高速公路基本平行的道路，分担现有的交通量，以提高整个通道的通行能力。新建复线的主要优势在于增加路网密度，形成新的经济辐射区，而且规避了因拓宽带来的桥梁、路基拼接以及施工阶段的交通分流、施工组织等问题。济南至青岛高速公路和成渝高速公路的扩容就选择了这种方式。

但是，更多的高速公路改扩建项目选择了对现有公路进行拓宽改造，究其原因，主要有以下几点：

①从投资方面看，与旧线拓宽相比，新建复线方案不仅占用土地资源多、施

工周期长，而且需要修建大量的配套连接公路网，增加的投资较大。据统计，与新建复线相比，拓宽改造能节约一半以上的土地，节约 40%～60%的工程造价。从已经完工的高速公路改扩建工程来看，改扩建时机的选择一般都结合旧线路面的大修时间。大修和拓宽同时进行，不仅可以节约投资，而且通过扩建还可以对旧线存在的道路及桥梁的缺陷进行集中处理。

②从通行能力看，一条八车道高速公路的通行能力大于两条四车道高速公路的容量总和。

③从管理和养护方面看，拓宽旧线更有利于后期的交通管理和维修、保养工作，可以节约大量的人力和物力。

④从社会和环境影响方面看，既有旧线两侧经过多年的发展，已形成一个经济相对发达的产业带，新建复线短期内很难吸引旧线上的交通量，分流作用不会太明显，同时还给人们的出行带来路线选择的难题和困惑。此外，拓宽旧线对环境造成的影响也更小，旧线改造废弃的路面材料往往可以作为新拓宽部分的底基层或基层再利用，不仅节约投资，而且减少对环境的不利危害。

⑤从技术上看，无论是路基路面、桥梁以及立交的拓宽拼接，还是施工期间的交通组织，现有公路工程技术基本都可以满足。

因此，在现阶段，选择旧线拓宽的扩建方式，可能更加符合现实的发展需求，很多已建、在建成计划建设的高速公路扩建都采用了此种方式。

(1)沈阳至大连高速公路改扩建工程

沈阳至大连高速公路北起沈阳金宝台，南至大连后盐，总长 348km，全线由双向四车道拓宽为八车道标准，路基宽度为 42m，采用整体对称拼接的形式，设计行车速度为 120km/h。该项目于 2002 年 5 月 28 日开始进行改扩建工程，并于 2004 年 8 月 29 日全线建成通车。

(2)沪宁高速公路扩建工程

全线按照高速公路标准设计，全线由双向四车道拓宽为八车道标准，扩建路段总长 248.2km，设计行车速度为 120km/h，路基宽度为 42.5m，采用整体对称拼接的形式。2003 年 5 月扩建工程昆山先导试验段正式开工，2003 年 11 月沪宁高速公路扩建工程全线开工建设，2006 年 6 月 28 日全线交工验收。

(3)沪杭甬高速公路扩建工程

沪杭甬高速公路拓宽工程于 2000 年起分段、分期扩建，基本上采用四拓八的整体拼接形式。一期工程为杭甬红垦至沽渚段，全长 44km，于 2003 年底建成通车；二期工程为沪杭枫泾至大井段，全长 95.612km，于 2005 年底建成通车；三期工程为杭甬沽渚至宁波段，全长 80.82km，于 2007 年 12 月 6 日建成通车。

(4)G30 高速公路郑州段刘江至西南绕城高速公路改扩建工程

该工程东起 G30 高速公路与 G4 高速公路相交的刘江互通立交，西至 G30 高速公路与郑州西南绕城高速公路交汇处，全长 40.5km。改扩建工程路线部分采用两侧加宽的方法，在原四车道高速公路两侧各加宽 8m，拼接成整体式双向八车道高速公路。该工程于 2006 年 7 月正式开工建设，并于 2008 年 12 月 1 日全线交付运营。

(5)G30 高速公路郑州至洛阳段改扩建工程

项目东起于郑州广武，接 G30 高速公路刘江至广武段，止于洛阳任村，接已建成的 G30 高速公路洛阳至三门峡段和洛阳西南绕成高速公路，项目全长 106.4km，全线采用双向八车道高速公路标准改扩建。由于地处重丘区，采用单侧拓宽为主的扩建方案将双向四车道拓宽为八车道。该项目已于 2008 年 11 月 26 日正式开工建设，计划工期为 3 年。

(6)G30 高速公路洛阳至灵宝(豫陕省界)段改扩建工程

项目起于洛阳绕城高速公路与 G30 高速公路交叉的任村枢纽互通式立交西侧，止于 G30 高速公路豫陕省界处，线路全长 195.056km。项目地处重丘区和山区，设计行车速度 100km/h，将双向四车道拓宽为八车道。其路基加宽形式也与其他项目不同，大部分路段采用单侧整体加宽路基或近距离分离路基，局部采用分离式路基。

(7)G30 高速公路西安至宝鸡段改扩建工程

路线全长 143.1km，基本上采用整体对称拼接的形式将双向四车道拓宽为八车道。该项目已于 2008 年 12 月 16 日正式开工建设，计划工期为 3 年，将于 2011 年全线建成通车。

(8)G4 高速公路安阳至新乡段改扩建工程

项目北起 G4 高速公路豫冀省界收费站，南接新乡至郑州高速公路，全长 113.173km，采用两侧直接拼接加宽的方式将双向四车道拓宽为八车道高速公路，改建后路基宽 42m，路面净宽 2×19m，设计行车速度 120km/h。该工程于 2008 年 4 月 28 日正式动工，计划工期为 3 年。

(9)G4 高速公路郑州至漯河段扩建

项目北起郑州新郑国际机场，途经郑州、许昌、漯河 3 个省辖市，路线全长 119.638km，采用两侧直接拼接加宽的方式将双向四车道拓宽为八车道高速公路，改建后路基宽 42m。该工程已于 2008 年 3 月 29 日正式开工建设，计划工期为 3 年。

另外,G4 高速公路石安(石家庄至安阳)段河北段、G30 高速公路郑州至商丘段改扩建也正在作前期的可行性研究和计划,不久将会实施。

上述高速公路的改扩建实例表明,对已建高速公路进行改扩建是现阶段高速公路扩容的一种可行方案。我国前期修建的 4 万多公里的高速公路多为四车道。可以预计,高速公路扩建将成为未来十年内高速公路工程建设中的热点。

高速公路的改扩建不但涉及扩建方案比选、桥梁拼宽、路基拼接等关键工程技术问题,而且无论采用何种施工组织方式,必然会对原有的高速公路交通流产生干扰。因此,合理进行交通组织,保证道路行车畅通安全,也是高速公路改扩建工程中一个重要的课题。

第2章 高速公路改扩建工程可行性研究

可行性研究是一门随着科学技术进步和经济管理科学发展而逐步兴起并日趋完善的综合性科学。高速公路建设项目和改扩建项目的可行性研究是指在建设工程项目立项以前，对与建设项目有关的主要问题，包括区域社会经济发展现状及预测、区域交通流量和发展趋势、现有道路的状况和桥涵构造物的状况等，进行认真细致的调查分析，对项目建设的必要性、技术可行性、经济合理性、实施条件的可能性、环境友好性等方面进行全面的对比分析和论证，从而选出最佳方案，作出可行性研究报告。

可行性研究是建设工程项目决策的基础和依据，有助于保证投资的合理性和可行性。因此，国际上对高速公路建设工程项目的可行性研究非常重视。

2.1 改扩建工程可行性研究的必要性与内容

2.1.1 高速公路改扩建工程的概念

根据我国现行的《公路养护技术规范》(JTG H10—2009)，当高速公路的路面损坏状况指数(PCI)或路面行驶质量指数(RQI)不能满足要求或抗滑能力不足(SFC<40)以及路面强度不能满足要求时，可借助常规的养护措施来加以改善和提高。而当路面不适应现有交通量或荷载的需要时，应通过提高现有路面的等级或通过加宽等改建措施来提高公路的通过能力和服务质量。

根据上述描述可以知道，高速公路改扩建工程可以定义为：在原有高速公路的基础上提高道路的等级和抵抗荷载的强度而进行的改扩建工程。这包括两方面的含义：一方面是因现有道路及其附属设施不适应交通流量需求所进行的道路技术等级的提高，即对道路进行几何线形改善和加宽；另一方面是由于交通流和轴载需求所进行的高速公路结构强度的提高。

对一条正在运营的高速公路来说，是否需要对其进行改扩建工程建设的可行性研究，是一个十分重要的决策问题。与新建高速公路的可行性研究不同，高速公路改扩建工程既涉及对该道路性能的评价，同时也涉及对该道路残值利用的经济效益问题。根据上述高速公路改扩建工程的定义，对一条高速公路进行改扩建工程建设的可行性研究的主要依据是现有高速公路的交通流量和轴载调查分析结果。

2.1.2　改扩建工程可行性研究的必要性

对改扩建工程项目进行可行性研究，是基本建设程序中前期工作的重要内容，其目的就是要使建设项目决策正确。同时，它也是编制建设项目设计任务书的依据，是保证建设工程项目以最小的投资换取最佳经济效果的科学方法，是进行投资决策、筹措资金、项目初步设计的重要依据。做好可行性研究是避免或减少因决策失误而造成投资浪费、保证工程项目建设及投产后经营效益的重要手段，在项目投资决策和项目建设中具有十分重要的作用。

我国建设项目投资决策前的可行性研究工作开始于 20 世纪 70 年代末，并随着改革开放的不断深入而逐渐发展和完善。目前，已经建立了比较完善的主要针对大中型建设项目的评价方法。相对来说，公路部门开展工程项目的可行性研究工作比其他部门晚一些。1980 年，原交通部在郑州召开了第一次探讨公路可行性研究的会议，随后在 1982 年颁发了《公路建设工程可行性研究试行办法(草案)》。该办法中明确规定一切大、中型公路建设和主要建设项目的设计计划任务书，都必须依据可行性研究报告的内容。1989 年，原交通部正式颁发了《公路建设项目可行性研究报告编制办法》，再次强调大、中型公路建设项目和重要建设项目必须在前期做好可行性研究，但是对于公路工程的改扩建项目却没有明确规定。

随着我国公路交通事业的快速发展，交通流量和荷重都有大幅度的提高，在 20 世纪 80 年代后期和 21 世纪初期修建的高速公路都将面临改扩建的问题。要使有限的人力、物力和财力发挥最大的效能，必须做好改扩建工程的可行性研究，其重要意义如下。

(1)改扩建工程可行性研究是确定项目是否进行投资决策的依据。在社会主义市场经济条件下，建设项目的融资渠道已经变成了由国家、地方、企业和个人投资的多元化投资格局，投资业主和国家审批机关主要根据可行性研究报告提供的评价结果确定对此项目是否进行投资和如何进行投资，可行性研究报告是项目建设单位进行决策的关键文件。

(2)改扩建工程可行性研究是项目建设单位筹措资金，特别是向银行申请贷款或向国家申请补助资金的重要依据。因为凡是应向银行贷款或申请国家补助资金的项目，必须向有关部门报送项目的可行性研究报告。银行或国家有关部门通过对可行性研究报告的审查，并认定项目确实可行后，才同意贷款或进行资金补助。例如，世界银行等国际金融组织以及我国建设银行、国家开发银行等金融机构都明确要求提交可行性研究报告是建设项目申请贷款的先决条件。

(3)改扩建工程可行性研究是编制项目初步设计任务书的依据。可行性研究是编制设计任务书的重要依据，也是进行初步设计和工程建设管理工作的重要环节。初步设计是根据可行性研究报告对所要建设项目的规模、技术标准、路线方案、桥梁选型、建设工期、投资概算、技术经济指标等内容进行规划和设计，寻求最佳的建设方案，避免项目方案的不合理而造成人力、物力、财力的巨大浪费和时间的延误。此外，初步设计不得突破和违背可行性研究报告中已经论证确定的内容，特别是建设规模、技术等级和投资概算等。

(4)改扩建工程可行性研究是各级计划控制部门对固定资产投资实行调控管理、编制发展计划、固定资产投资、技术改造投资的重要依据。由于高速公路改扩建工程项目考虑的因素多，涉及的范围广、投入的资金数额大，可能对全国、地方或区域的近、远期的国民经济和社会发展带来深远的影响，必须纳入国家宏观调控的范围。因此，可行性研究报告可以作为发展规划部门对固定资产投资调控管理和编制国民经济及社会发展计划的重要依据。

(5)改扩建工程可行性研究是建设单位向国土开发及土地管理部门申请建设用地的依据。可行性研究对拟建项目如何合理利用土地提出了办法和措施，国家开发部门和土地管理部门可根据可行性研究报告中的土地利用情况具体审查用地计划，办理土地使用手续。

(6)改扩建工程可行性研究是控制工程造价的关键环节。工程项目的建造成本在很大程度上直接取决于可行性研究的深度和质量。据测算，在工程项目的前期策划和设计阶段可以控制70%～85%的工程投资，而后面的施工、材料、劳务只能控制15%～30%。可见，高质量的可行性研究对于工程造价控制的重要作用。

(7)改扩建工程可行性研究是环境保护部门审批的主要依据。可行性研究报告为确保项目达到环保标准，往往会提供环境影响分析、治理措施和办法，这些信息可作为环保部门对项目进行环境影响评价、具体研究治理措施、签发项目建设许可文件的主要依据。

因此，认真做好高速公路改扩建工程项目的可行性研究是极为重要的一个环节，而且工程咨询和设计审查也是国际上通行的做法和惯例。

2.1.3　改扩建工程可行性研究的内容

高速公路改扩建工程项目的可行性研究是在对建设条件充分调查研究和对交通量发展可靠预测的前提下，以技术方案比较和经济评价为核心的工作，需要论述和研究的主要内容至少应包括以下几点。

(1) 现有高速公路的技术状况和存在的问题

分析现有高速公路的技术状况和存在的问题，是论述高速公路改扩建必要性的重要一环。通过对需要改建的高速公路技术状况，如旧路技术等级、路面破损、弯沉测定、平纵线形、旧路结构承载力状况以及破损情况等进行调查，掌握其技术状况，以阐明原有高速公路对现状的不适应性和改建的必要性。

(2)现有高速公路交通量、轴载调查和发展预测

交通量、轴载调查和发展预测是公路可行性研究的重要组成部分，也是论述建设必要性及确定建设规模的主要依据之一。因此，必须在深入调查分析的基础上进行，并采用科学的方法，坚持定性与定量相结合的原则，做到系统全面。交通流量和轴载调查的内容包括：区内外对交通运输的需求状况、现有运输能力、货运及客运量发展预测，运输网络现状与规划、运输量的分配，在预测基础上确定改扩建项目的建设规模、技术标准等。

(3)拟改扩建的规模与技术标准

高速公路改扩建工程项目的规模与路线所在区域经济和社会交通量发展水平、沿线的自然条件及建设资金情况等密切相关。因此，在研究旧路改扩建规模和技术标准时，应根据影响区域内社会经济的发展情况及预测的远景交通量的大小论述交通需求，结合建设资金、现有条件的限制，论证拟采用的技术标准，并根据推荐的技术标准，确定各项技术指标，最终确定整体的改扩建规模。

(4)改扩建方案的拟订及比选

由于现阶段需要进行改扩建的高速公路都位于全国主要经济干线走廊带内，交通运输繁忙，因此应尽可能合理地选择最适用的改扩建方案，在满足交通量增长的同时尽可能减少对现有道路交通的影响。高速公路的改扩建方案设计，首先面对的是技术标准问题。在技术标准确定后，要考虑是在原路基础上进行拓宽改造，还是在原路附近(5～15km)新建复线。接着要考虑采用单侧加宽，还是双侧加宽。最后，还要结合当地的自然条件确定是采用分离式路基方案，还是采用整体式路基方案。同样，桥涵构造物的拼接加宽也需要拟订不同的方案进行比选和论证，以确定最佳的改扩建方案。

(5)改扩建项目建设进度计划

高速公路改扩建不但涉及桥梁、路基拼接,路面加铺等工程技术问题,而且要解决改扩建施工期间交通流的组织问题。因为对原有高速公路进行改扩建,无论采用何种施工组织方式,必然会对原有的高速公路交通流产生干扰。因此,在高速公路扩建过程中,必须做好切实可行的建设进度计划和交通组织方案,确保交通流的正常运行,减小因改扩建施工对交通流的影响,保证道路行车畅通和安全。

(6)改扩建工程项目的经济评价

高速公路改扩建工程项目具有一般高速公路建设项目的共同特征,因此,一般高速公路建设项目的经济评价原则和基本方法同样适用于改扩建项目。但必须认识到,改扩建项目是在原有道路建设项目的基础上进行的,在具体的评价方法上有其特殊性。比如,它的经济评价方法是对拟改扩建项目的效益和费用进行增量计算,从而得到增量评价指标(如增量投资内部收益率、增量投资财务净现值等),用以评价改扩建项目的财务可行性和经济合理性。

2.1.4 改扩建工程可行性研究报告编制的要求

如前所述,高速公路工程项目的可行性研究在项目建设中具有不可替代的重要作用,因此,在编制可行性研究报告时,应以质量控制为核心,对项目的规模、技术标准、扩建方案、新技术、新材料的应用等方面实事求是地科学分析,并做到以下几点。

(1)编制人员应具备较高的素质

可行性研究工作是集工程、经济于一体的综合研究课题,要求承担可行性研究报告编制的人员必须由具有较丰富的公路勘测、设计、施工的工程实践经验和对宏观经济、公路经济、技术经济等有较强把握能力的人员组成。另外,从事可行性研究的人员要真正树立为国家、项目业主服务的精神,熟悉国家和地方对项目建设有关法律、政策、规定,准确掌握有关专业知识,不断学习新技术,真正做到科学、独立、不受任何干扰地完成可行性研究报告,切实提高可行性研究的深度和质量。

(2)基础资料必须充分且真实可靠

高速公路改扩建工程项目的可行性研究,必须收集大量基础资料,并对收集到的资料进行分析、整理。其次,还应注意基础资料的检验工作,预测工作前,应对所收集的各种数据资料的可靠性进行分析和检验,未经检验合格的数据不能用来进行预测,以确保用于预测的基础数据真实、可靠。

对于大中型项目可以作出《社会经济发展预测专题报告》、《交通发展预测专题报告》、《工程方案比选专题报告》、《经济、财务评价专题报告》等分项报告，对数据资料的整理分析和检验、交通发展预测、工程方案比选、经济评价等重要问题进行深入详细的论述，从而提高研究成果的可信度。

(3)交通量预测方法必须科学

目前，我国普遍采用的交通量预测方法是在国外应用较为成熟的“四阶段”预测法。近些年来，随着我国公路建设的迅猛发展，四阶段交通量预测法得到了进一步推广，但仍存在基础数据薄弱、基础理论研究不足、适合我国国情的数学模型和参数以及用于交通量预测的计算机软件不完善等问题，使得交通量预测的数据存在问题，直接影响了可行性研究报告的质量。因此，在今后具体应用时，应在诱增转移交通量预测方法、交通方式划分、交通量分配方等方面进一步加强理论研究，寻求更为合理可靠的预测模型和计算参数。

(4)经济效益的计算必须准确

在基于经济学理论的高速公路改扩建方案的决策分析中，效益一方面来自通行能力增加直接创造的经济效益，另一方面则来自道路用户成本，主要体现在使用者在途时间花费、交通延误的车辆运营费用以及交通事故损失等方面的节约上。事实上，这部分效益的计算模型和方法还不是很成熟，并没有为广大的公路行业的设计人员所熟悉，很容易造成计算结果的偏差。此外，高速公路改扩建工程中的交通运输负效益也容易被设计人员所忽略，导致效益的分析不够全面。

(5)研究的内容要全面

高速公路改扩建工程项目能否成立取决于很多因素，不仅要从微观和宏观两个方面进行系统的研究，而且要认真研究全国和地区的综合运输规划、公路网发展规划、建设项目的地位和作用等。

总之，在可行性研究中要尽可能把主要问题进行详尽的研究，使项目选择建立在可靠的基础上，避免把可行性研究变成“研究可行”。

2.2 改扩建工程交通量调查与分析

对改扩建高速公路进行交通调查、分析和交通预测是高速公路改扩建工程项目可行性研究的重要组成部分，也是其研究的核心内容。它是进行旧路交通现状评价、综合分析改扩建项目技术等级和工程设施规模以及经济评价的主要依据，也是计算项目经济效益、进行项目经济合理性评估的基础。因此，交通流量、交通流轴载预测水平和精度，直接影响到整个可行性研究工作的质量和科学性，进而影响到项目决策的准确性。

2.2.1 交通流量调查

对改扩建高速公路的交通量调查，其目的是为了弄清旧路的车流量、流向及交通特征。根据原有高速公路在路网中的作用，交通量调查可分别进行 OD 调查和路段交通量调查。

(1)OD 调查

如果拟进行改扩建的高速公路是区域路网中的主要道路，由于交通流量较大，其扩建升级将对周边道路和整个公路网络造成较大的影响。在对旧路进行路段交通调查分析的同时，为搞清其流向特征，一般需要进行 OD 调查。

(2)路段交通量调查

对于所在区域路网较为简单的高速公路改扩建工程项目，可以仅对原高速公路进行断面交通流量的调查。

具体的调查工作方法参见相关文献和资料，这里不再赘述。

2.2.2 交通轴载调查

轴载是车辆荷载对路面造成损坏的关键因素。为了在路面设计和管理中更准确地分析和考虑车辆对路面损坏的影响，必须进行轴载测定，以获得实际的轴载数据。轴载调查是在道路交通量调查的基础上完成的。在路面设计中，交通量调查资料为通行能力服务，而轴载对路面的使用寿命产生直接的影响。因此，轴载调查与分析的目的是为了预测改扩建设计周期内行车对路面的破损作用，科学地制订改扩建道路的等级与路面结构厚度，合理地确定道路的改扩建规模与投资。

在未确定道路规模、等级的交通量调查中，需要考虑的是各种车辆类型，以及通过道路断面的昼夜混合交通量；而在进行道路路面结构设计与验算时，使用的交通量是标准轴载累计作用次数。

高速度、大吨位是当前交通运输的总体发展趋势。既要多拉快跑，又要保证路面不被压坏，这个问题不能单靠增加路面厚度来解决，而是要在保证轴载数据准确的同时，建立一套完整的汽车交通量与车辆轴载之间的换算关系，充分利用轴载数据来满足路面设计要求，这也是目前我国高速公路设计的迫切需要。

因此，做好交通流轴载的数据调查工作是极其重要的。在进行交通流轴载调查时，既要考虑如何利用交通部门的交通量观测站提供的混合交通量资料，以便对设计期间标准轴载作用次数进行预估，又要考虑轴载对路面结构的实际影响值。对于配置有自动化轴载仪的交通量观测站，可直接记录通行车辆的轴数和轴载大小，然后按照轴载大小分类统计累计轴载数，这种调查称为轴载谱调查。由于不同的轴载给路面结构带来的损伤程度不同，所以除轴载谱调查之外，还需进行各轴载组成比例调查。

国内常见的货车车型有18种之多，每个地区出现的车型有一定的差别。因此，在进行轴载调查时，往往需要事先从交通管理部门获得调查区域的车型种类，再制订调查方案，以提高调查人员的工作效率。

目前，国内进行公路交通流轴载调查通常采用的方法有人工目测法和轴重仪测试法。轴载调查要获得的是每种车轴的质量。因此，调查时需要按照轴型进行记录和分析。具体的测试方法这里不一一列举。

2.2.3　交通量分析与预测

目前，对于新建高速公路项目，国内外常用的交通量预测方法为“四阶段”法。“四阶段”预测法是经过出行生成(Trip Generation)、出行分布(Trip Distribution)、出行方式划分(Mode Split)、出行分配(Trip Assignment)四个阶段，将现状的地区社会经济调查、现状的地区交通出行调查(OD调查)，按照地区经济的增长趋势及目标，利用预测方法推导出未来的地区出行需求，再将未来各个交通区的交通发生与吸引总量进行地区间的空间分布预测，求得区与区之间的出行，再通过交通方式，求得各种交通方式的分担量，最后将所有的出行需求分配到路网上，并以此配合道路网规划，检验现有道路网的负荷，为区域道路网的规划提供科学的依据。

在“四阶段”交通量预测法中，交通生成的预测方法主要有增长率法、回归分析法和弹性系数法。交通分布的预测方法大体分为两类：一是利用现状OD表，预测未来OD表，称为“增长系数”法；二是综合考虑各区之间交通时间、区间距离、运行费用和地区增长特性等因素，通过模型预测未来交通分布状态。交通量分配的预测模型，主要有均衡模型和非均衡模型两大类。“四阶段”交通量预测法的主要步骤如下：

(1)对项目影响区社会经济和交通运输状况及发展趋势进行分析研究，预测项目影响区社会经济发展水平，研究地区经济与交通运输的关系，根据历年交通量统计资料与经济发展统计资料间的关系，建立交通—经济发展模型，研究社会经济发展与区域交通运输的关系。

(2)根据社会经济发展与区域交通运输的关系、项目影响区社会经济发展水平,综合考虑我国社会经济发展与交通运输的一般规律、国家汽车产业政策的调整、人们出行方式的变化等因素,确定交通量增长率,预测区域发生、吸引交通运输总量,即进行发生和吸引交通量预测。

(3)研究项目影响区内交通出行的规律与特点,预测项目影响区各特征年发生、吸引交通总量在各个交通区域间的具体交通分布。

(4)在未来相关公路网上模拟交通出行状况,把交通量分配到拟建项目及其他相关公路上去,得出拟建项目各特征年交通量。同时,研究各个交通区域间交通量在各种运输方式上的分担,对未来项目影响区内各种运输方式进行分析预测,确定公路运输在未来运输中所占比重。

与新建高速公路项目相比,高速公路改扩建工程项目具有不同的特点。改扩建高速公路本身已建成运营多年,交通量增长趋势平稳,在整个路网中的作用已经稳定,该公路通道历史观测交通量就能直观地反映该路段上交通量的发展趋势。因此,对于高速公路改扩建工程项目,除了可以运用较为成熟的“四阶段”法进行预测外,还可以利用基于运输通道的交通量预测法来进行预测。

所谓基于运输通道的交通量预测法,就是利用这些已有数据进行高速公路改扩建项目的交通流量预测,不仅可省去大量的出行调查费用,而且由观测站常年观测的路段交通量历史数据,往往比某几天的交通调查结果能更好地反映交通量变化趋势。但是该方法的主要缺点是,不能反映影响道路交通量的各因素发生较大变化时而导致交通量改变的情况。

基于运输通道的交通量预测法主要采用指数平滑法、多项式回归法和灰色预测法。主要步骤如下:

(1)获取项目所在运输通道内各条道路的历史交通量数据。

(2)根据运输通道历史交通量找出其发展趋势,运用相关趋势模型求出运输通道交通量的增长率,并计算出运输通道未来年总交通量。

(3)根据项目运输通道内各条道路的历史交通量发展趋势,结合各条道路在未来年的等级、车道数和通行能力等因素,采用 Logit 概率模型来确定未来年各条道路在运输通道内所分担的交通量比例,最后计算出项目未来年的交通量。

2.2.4 交通轴载分析与预测

(1)标准当量轴载的换算

交通荷载是在路面结构设计中最重要的参数之一。在传统的路面结构设计方法中,交通荷载是用当量轴载作用次数(ESAL)来表征的。当量轴载作用次数是以对路面结构造成相同的破坏为原则，将道路实际承受的混合交通换算成标准轴载的作用次数。

轴载在《公路沥青路面设计规范》(JTG D50—2006)中有着明确的定义和规定，按弯沉等效或拉应力等效的原则，将不同车型、不同轴载作用次数换算为与标准轴载100kN相当的轴载作用次数，称为当量轴次。路面设计以双轮组单轴载100kN为标准轴载，以BZZ-100表示，并对不同路面结构、不同应力计算列出相应的公式，在使用中的重要步骤之一就是把各种车辆荷载换算成标准轴载和累计当量轴次。

在获得轴载数据后，需要进一步统计整理，以轴载谱的形式进行表示，并形成表格。轴载谱可以用每个级位出现的次数来表示，也可以用每个级位出现的频率来表示，再由各种车型出现的次数获得轴载次数。在进行轴载分析时，单轴以10kN为单位分级，双轴以20kN为单位分级。

(2)车辆在道路上行驶的横向分布

车辆在高速公路上行驶时，会由于种种原因而造成车辆在道路横向空间有一定的摆动。此外，每一车辆在行驶过程中，其轮迹仅覆盖路面的一小部分。因此，路面横断面上各点所受到的轴载作用次数仅为通过该断面轴载总数的一部分。总的轴载通行次数，既不会集中在横断面上某一固定位置，也不会平均分配到每一点上，而是按一定规律分布在车道横断面上，称为轮迹的横向分布。通过轮迹横向分布的研究，可得到路面结构横断面的疲劳作用次数。道路的车辆轮迹分布系数主要受道路的宽度和车道的渠化程度影响。

另外，道路交通流量的大小、行车速度的高低、驾驶员驾驶习惯及其心理作用也不同程度地对车辆的轮迹分布产生影响。

(3)标准轴载的增长趋势预测

路面设计使用年限内标准轴载的累计作用次数与交通量的增长率有关。交通量的产生和增长与公路沿线的经济状况、生产布局、发展规划、运输系统结构、公路网密度等诸多因素密切相关。交通流轴载预测对工程的设计标准、服务水平及使用年限起到了至关重要的作用。

对设计年限内的轴载预测，是研究路面结构设计交通量增长率的方法。路面结构设计交通量增长率是指标准轴载作用次数的年平均增长律，其数值的大小与道路交通量增长率和设计使用年限等有关。所以，交通增长率的确定很关键，一定要切合实际。在一定的交通状况下，轴载作用次数增长状况与混合交通增长状况可能相似，但标准轴载次数的变化可能有其特殊性。因此，在确定累计轴载作用次数时，要考虑到道路的实际通行能力，使预测交通量符合实际的交通状况。

2.3 路面结构调查与评价

路面性能评价的概念，最早在1962年由AASHO提出，从此便作为路面长期性能研究的重要组成部分。随着道路修筑技术的日益成熟和人们对道路工作性能认识的逐渐深入，路面性能评价方法和评价指标也不断完善。现有路面结构检测主要包括：路面破损状况调查、路面结构强度调查、路面平整度及路面抗滑能力调查、排水情况及排水设施的损坏情况调查等多项内容。

世界上最早的沥青路面使用性能评价模型是AASHO于20世纪60年代提出的PSI (Present Serviceability Index)。它是公路管理行业第一次引用专家评分技术建立主客观联系的成功典范。继美国之后，日本、加拿大、英国等国纷纷效仿AASHO的PSI模型，建立了路面使用性能评价模型。这些模型主要分为综合指标评价模型和分项指标评价模型两类，都是把路面状况的主观评分同路面的物理指标(车辙、平整度、破坏率)联系起来，建立评价客观化的数学公式。

20世纪80年代末，交通部公路科学研究所根据我国沥青路面状况，在参照国外模型的基础上，确定了沥青路面使用性能评价方法，在河北、浙江两省有关地区选择了代表性试验路段，组织专家进行了以行驶舒适性和路面使用状况为重点的专家评价和路面数据检测，并针对河北省和杭州市的路面状况，进行数据分析和整理，建立了相应的评价模型。

显然，随着地域、环境等影响因素的不同，所建立的评价模型也必然不同。因此，建立一个较理想的广义性的评价模型，是当今路面性能研究中的一个难题。

2.3.1 常规的路面使用性能评价

通常，路面使用性能评价是依据检测采集的路面状况数据，对路面性能满足使用要求的程度作出判断。根据这一判断，可以衡量路网的服务水平，同时可以了解旧路段路面的服务水平和状况，判断哪些路段需要采取养护措施及采取什么措施，以便及时恢复路面的使用品质，使路面使用性能维持在较高水平。路面使用品质下降速率慢，可增加路面的使用寿命，从某种意义上说减少了养护改建费的支出。

而改扩建工程中的旧路检测与评价的目的，与路面使用性能评价不同。其目的是通过检测来评价旧路结构的承载能力与剩余寿命。检测半刚性基层存在的缺陷，为加固维修提供依据；检测路面结构的裂缝情况，评价其完整性；检测沥青面层的车辙状况，为沥青层的利用提供依据；检测旧路表面功能，旨在解决旧路沥青表面层的利用问题，判断是否需要进行铣刨或加铺。我国目前对高速公路路面使用性能的评价和测定，主要从路面破损状况、平整度、路面抗滑能力和路面结构强度四个方面来进行。

(1)路面破损状况调查

反映路面损坏状况的主要指标是路况指数 PCI，它是评价路面服务水平的最重要的一个指标，准确评价路面破损状况对于道路改扩建的设计和施工有十分重要的意义。路面损坏所表现的形态特征是多种多样的，这是因为促使路面出现损坏的原因是多方面的，如行车荷载因素（如超载、重复加载和水平荷载等）、环境因素（如温度变化、湿度变化和冰冻作用等）以及施工和材料原因等。因此，对复杂多样的路面损坏状况进行分类是很有必要的。在此分类的基础上，还必须制订相应的符合公路实际的各类破损程度扣分值。根据这些扣分标准，就可以对损坏状况进行测量、分类和评价，最后得出路面损坏状况指数 PCI。

根据国内外资料分析，路面破损一般可分为两大类：结构性破损和功能性破损。结构性破损通常是由于路面各层的承载能力降低所引起的，反映在表面上往往是裂缝。功能性破损是由于路面提供给用户的服务能力下降所引起的，反映在路面上则是平整度降低和车辙加深。

由于各种损坏对路面结构的完好程度和使用性能有不同程度的影响，因此，在评价路面破损状况时必须全面、科学，对每种破坏规定其明确的定义。目前，路面破坏调查时广泛采用的是人工目测法。进行路面破损状况调查时，沥青路面破损类型及其严重程度的定义可以参照现行规范。

(2)平整度调查

车辆在路面行驶时，行驶舒适的状况与路表面的平整度特性、车辆悬挂系统的振动特性和人对振动的反应或接受能力三个方面的因素有关。但从路面性能评价的角度出发，影响路面行驶质量的最主要因素是路面平整度。

路面平整度测试技术经历了 50 年的发展，测试方法和仪器总体上有如下两大类型：断面类平整度测定和反应类平整度测定。

显然，选取何种测定方法直接决定对路面性能评价的效果和效率。我国现行规范《公路路基路面现场测试规程》(JTG E60—2008)规定的路面平整度测定方法有三种，分别是 3m 直尺测定法、连续式平整度仪测定法和车载式颠簸累计仪测定法。为适应高等级沥青路面平整度测定的需要，目前较先进的仪器是非接触式断面仪，如激光平整度测试车，可直接输出国际平整度指数 IRI 值。

为了便于评价，一般是在统一平整度指标 IRI 的基础上建立路面行驶质量的评价指标 RQI。

(3)路面抗滑能力测定

影响路面抗滑能力的因素主要包括：路面特性(粗构造、细构造)、油和水对路面的污染、车辆参数(主要是轮胎)和驾驶因素(行车速度)等。路表面的细构造是指集料表面的粗糙度，它随车轮的反复磨耗作用而逐渐磨光，一般常用石料磨光值表征其抗磨光的性能。路表的细构造在低速行车时，对路表的抗滑能力起决定作用，而在高速行车时起主要作用的是粗构造。粗构造是由路面外露集料构成的，其功能是将路表水迅速排出，由构造深度来表征。路表构造深度仅从一个方面反映了路面的抗滑性能，而摩阻系数或抗滑指数较全面和宏观地表征了路表面的抗滑能力。

根据影响路面抗滑性能的因素，路面抗滑性能的测试可分为两类，即直接法和间接法。目前常用的仪器是横向力系数常规检测仪 S GRIM 和摆式摩擦系数仪。由于高速公路车流速度快，测摩擦系数必须用快速仪器检测，SGRIM 能够快速、大规模地检测，可满足测试要求；而摆式仪精度差、操作相对复杂，无法满足高等级公路测试要求，只能用在低等级公路或局部小路段检测上。

(4)路面结构强度评定

路面强度评价的目的是确定路面的剩余寿命，即在达到预定的损坏状况之前还能使用的年数或者承受的标准轴载累计作用次数。同时，分析路面出现过早损坏的原因，为加铺层结构设计，提供设计参数和依据。

路面强度的检测，一般可分为无破损试验和破损试验两类。破损类测定是从路面各结构层内钻取试件，在实验室内进行物理力学性能试验，从而确定各项力学性能参数，由此计算出结构承载能力。无破损类试验测定法则不需破损路面结构，可通过路表弯沉值来估算路面的结构能力。

目前，高速公路路面结构强度测定，常采用现场测定路面的弯沉值。路面结构破坏的原因可能有两类：一是由于过量的变形造成路面结构破坏，测试时可采用最大弯沉来表征；二是由于某一结构层的断裂破坏造成路面破坏，测试时可采用在荷载作用下路面的弯沉盆曲率半径来表征。

2.3.2 路面结构无损检测技术

(1)路面结构的落锤式弯沉仪无损检测

概括来说，路面弯沉测试技术的发展经历了如下三个阶段：

①静力弯沉测试，20世纪50年代中期应用的Benkelman梁式弯沉仪是目前最常见的静力弯沉测试设备；

②稳态动力弯沉测试，如英国WDM公司开发生产的自动式弯沉仪；

③脉冲动力弯沉测试，20世纪70年代末瑞士开发的无损路面检测设备——落锤式弯沉仪FWD(Falling Weight Deflectometer)是脉冲式动力弯沉测试设备的代表。

落锤式弯沉仪(FWD)的出现，为提高我国弯沉检测与承载力评价水平提供了机会。FWD具有无损、高效、高精度及采集数据量非常丰富等特点，而且可以较好地模拟行车荷载的作用，能够快速、安全、准确地采集大量的路面弯沉信息，使得它自20世纪70年代末产生以来在短短20年的时间内，已经在世界50多个国家和地区得到不同程度的应用，尤其是在欧美等发达国家，FWD的应用非常广泛，并取得了很好的效益。

弯沉作为最普遍的路面结构状况评价指标，其量测设备及分析技术发展很快，已经从单点最大弯沉测试发展到对路面弯沉盆的测试，并将局限于柔性路面上的弯沉概念发展到刚性路面的结构评价之中。我国的《公路路基路面现场测试规程》(JTG E60—2008)已将FWD列为弯沉检测设备。

根据我国沥青混凝土路面设计规范的规定，高等级公路沥青混凝土路面是以设计弯沉作为结构强度控制指标进行设计的。因此，我们可以通过测定路面目前的弯沉值来确定其整体承载能力。通过这个弯沉值，进而得出路面的路面结构强度指数(SSI)，它是评定路面整体结构功能的重要指数。目前，对于沥青混凝土路面一般采用路面结构强度指数(SSI)作为评价指标。

(2)路面结构缺陷无损检测技术

高速公路建成投入使用后，因反复承受车轮的磨损及冰、雨、雪等各种自然因素的影响，必然会造成各种病害或损坏，若对病害发现不及时、处理不到位，势必会影响道路的使用寿命。但原有钻孔取芯的工程质量检查方法不仅效率低、代表性差，而且对路面结构有破损，为此，急需发展快速、简便、有效的路面结构无损检测技术。

探地雷达GPR(Ground Penetrating Radar)正是一种能满足上述要求的公路无损检测技术，现已在欧、美等发达国家广泛应用，我国开始应用探地雷达的时间大约在20世纪90年代初期。目前，国内许多科研院所和高校都在研究新一代适用于公路检测的探地雷达技术，并拓宽其应用范围。

探地雷达法是一种通过发射和接收高频率(一般为10～2 500MHz)、短脉冲电磁波，并根据接收到的电磁波的振幅、波形和频率等特征来分析和推断地下介质结构、地层岩性特征的浅层地球物理探测技术，具有高采样率、无损连续检测等优点，目前其探测精度和分辨能力已经可以达到厘米级。

介电差异是探地雷达检测路面的基本原理。电磁波在传播过程中遇到介电常数有差异的媒质时，就会在界面上发生反射，反射信号的强弱取决于上下层之间的介电常数差异。

我国现阶段高速公路面层一般采用两种材料：沥青混凝土和水泥混凝土。基层与路基一般为水泥土、水泥稳定粒料、石灰土、石灰稳定粒料、石灰粉煤土基层等。空气的相对介电常数为1；面层为混凝土时的相对介电常数约为6～9，面层为沥青时的相对介电常数大约为3～5；基层与路基由于湿度较大，其相对介电常数大都大于8。由此可见，道路各层之间都存在较显著的介电常数的差异，这为雷达检测道路结构提供了可靠的地球物理基础。

面层破损、沉陷、基层不密实、基层和面层脱空、基层孔洞等病害的产生必然导致路面结构的变化，从而改变原有路面结构各层的界面或者产生新的异常界面，这在探地雷达检测剖面中均能得到体现。通过与正常路段的对比，很容易在探地雷达检测剖面中识别这些病害。因此，在高速公路改扩建工程项目中，通过上述检测得到路面强度和使用性能指标，并结合测到的GPR资料，能够为改扩建方案设计和施工提供有价值的信息，并有助于选择合适的改扩建对策。

2.4 桥梁结构承载力调查与评价

客观地说，对在役桥梁结构承载力评定方法的研究是一个世界性的课题，目前还处于研究和探索阶段。多年来，国内外学者在桥梁承载力评定中提出了许多评定方法。这些方法中有的已经比较成熟，并得到了广泛应用，如外观调查法、检算评定法、荷载试验法；有的还处于研究和探索阶段，实际应用得相对较少，如基于模态参数的评定方法、荷载效应的修正法、荷载试验与计算分析相结合的方法和可靠度评估方法等。部分评价方法已经被有关国家，如英国、日本、加拿大等国，列入旧桥承载力评定规范。其中，日本、加拿大采用的是荷载效应的修正计算方法，并向专家系统评估的方向发展。英国、美国则主要采用无损荷载试验与计算分析相结合的评定方法。从发展趋势来看，计算分析结合无损检测是旧桥承载力评定的主要发展方向。本书将对这两类方法分别简要介绍。

2.4.1 常规的桥梁承载力调查方法

总体上看，我国对桥梁承载能力评定所采用的方法总体上比较单一，基本采用以荷载试验为主的方法。《公路旧桥承载能力鉴定方法(试行)》、《公路桥梁承载能力检测评定规程》(报批稿)和《大跨径桥梁的试验办法》,也是主要基于荷载试验进行评定的方法。

对旧桥的承载能力检算基本上按照有关的公路桥梁设计规范进行,并根据桥梁的调查、检算及荷载试验情况,引入桥梁检算系数、耐久性恶化系数、截面折减系数和活载修正系数等,分别对极限状态方程中结构抗力效应和荷载效应进行修正,并通过比较判定结构或构件的承载能力状况。

对于桥梁的荷载试验,则采用以静载试验为主、动载试验为辅的方法。

(1)静载试验

通过在桥梁结构上施加与设计荷载或使用与荷载基本相当的外载,以分级加载的方法,利用检测仪器测试桥梁结构的控制部位与控制截面在各级试验荷载作用下的挠度、应力、裂缝、横向分布系数等特性的变化,将测试结果与结构按相应荷载作用下的计算值与有关规范规定值作比较,从而评定桥梁结构的承载能力。通过校验系数来说明结构潜在的承载力,相对残余变形反映了结构的工作状态。

(2)传统动载试验方法

这里所指的传统动态试验方法,是指对桥梁进行动载试验,其目的在于研究公路桥梁结构的动力性能。它通过检测桥梁结构在动力荷载作用下受强迫振动的桥梁结构上各控制部位的动挠度、动应变、模态参数(自振频率、振型、振型阻尼比、应变模态)以及所检测出的动力学参数,对旧桥承载力进行评估。

这种方法是使用单辆或者多辆加载车在桥上进行跑车、跳车或制动等激振试验,以此作为静载试验的补充。由于传统的动载试验方法存在封闭交通、费工、费时等缺点,因此在使用上并不方便,尤其是在交通量非常繁重的国道干线高速公路上。

动载试验反映了桥梁的整体工作性能,它由桥梁结构的振型、自振频率、校验系数、阻尼比等表现出来。

2.4.2　基于动态测试的桥梁承载力评价方法

(1)基本概念

以振动模态分析为核心的整体结构检测技术近 20 年来一直是国内外研究的热点,动态法测定桥梁承载力即为其中的一种。这种技术(尤其是借助环境振动自行检测的系统)在桥梁监测中具有远程在线操作的优点,测试操作基本不影响正常的交通。

本节所说的基于动态测试的桥梁承载力评价方法，主要依靠动态法测试结合承载力计算分析方法进行。首先是对结构进行脉动测试，测试桥梁结构上各控制部位的动挠度以及模态参数（自振频率、振型、振型阻尼比、应变模态），然后主要利用模态参数识别桥梁结构的刚度变化和损伤情况。动测法所用到的主要设备是一套动态数据采集、放大和分析系统，配合拾振器工作。

（2）基本原理

动态测试法的基本原理是：桥梁结构在动力荷载或环境激励作用下将产生振动，而影响桥梁振动的主要因素是其刚度大小。桥梁的损伤、物理性能的劣化等都会引起刚度的衰减，其动力性能必然发生变化。动态测试法就是通过检测桥梁的动力特性（如频率、振型和阻尼比等），并据此对桥梁承载力状况和运营状况进行判断的一种方法。就目前的技术水平而言，动态测试法主要测试桥梁的第一阶振型自振频率 f_{m1}，并将其与桥梁建成初期测得的第一阶自振频率或理论计算频率 f_{d1} 相比，从而判断桥梁所处的技术状态。技术状态共有五个等级，分别是良好状态、较好状态、较差状态、差的状态和危险状态。

（3）测试实例

河南省境内某混凝土空心板桥，于 1997 年建成通车，主跨 30m，其他各跨均为 20m，为简支预应力混凝土空心板梁桥。空心板宽 99cm，高 120cm，中板 16 块，边板 2 块。下部结构采用柱式墩，盖梁上设板式橡胶支座。2007 年 4 月，当重载车辆通行时，与 30m 主跨相接的两跨个别空心板发生突然断裂，造成交通中断，当地公路管理部门迅速采取加固措施，于 2007 年 8 月恢复通车。然而，正常通车还不到 4 个月，2007 年 12 月月初，30m 主跨桥面即出现数条纵向裂缝，桥面向下挠曲的变形明显。在保证交通不断行的前提下，采用了动态测试结合计算分析的桥梁承载力评价方法。

动态测试法所用主要设备是一套动态数据采集、放大和分析系统，配合拾振器工作。本次检测所用的传感器和放大器均为中国地震局工程力学所（哈尔滨）研制开发，其通频带为 0.5～100Hz，具有高灵敏度和高分辨率的特点，非常适合野外作业。振动信号采集与处理分别使用北京市波谱世纪科技公司开发的 64 通道数据自动采集与信号处理软件 WS-DAQ，能够快速进行动态测试与波形分析。

现场试验主要通过在桥梁顶面布设 894—2 型拾振器，主要包括跨中、1/4 跨及 3/4 跨截面，测出结构振动参数，利用频谱分析方法绘制主要截面的位移和加速度时程曲线，然后结合计算分析结果进行桥梁结构承载能力的评定。评价结论为：实测一阶频率为 3.369Hz，与计算结果（3.709Hz）相比，桥梁的实测一阶频率降低了 9.1%，而刚度降低了约 17.5%。根据基于结构自振频率的桥梁技术状况评定标准和《公路桥梁承载能力检测评定规程》(2004 年)(报批稿),该桥的上部结构处于较差的状态。

2.5　改扩建工程经济分析与评价

2.5.1　概述

由前面的论述可以知道,在对高速公路改扩建项目进行方案比选和投资决策时,经济评价结论是其主要依据之一,通过它可以确定项目的建设在经济上的合理性和财务上的可行性。

然而,由于我国高速公路建设起步较晚,大部分项目为新建,因此,现行《水运、公路建设项目可行性研究报告编制办法》(交通部,1988 年 6 月)和《公路建设项目可行性研究报告编制办法》(1996 年 12 月)(讨论稿)中均未涉及高速公路改扩建项目在经济评价时国民经济效益和费用以及财务效益和费用如何计算的问题。到目前为止,我国还没有一个针对其特殊性、比较明确和完善的计算方法。

在实际工作中,由于评价人员对改扩建项目的理论认识不一致或操作方法不规范等原因,可能导致计算结果各异、失去合理性,不能起到经济评价的真正作用。显然,在此基础上进行决策也不具科学性。本节将在分析高速公路改扩建工程项目特点的基础上,提出一些经济评价的思路和方法。

2.5.2　改扩建工程经济评价的概念与原则

1)改扩建工程项目的经济评价

高速公路改扩建工程项目的经济评价,是指在项目可行性研究中,从国民经济以及企业经济的角度,对拟改扩建高速公路建设项目的设计方案进行经济效益论证和评价,从而确定拟建项目未来发展前景的一系列活动。

依照原国家计委、建设部于 1993 年颁发的《建设项目经济评价方法与参数》(第二版)及交通部于 1996 年颁发的《水运、公路建设项目可行性研究编制办法》(讨论稿),现行高速公路改扩建工程项目的经济评价理论和方法与新建项目基本相同。

不同的是,改扩建项目盈利能力分析强调通过"有无对比"进行增量分析,即通过对"有项目"和"无项目"两种情况费用和效益的比较,求得增量的费用和效益数据,并计算效益指标。一般包括三个部分,即国民经济评价、财务评价和敏感性分析。

国民经济评价是按照资源合理配置的原则，从国家整体的角度考察改扩建工程项目的效益和费用，用影子价格、影子工资、影子汇率和社会折现率等经济参数分析，进行盈利能力分析，计算项目对国民经济的净贡献，评价项目的经济合理性。

财务评价是根据国家现行财税制度和价格体系，分析、计算改扩建工程项目直接发生的财务效益和费用，编制财务报表，计算评价指标，考察项目的盈利能力、清偿能力以及外汇平衡等财务状况，据此判别项目财务上的可行性。

敏感性分析是通过分析、预测改扩建工程项目主要经济因素发生变化时对经济评价指标的影响，从中找到敏感因素，并确定其影响程度，以便做好风险警示和控制，为改扩建工程项目的决策和执行者提供参考。

2)改扩建工程项目经济评价的特点

由于高速公路改扩建项目是在原有高速公路基础上进行建设的，不可避免地与原有高速公路发生种种联系，因此，与新建项目相比，高速公路改扩建工程项目的经济评价具有以下特点。

(1)与原有高速公路密切相关

由于高速公路改扩建的原则之一是尽量利用原路的设施，因此，所有改扩建工程项目都会在不同程度上利用原有高速公路的资产，如路基、路面及桥涵构造物等，使新增投资和原有投资共同发挥作用。在进行高速公路改扩建工程项目的经济评价时，一般以增量效益和费用来计算，但困难在于难以准确地划清新旧项目的联系。

(2)高速公路改扩建工程项目的效益计算相对复杂

一方面，高速公路改扩建的效益是指新增投资产生的增量效益，其计算方法与新建高速公路存在区别；另一方面，原有高速公路已在运营，即便不进行改扩建，原有状况也会发生变化。因此，其项目效益的识别和计算较新建项目更为复杂。

(3)高速公路改扩建工程项目的费用计算相对复杂

由于在高速公路改扩建工程项目的建设期内建设与运营往往同步进行，因此，其费用计算不仅包括新增投资、新增成本费用，而且还包括因改扩建项目实施引起的原有高速公路停止运营或运营车辆减少带来的损失和部分原有高速公路资产拆除费用等。

3)改扩建工程项目经济评价的原则

(1)费用、效益的计算范围对应一致

改扩建高速公路建设项目的经济评价是增量费用与增量效益的相对比较。

对此,《公路建设项目经济评价办法》指出,应按照费用与效益计算范围对应一致的原则进行计算。

在进行国民经济评价时,凡属改扩建工程项目所做的贡献均计为项目的效益,一般评价时只计算直接效益。直接效益主要指可用货币形式表现的项目产出物的经济价值。改扩建工程建设项目中,这种效益主要表现为:有此项目相对于无此项目形成的通行费的增加,汽车运输成本的节约和客、货在途时间的节约及交通事故费用、货损费用的减少。费用是指改扩建工程项目投入物的经济价值,与效益计算范围保持一致。

(2)改扩建工程项目经济评价采用"有"、"无"比较法

"有"、"无"比较法,是指通过拟改扩建工程项目实施的情况下发生的各种费用和效益,与假定拟建项目不实施的情况下发生的各种费用和效益的比较,来确定拟建项目费用与效益的一种方法。这种比较对于准确衡量项目所带来的净收益是非常必要的。

(3)计算期采用同一价格

原国家计委于1987年颁发的《建设项目经济评价方法》规定,国内建设项目的经济评价,在计算基准期内各年使用同一价格,即财务评价使用现行价格,国民经济评价使用影子价格。在作项目经济评价时,以项目建设的第一年的市场价格和影子价格为基准,经济评价和财务分析基准期内价格保持不变。

需要指出的是,交通部颁发的《公路建设项目经济评价办法》规定,财务分析中的费用采用市场价格应考虑上涨因素。这是考虑到一般情况下工程项目的工程可行性研究工作应在项目开工前3～5年内进行,距项目实施有一段时间,故应计入物价上涨因素。

对于物价可能上涨非常剧烈或者要利用外资的改扩建工程项目,为了便于作贷款偿还能力的分析,可将物价上涨因素作为影响项目评价的重要因素进行敏感性分析,以考察物价上涨的影响程度。

(4)经济评价计算年限统一

根据现行规定,公路建设项目经济评价计算年限为建设年限加公路投入使用后的预测年限,而投入使用后的预测年限原则上按20年计算。

经济评价的计算年限,往往容易与项目的使用年限、设计年限相混淆。项目的使用年限是指从公路投入使用起到公路改线废弃或下一次重大改造时的年限。项目的经济评价,主要是将公路使用年限内各年的效益和费用折现后进行比较。但是各个项目的具体使用年限不尽相同,如果不采用统一的预测年限,就会造成不同工程项目的经济评价结果不具可比性的结果。

项目的设计年限是和各级公路所能适应的年平均日交通量(远景服务交通量)相联系的。《公路工程技术标准》(JTG B01—2003)规定,远景设计年限,高速公路、一级公路为 20 年,二级公路为 15 年,三级和四级公路为 10 年。因此,只有采用统一的经济评价计算年限,对不同等级的公路项目的经济评价结论才具有可比性。

2.5.3 改扩建工程效益计算

1)交通量基础数据

高速公路改扩建完成后所带来的最重要、最直接的可以货币形式计量的效益,是公路使用者获得的直接效益,而交通量是计算项目效益的基本数据。

项目的经济评价采用"有"、"无"比较法,相应地,交通量也划分为有项目条件下的交通量和无项目条件下的交通量。主要有以下交通量的概念。

(1)正常交通量

正常交通量主要指改扩建项目不受改扩建影响自然变化趋势型的交通量。

(2)转移交通量

转移交通量一般包括两部分:从其他运输方式(如铁路、水运)转移来的交通量和从其他相关公路转移到新路上的交通量。

(3)诱增交通量

诱增交通量指原来没有发生、由于改扩建项目导致运输成本降低而新产生的交通量。通常也分为两类:一类运量是处于潜在状态,由于不建公路,运输不方便或运输成本太高而不值得运输,有了此项目后产生了这种运输;另一类运量是由有了公路改扩建项目后所带来的经济活动而引起的,是交通便利后新形成的运量增加部分。

2)汽车运输成本基础数据

在公路改扩建工程项目的经济效益中,有相当部分是由汽车运输成本的降低所产生的效益,因此,汽车运输成本是经济效益计算中十分重要的因素。

汽车运输成本是公路运输承运者进行旅客、货物运输所消耗的以货币形式表现的一切费用。汽车运输成本一般分车辆费用和企业管理费用两大类。影响汽车运输成本的因素很多,如路况(路面质量、最小平曲线半径、坡度)、公路等级、车速、交通量等。

3)经济评价基础数据

高速公路改扩建工程项目经济评价中需要根据交通量衍生计算的数据,还包括以下方面。

(1)现状数据

反映高速公路改扩建实施前的效益和费用现状,是单一的状态值。

(2)“无项目”数据

指不实施改扩建时,在现状基础上考虑计算期内效益和费用的变化趋势,经合理预测得出的数值序列。

(3)“有项目”数据

指实施改扩建后,计算期内各年的总量效益和费用数据,是数值序列。

(4)新增数据

指“有项目”相对“现状”的变化额,即“有项目”效益和费用数据与“现状”效益和费用数据的差额。

(5)增量数据

指“有项目”效益和费用数据与“无项目”效益和费用数据的差额,即“‘有’、‘无’比较法”得出的数据。

4)改扩建工程国民经济评价的效益计算

高速公路改扩建项目经济效益是指全社会公路使用者所获得的效益,主要包括:改扩建公路晋级效益,减少拥挤效益,节约旅客、货物在途时间效益,缩短里程效益,减少交通事故效益和减少货损事故效益等。下面介绍每种效益的计算方法。

(1)改扩建项目运输成本降低的效益

指高速公路改扩建项目完成后,将大大改善公路的行车条件,提高公路的通行能力,使得旅客、货物运输的运输成本降低所产生的效益。改建公路项目运输成本降低额,按公路未经改建时评价年度交通量状况下的旅客、货物运输成本,与经过改建在同一交通量水平下所能达到的旅客、货物运输成本的差额计算。

(2)减少拥挤所产生的效益

原有高速公路未改扩建升级时,原有相关公路的交通量会随着社会的发展而不断增加,平均行车速度不断降低,单位运输成本也不断提高。改扩建项目实施后,原有相关公路部分交通量发生转移,从而减少了拥挤,原本提高的单位运输成本不再提高,节约的金额即为效益。

(3)缩短里程而产生的效益

高速公路因改扩建而可能缩短里程,从而会节约旅客、货物的运输费用。其节约金额,以改扩建当时交通量状况下的货、客运输成本计算。

(4)货物在途时间节约的效益

货物节约在途时间的效益,以货物运送速度提高引起资金周转期缩短而获得效益来考虑，按在途物资所需资金利息（国民经济评价时采用社会折现率）的减少支出量来计算。

（5）旅客在途时间节约的效益

旅客节约在途时间的效益，以旅客旅行时间缩短进而多创造的国民收入来考虑，其金额以每人平均创造国民收入（净产值）的份额来计算。

（6）交通事故减少而节约的效益

拟改扩建高速公路项目实施后，必然导致交通事故减少，其节约的费用以事故率差及事故平均损失费用计算。

（7）货损事故减少节约的效益

减少公路货损事故所节约的费用，按货损率差及评价年度在途货物平均价格计算。

（8）改扩建施工期间的负效益

根据目前高速公路改扩建实践来看，老路的改扩建工程多沿老路进行拓宽扩建，现有交通量必然受到施工影响而向其他道路转移。即便是不中断交通施工的情况，也会因半幅通车而降低运输效率，由此将产生运输效益的损失，即为负效益，应在高速公路改扩建项目的可行性研究中考虑。

根据美国等发达国家的公路维修养护决策实践经验，上述效益中的（1）～（7）项又称为“用户成本”。在基于经济学理论的道路桥梁维修方案的决策分析中，效益来自于道路用户成本，主要体现在道路使用者在途时间花费、运输成本节约、交通延误的车辆运营费用以及与交通事故有关的损失等方面的节约上。

5）用户成本计算实例

为了更好地理解“用户成本”的计算方法，这里选择一个美国高速公路桥梁项目的算例来说明旅客在途时间、车辆运营成本和平均交通事故节约的效益计算过程。其计算原理同样适用于高速公路改扩建项目，只是计算的范围和广度更大。

已知，某拱桥由于发生严重的损伤和缺陷造成46％的通行车辆绕行约38.6km。该桥的日平均交通量ADT为7 166次/日，其中货车的比例为14％。为了满足日益增长的交通量需求，当地桥梁管理部门提出了一个桥梁重建计划来缓解交通压力，计划项目更新总成本C_I为23 655 000元，每年每座桥的车辆交通事故损失C_A为30 000元。当前的交通事故发生的风险R_A为0.003 5％，更新改造后预期交通事故发生风险（R_A'）将降低至R'_A为0.000 28％。每车每公里的平均运营成本C_V为2.0元，绕行距离D_D为38.6 km，因绕行造成的平均旅客在途时间成本C_T为100元/h。试计算该桥梁的旅客在途时间、车辆运营成本和平均交通事故节约的效益以及效益费用比。

计算过程如下：

(1)旅客在途时间成本节约的效益 S_{TTC}

$$S_{TTC} = 365 \times V_D \times C_t \times D_D / S$$

式中：V_D ——每天绕行的车辆数。据已知条件得：

$$V_D = 7\,166 \times 0.14 \times 0.46 = 461(\text{辆})$$

S 是在绕行道路上的行车速度，若取高速公路上的正常平均行驶速度为 90km/h，考虑在绕行道路上 30% 的速度折减，那么：

$$S = 90 \times 0.7 = 63(\text{km/h})$$

$$S_{TTC} = 365 \times 461 \times 100 \times 38.6/63 = 10\,309\,569.84(\text{元})$$

(2)车辆运营成本节约的效益 S_{VOC}

根据上面的定义得：

$$S_{VOC} = 365 \times V_D \times C_V \times D_D$$

$$S_{VOC} = 365 \times 461 \times 2.0 \times 38.6 = 12\,990\,058(\text{元})$$

(3)交通事故损失节约的效益 S_{AC}

根据计算方法得：

$$S_{AC} = 365 \times \text{ADT} \times (R_A - R'_A) C_A$$

$$R_A - R'_A = 0.003\,22\%$$

$$S_{AC} = 365 \times 7\,166 \times 0.000\,032\,2 \times 300\,000 = 25\,109\,664\ (\text{元})$$

(4)合计用户成本效益

$$\begin{aligned} T_{UCB} &= S_{AC} + S_{VOC} + S_{TTC} \\ &= 25\,109\,664 + 12\,990\,058 + 10\,309\,569.84 \\ &= 48\,409\,291.84(\text{元}) \end{aligned}$$

(5)效益/费用比

根据上述计算可知：

$$\begin{aligned} \text{BCR} &= T_{UCB}/C_I \\ &= 48\,409\,291.84/23\,655\,000 = 2.046 \end{aligned}$$

根据计算结果可知，该项目在财务上可行。

2.5.4　改扩建工程经济评价指标

目前，公路工程项目的国民经济评价中常用的经济评价指标有四个，分别是净现值(ENPV)、效益费用比(EBCR)、内部收益率(EIRR)和投资回收期(N)。具体进行经济评价时，一般是在效益、费用折现的基础上计算的。

所谓折现，是将未来不同年份的效益和费用的价值，调整到现在同一年份的过程。折现的过程就是将评价计算期内某一年的费用和效益乘以该年的折现系数，转换成基年的费用和效益。折现反映了货币的时间价值。

(1)净现值(ENPV)

净现值是指项目效益的现值总额减去项目费用的现值总额的差额，或项目在评价期内各年的净效益折现到基年的现值之和。净现值反映的是项目对国民经济所做贡献的指标。

当净现值(ENPV)＞0时，说明评价期内项目总收益大于总费用，项目可行；ENPV＜0时，说明评价期内的总收益小于总费用，项目不可行；当ENPV＝0时，说明效益现值总额等于费用现值总额，即项目获利能力仅达到刚好补偿投资的水平。ENPV的数额越大，说明方案越优越。

(2)效益费用比(EBCR)

改扩建项目的效益费用比是项目评价年限内各年效益的现值总额和各年费用的现值总额的比率。其经济含义为每单位的投资费用可获得的收益。

当EBCR＞1时，说明项目所具有的获利能力超过对项目的投入，项目可行；当EBCR＜1时，说明项目所具有的获利能力不足抵偿项目的投入，项目不可行；当EBCR＝1时，说明项目效益现值总额刚好等于费用现值总额，处于临界状态。

(3)内部收益率(EIRR)

内部收益率是指项目在计算年限内，使各年净现值的累计值等于零时的折现率，即用一种折现率使其项目的费用现值总额和效益现值总额刚好相等，这个折现率即为内部收益率。

需要说明的是，净现值(ENPV)和效益费用比(EBCR)均通过效益现值总额和费用现值总额的比较来反映项目的获利能力。从形式上看，净现值是一个绝对指标，费用效益比是一个相对指标。这两个指标的共同点是都基于一定的折现率。然而，净现值和效益费用比都不能测算出项目可能获得的最高效益，只有采用内部收益率，才能得知项目投资后为国家所做的实际贡献是多少。因此，内部收益率是高速公路改扩建项目国民经济评价的重要指标。

(4)投资回收期(N)

投资回收期是以项目的净效益抵偿项目建设总投资所需要的时间。通俗地讲，投资回收期是计算费用和效益相抵需要的年份数。

投资回收期可分为静态投资回收期和动态回收期两种。静态投资回收期采用费用、效益原值，不考虑货币时间价值的因素；动态的投资回收期的计算考虑货币的时间价值因素，即对建设投资费用和效益采用同一折现率折为现值，然后计算费用和效益相抵的年限。一般高速公路改扩建项目的经济评价，通常计算动态的投资回收期。

2.5.5　改扩建工程项目的经济评价

高速公路改扩建工程项目的经济评价，仍然使用基本的经济评价理论，即费用与效益比较的理论方法。根据前面的论述，经济评价遵循费用与效益计算范围一致性和费用与效益识别“有无对比”的原则，使用相应的价格体系，采用现金流量分析方法，最后进行项目的财务评价和国民经济评价。

(1)高速公路改扩建项目财务评价

高速公路改扩建项目财务评价，实质上是对高速公路改扩建项目的财务盈利能力进行分析，在上述数据的基础上，以“有项目”和“无项目”对比得到的增量数据进行增量分析，并以此分析结果作为投资决策的主要依据。通过编制改扩建项目增量财务现金流量表、资本金增量现金流量表，计算得到高速公路改扩建项目财务内部收益率、财务净现值和投资回收期以及资本金内部收益率等。

在财务评价时，应注意两个问题：一是应根据高速公路改扩建项目的具体情况，合理预测“无项目”的效益（主要是原有高速公路的收费收入）和费用（主要是原有高速公路的经营成本），以保证盈利能力分析结果的可靠性；同时，“无项目”的效益和费用预测应采取稳妥原则，避免人为夸大增量效益。二是“有项目”和“无项目”效益和费用的计算范围和计算期，应保持一致；为使计算期保持一致，应以“有项目”的计算期为基础，对“无项目”的计算期进行调整。

(2)高速公路改扩建项目国民经济评价

高速公路改扩建工程项目的国民经济评价是按照资源合理配置的原则，从国家整体角度考察项目的效益和费用（采用影子价格等计算），评价项目的经济合理性。

国民经济评价的实质是站在国民经济总体角度对效益与项目费用进行对比。项目费用是指国民经济为其付出的代价，即某一特定经济活动的所有投入物的总价值。项目效益是指对国民经济所做的贡献，即某一特定经济活动结果的总价值，效益减去费用后即为该经济活动的净效益。

高速公路改扩建项目的国民经济评价的方法与财务评价一样，是以“有项目”和“无项目”进行对比得到的增量数据进行增量分析。改扩建项目“有项目”与“无项目”国民经济费用的确定与财务分析类似，不同的是需按照影子价格计算并剔除转移支付后，得到增量数据。对于国民经济效益的确定，如前所述，与新建项目相比有其特殊性，其国民经济效益主要表现在运输成本降低、旅客时间节约、运输质量提高、事故减少等产生的效益，计算方法应采用"'有'、'无'比较法"。

2.5.6 改扩建工程项目的敏感性分析

项目决策是面向未来的决策，未来有许多不明确的因素影响决策。经济评价是在将许多不确定的因素假定为已确定的情况下进行的，这种"已确定的因素"实际上含有许多估算和假定的成分，对于决策者来说，是有很大风险的。国内很多已建成高速公路项目的效益远远达不到工可报告的水平，就是一个很好的说明。

若想在这种不确定因素条件下作出比较合乎情理的决策，需要在决策之前做好敏感性分析，以便决策者了解项目风险的大小。因此，敏感性分析工作就是在许多不确定因素中，测定其中一个或几个因素对项目经济评价指标的影响，从中找出敏感因素，确定其影响程度。

公路建设项目可能发生变化的因素主要有：主要原材料价格、交通量、运输成本等。受影响的经济评价指标包括效益费用比、内部收益率、投资回收期等，其重点是测定变化的因素对内部收益率变化的影响。项目对某种因素的敏感程度可以表示为该因素按一定比例变化时引起评价指标变化的幅度。通过敏感性分析，可以了解高速公路改扩建工程项目抵抗风险的能力大小。

敏感性分析一般在现值法的基础上进行，适用于国民经济评价和财务分析。

第3章　高速公路改扩建方案及其确定

3.1　制订改扩建方案的原则

一般说来，现阶段需要进行改扩建的高速公路都位于全国主要经济干线走廊带内，交通运输繁忙，因此，应尽可能合理地选择最适用的改扩建方案，在满足交通量增长的同时尽量减少对现有道路交通的影响。结合国内外在高速公路改扩建实践中的经验，制订改扩建方案时主要考虑下列影响因素。

(1)要结合路网规划的实际情况，充分考虑近期和远期交通发展需求，合理地确定拟扩建项目的技术标准和建设规模，以保证建成的公路具有相适应的通行能力，并保持高质量的服务水平和安全性能。

(2)与国外相比，我国土地资源稀缺、人均可耕地数量非常有限。因此，节约土地、减少征地拆迁数量是制订改扩建方案的基本原则。

(3)改扩建方案要充分考虑道路养护、交通事故处理时交通组织的需要，要有利于道路的维护和交通管理。

(4)路基路面设计注重路基沉降和新老路基衔接问题。

(5)改扩建方案应充分利用现有工程，降低工程造价。

3.2　改扩建方案设计

高速公路的改扩建方案设计，首先面对的是技术标准问题。在方案设计阶段主要考虑的是采用六车道标准，还是采用八车道标准。如果采用八车道标准进行扩建，接下来要考虑是在原路基础上进行拓宽改造，还是在原路附近(一般5～15km)新建复线，即原路扩建和新建复线的比选。

3.2.1　改扩建的标准

(1)按六车道改扩建

根据《公路工程技术标准》(JTG B01—2003)，选用标准六车道方案时，路基宽度为34.5m,全线所有路基、路面、桥涵等均按标准六车道建设。

(2)按八车道改扩建

根据《公路工程技术标准》(JTG B01—2003),选用标准八车道方案时,路基宽度为42m,全线所有路基、路面、桥涵等均按标准八车道建设。

3.2.2 改扩建的方式

1)在原高速公路基础上扩建方案

(1)改扩建路基加宽形式:单侧加宽和双侧加宽

①单侧加宽。切除单侧路基边坡,进行加宽,建成后路基有一道拼接缝,如图3-1所示。

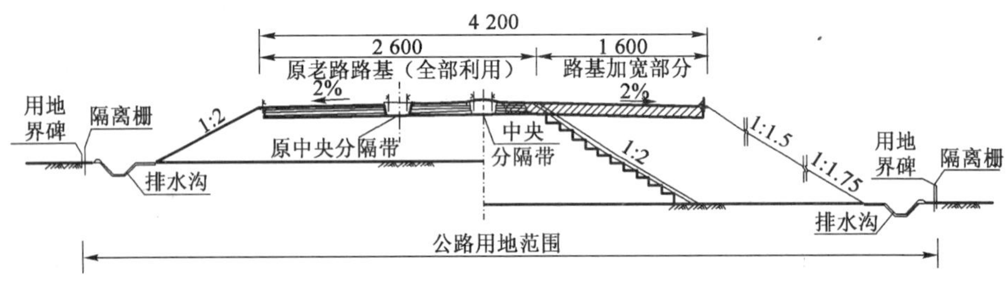

图3-1 标准八车道单侧加宽整体式路基标准断面示意图(尺寸单位:cm)

②双侧加宽。切除两侧路基边坡,同时进行加宽,建成后路基有两道拼接缝,如图3-2所示。

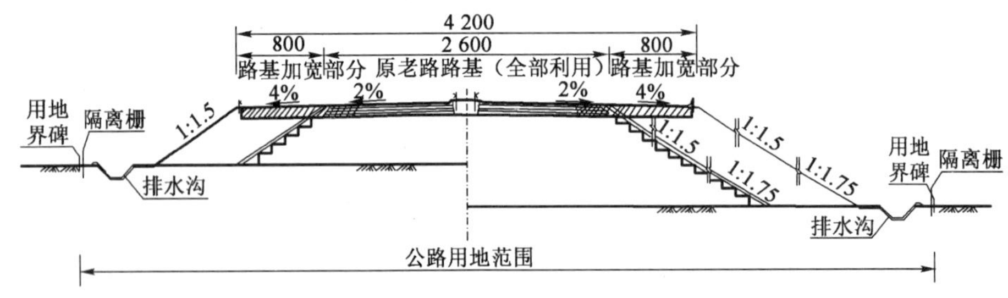

图3-2 标准八车道双侧加宽整体式路基标准断面示意图(尺寸单位:cm)

(2)改扩建路基组成形式:整体式路基和分离式路基

①整体式路基。加宽扩建时将原路基边坡挖除,将加宽部分与老路进行拼接,加宽扩建后保持整体式路基。

②分离式路基。改扩建时保持原路基不动,在其单侧新建加宽车道路基,建

成后形成分离式路基。

采用分离式路基时，根据汽车的行驶方向，进一步划分为单侧单向行驶和单侧双向行驶两种行驶方式。新建分离式路基设置成单向行驶时，原路基由双向行驶路基改为单向行驶路基，建成后形成分离式的双向八车道高速公路形式，但是原路的中央分隔带需要处理，如图 3-3 所示。

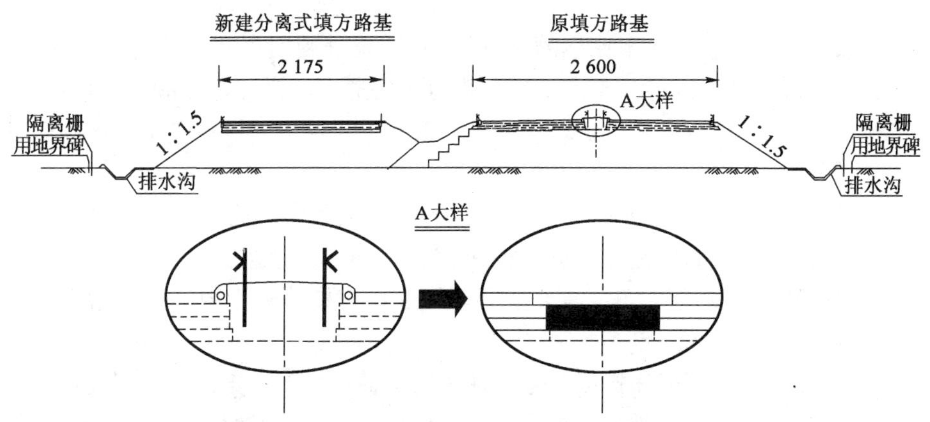

图 3-3　八车道单侧加宽分离式路基单向行驶（原路中央分隔带需要处理）（尺寸单位：cm）

新建分离式路基设置成双向行驶时，原路基仍然保持双向行驶，建成后形成相邻两条四车道高速公路形式，如图 3-4 所示。

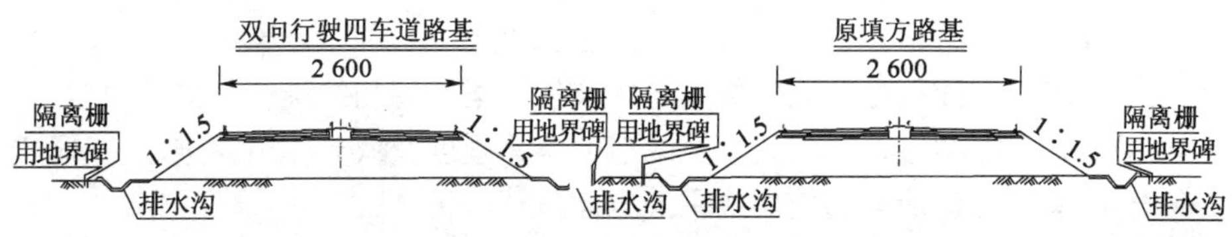

图 3-4　八车道单侧加宽分离式路基双向行驶（尺寸单位：cm）

在实际工程中，一般根据公路沿线的地形，在平原区和微丘区采用单侧或双侧加宽的整体式路基，在重丘区和山区采用分离式路基的形式。由于分离式加宽占地较多，当采用双侧加宽路基时，很少再选用分离形式。所以，根据路基加宽形式、路基组成形式、分离式路基的汽车行驶方向，在原路基础上的扩建方案有四种形式供比选：全线单侧双向四车道分离式路基方案、全线单侧单向四车道分离式路基方案、双侧整体式加宽路基方案和单侧整体式加宽路基方案。

2）新建复线高速公路方案

根据交通量预测结果和区域经济布局的特点以及项目通道的地形特征，本着经济、合理、带动沿线经济发展的原则，可以新建一条复线高速公路，以分担现有高速公路的交通压力。

3.3 改扩建方案论证

3.3.1 方案选择原则

总的说来，改扩建方案比选的基本原则是：充分利用现有高速公路，在其基础上进行改扩建，以求最大限度地发挥现有公路通道的潜在运输能力，尽可能地减少新增占地、减少拆迁、保护环境和节约投资。具体的比选过程主要考虑以下几个方面：

（1）对高速公路进行改扩建的主要目的是提高通行能力和服务水平，因此，在进行改扩建方案的比选时，应将通行能力和服务水平放在第一位。

（2）高速公路的行车安全至关重要，因此，在改扩建过程中和建成后的行车安全是应着重考虑的重点。

（3）土地资源、环境保护以及施工期间的交通保障是决定高速公路改扩建工程成败的关键，因此，在进行改扩建方案的比选时，应将用地数量、对环境的影响以及施工对交通的影响放在十分重要的地位。

（4）工程技术的难易程度和工程造价也是确定改扩建方案的重要因素，但应服从具有根本性和长远性的通行能力和服务水平、土地资源和环境保护等因素。

（5）改扩建方案还应包括对现有高速公路在平纵线形、路基路面、桥隧构造物、安全设施等方面所存在缺陷的改造以及便于运营期间的维修养护等问题。

（6）改扩建方案应对互通式立交改造的难易程度及效果作出评价，从互通式立交设计、施工和建成后的使用效果等方面进行分析。

3.3.2 方案论证过程

1）改扩建的标准比选：八车道还是六车道

（1）从满足交通量长期增长的需要考虑

我国早期修建的高速公路一般都是国家和省、市公路网主骨架的组成部分，为主要运输通道，对沿线地市及区域的经济发展起到了极其重要的作用。近年来，随着经济的快速发展，不少高速公路的交通量已逐渐达到或接近饱和，从满足交通量的长期增长需要来看，以一次扩建成八车道为宜。

（2）从提高高速公路的服务水平考虑

高速公路交通量不断增长的直接后果，就是造成高速公路的服务水平日益下降，主要标志是交通拥挤时有发生，通道行车速度和通行能力明显降低，不易满足通道快速和舒适的通行要求。一方面，服务水平的降低使高速公路失去了快捷、舒适的特征，从而不再适应社会、经济发展的需要；另一方面，受当时路面设计理论和施工工艺、设备、材料等因素影响，早期修建的路面设计标准较低，部分施工技术还不够完善，路面的裂缝、车辙、龟裂、磨光等现象过早地出现，桥面构造往往破损严重，不但影响行车的舒适性，而且容易引发交通事故，严重影响行车的安全性。

因此，从提高高速公路的服务水平看，也需要扩建为八车道，以确保高速公路在一定时期内处于较高的服务水平。

(3)从改扩建的投资效果考虑

通过对河南省内多个改扩建项目进行投资效果分析表明，从近期投资上看，扩建为六车道较为节约、经济指标较为突出；但若扩建为八车道，只需增加投资约50%就基本可以一次到位，避免了二次扩建造成的大量浪费，其长期效益更为突出。因此，从改扩建的投资效果看，一次扩建为八车道更为合理。

(4)从保证工程质量的角度考虑

如果按六车道改扩建，加宽后的路基宽度将达到34.5m，对于原路基宽26m的四车道高速公路，每侧路基仅需加宽4.25m，施工作业面小，路基难以压实，施工质量不易得到保证，而且施工过程中对主线行车有较大的干扰。如果按八车道进行扩建，每侧加宽达到8m，施工机械在加宽部分可以正常施工，施工质量容易得到保证，而且对主线行车基本无影响。

所以，从简化施工难度、保证施工质量方面考虑，宜一次扩建成八车道。

2)改扩建方式的比选:新建复线还是原路扩建

(1)原路扩建的优点

①原路扩建能很好地适应现有交通流的要求，充分发挥现有高速公路的作用。

②原路扩建能更好地适应交通发展的需要。现有高速公路一般贴近交通发生源，原路扩建能在一定时间内最大限度地满足沿线交通发展的需求。

③原路扩建可以为以后的发展留下更多的选择余地，为路网合理布局提供条件，减少与未来规划的矛盾。

④新增占地较少，有利于环境保护且改建成本较小。

(2)原路扩建的缺点

①路基、路面、桥涵、互通式立交的拼接技术，以及施工中交通组织等方面的难度相对较大。

②新路基引起老路基的附加沉降且新老路基间容易产生沉降差异，从而在新老路面相接处出现纵向裂缝等病害。

从以上的比较可以看出，与新建一条高速公路相比，在老路基边坡上拼宽（扩建），虽然在桥梁路基拼接技术、施工期的交通分流、施工组织等方面可能存在一定技术难度，但是根据目前的设计及施工管理水平，这些都是可以克服的。拼宽工程的基本原则是最大限度地利用既有资源，其最突出的一点在于：与新建复线相比，可节约一半以上的土地，而且老路拼宽工程的规模相对较小、占地少，有利于后期交通管理和养护。

此外，从理论上讲，一条八车道高速公路的通行能力大于两条四车道高速公路通行能力的总和。况且，老路的存在已经对沿线经济发展等各方面都产生了深远影响，选择在老路拼接扩建方式更加符合现实需求。因此，在现阶段我国高速公路的扩建大多采用老路加宽的方案，较少采用新建复线的方案。

3)改扩建方案的比选：整体式路基还是分离式路基

分离式路基施工期间可避免对现有高速公路通行的影响，避免路基、路面、桥涵、立交的拼接以及互通式立交改造的技术难点，但是具有占地多、工程量大、拆迁量大、对环境影响较大、路基间边沟排水困难等缺点。

整体式路基具有占地少、拆迁小、对环境影响小等优点，但是路基、路面、桥涵、立交的拼接复杂，所以在平原区及微丘区具有明显的综合优势。在山区和重丘区，需要在高填方路段拼接，为降低不均匀沉降，需要设置半路半桥，建设难度较大，互通式立交改造技术难点多，对主线和立交的通行保障影响太大等。此时采用分离式路基可能更具综合优势。

因此，需要根据实际工程的地形、路线特点综合比较后，才能确定是采用整体式，还是分离式路基加宽。

4)双侧加宽和单侧加宽的比较

如果选择在原有高速公路基础上进行改扩建且一次建成八车道高速公路整体式路基，对改扩建是采用双侧加宽方案，还是单侧加宽方案，可以从以下几个方面进行论证比较。

(1)双侧加宽有利于减少拆迁数量、保护环境

现有高速公路的路基高度一般在3～6m，坡脚外占地界3m，占地界外有5～10m的绿色通道绿化。所以，高速公路占地边线距路肩边缘一般在8～12m，为改扩建方案的实施提供了有利的条件。即使是在两侧建筑物密集区，双侧加宽（每侧加宽8m）也可使路线按原有平面、纵断面线形顺利通过，采用双侧加宽方案将大大减少拆迁费用。

而由于单侧加宽方案的加宽宽度为16m,拆迁量必然较大,有可能会影响到原有高速公路的平、纵面线形。因此,双侧加宽方案较为有利。

(2)双侧加宽有利于施工及质量保证

双侧加宽可按原路横坡顺接。单侧加宽需调整原路基、桥梁横坡,从而增加工程量和拆迁费用,且施工复杂,但单侧加宽可减少一条纵向接缝。

单侧加宽时,中央分隔带位于新路面的车道处,必须对其进行处理和补强。为满足植树绿化、埋设通信设施等要求,在新的中央分隔带处需将原有路面结构层挖除。

双侧加宽时,原路部分为加宽后的小型车行驶的车道,新加宽部分为大型车行驶的车道,有利于在设计中采取有针对性的措施,加强新加宽部分路基、路面的强度,更好地承负重载交通。

(3)互通式立交扩建的难易程度

单侧加宽时,如果选择在收费站一侧进行加宽,另一侧可保持现状,但加宽一侧因匝道进出口需外移,使得匝道的改建不能在原有基础上进行调整拟合,需拆除原有匝道重建,改动量较大,从而影响到原有收费站甚至影响到被交道的平面交叉设计。

双侧加宽由于每侧均需加宽,大部分立交均可通过调整匝道半径、匝道拟合来完成改建,改动量较小。

综上所述,单侧加宽虽然可以减少一条老路与新加宽部分的接缝,但是由于拆迁工程量较大、工程复杂、投资较高,所以双侧加宽方案在总体上具有一定的综合优势,更为合理。自1997年8月中国首条高速公路扩建加宽工程——广佛高速公路扩建工程动工以来,先后有海南环岛东线、沪杭甬、沈大、南京绕城、沪宁等高等级公路相继局部或全线扩建加宽。其扩建方式主要采用两侧加宽的方式。

5)汽车行驶方向的比选:单侧双向还是单侧单向

根据前面的论述可以知道,对于平原微丘区的高速公路扩建,宜采用双侧拼宽的扩建方式,扩建后原有中央分隔带继续保留,每侧增加两个车道,由双向四车道扩建为双向八车道,车辆可以按车型分道行驶。但是对于山区的高速公路扩建,双侧拼宽工程难度巨大,须采用分离式路基方案,相当于两条高速公路并列,这时就存在汽车行驶方向的选择问题。常见的方案有:全线单侧双向四车道分离式路基方案(方案一)、单侧单向四车道分离式路基方案(方案二)。

(1)从建成后的通行能力、使用安全性和使用寿命方面考虑

从通行能力方面,单侧双向四车道加宽时,其横断面形式为两条四车道高速

公路形式，可以对车辆采用分车型行驶的方法：原高速公路行驶小客车、中型客车、大客车和小型货车，使得原高速公路行车速度显著提高，同时车辆之间的干扰大大减小，通行能力大大提高；新建路基部分行驶中型货车、大型货车和重型货车，因为车速差别较小，相互干扰也较小，行驶速度有一定提高。从总体上看，其通行能力大于单侧单向四车道分离式路基加宽方案。

从使用安全性方面，方案一对车辆采用分车型行驶的方法，即轻、重车在不同的道路上行驶，使得原高速公路和新建路基上不同车型的行车速度差别减小，且新建路基可以采用较高的平纵面线形指标，平纵配合更好，因此使用安全性能较高；而方案二由于轻、重车型在同一幅路面上行驶，相互有一定的干扰，总体来说其使用安全性能稍差。

从使用寿命方面，方案一对车辆采用分车型行驶的方法，即轻、重车在不同的道路上行驶，原高速公路因为主要行驶轻型车辆，其道路荷载显著减小，对原高速公路的使用寿命的延长起重要作用；新建路基考虑其荷载特性，可进行有针对性的设计、施工，也可延长其使用寿命；同时，可缩短新建路基与原高速公路退役时间的差别。方案二新建路基可进行有针对性的设计、施工，可延长其使用寿命，但是必须对原高速公路的路面进行改造，才能延长使用寿命，否则将降低使用寿命。

因此，从通行能力、使用安全性和使用寿命方面考虑，方案一比方案二具有明显优势，宜采用单侧双向行驶的四车道分离式路基方案。

(2)从设计和施工技术难度方面考虑

方案一的设计、施工因为不需要考虑与原高速公路拼接的问题，所以较为简单。方案二同样不需要考虑与原高速公路拼接问题，由于与原高速公路的距离较方案一更近，可能会对原高速公路一侧的坡脚造成轻微影响，其施工技术难度和质量保证措施较方案一略复杂一些。

(3)从互通式立交扩建的难易方面考虑

从互通式立交施工的难易程度和建成后的使用效果方面分析，对于方案一，基本相当于新建一条复线，因此需要新建更多的互通式立交，改扩建互通式立交的施工技术难度较大；对于方案二，互通式立交仅需要进行半幅的单侧改造，立交构造物设计难度和施工技术难度最小，施工期间对主线行车的影响也较小。

总体来说，方案一采用全线单侧双向四车道分离式路基方案，需要在路线两端各增设一座高速公路分岔立交，且需要新建更多的互通式立交，其扩建也较为复杂，但是在通行能力、使用安全性和使用寿命等方面的指标均较好；而方案二不设置高速公路分叉立交，有利于保通，但是必须对原高速公路的路面进行改造，才能延长使用寿命。从经济指标上看，方案二更具有优势。

因此，方案一和方案二各具优势，其取舍主要取决于改扩建的主要出发点。

3.4 高速公路改扩建方案

河南省是个山丘和平原分野明显、二者面积近似相等的省份。西北部和西部的太行山、小秦岭、崤山、伏牛山等，是我国第二级地貌台阶的前缘；而东部平原和南阳盆地则为第三级地貌台阶的组成部分；位于二者之间的，则是低山丘陵地带。根据地貌特点，河南可划分为山地、丘陵、平原三大一级地貌类型。为了设计上的方便，往往将这三类一级地貌类型划分为两大类，即平原微丘区（简称平原区）和山岭重丘区（简称山区）。其典型地貌分别如图3-5和图3-6所示。

图3-5 平原区典型地貌

图3-6 山区典型地貌

3.4.1 平原区方案

目前，河南省境内已经完成工可的位于平原微丘区的高速公路改扩建项目主要有：G4高速公路安阳至新乡段、郑州至漯河段和漯河至驻马店段以及G30高速公路郑州至开封段和开封至商丘段。其中，G4高速公路安阳至新乡段和郑州至漯河段正在进行施工。从目前的设计来看，河南省境内平原微丘区的高速公路改扩建均采用双侧加宽的整体式路基，一次性扩建为八车道。下面以安阳至新乡高速公路为例进行说明。

G4高速公路安阳（冀豫省界）至新乡段高速公路是国家高速公路网及河南省公路网主骨架的重要组成部分，起于安阳市东北冀、豫两省交界处的西灵芝主线收费站，北接京珠高速公路河北段，向南经安阳、鹤壁和新乡三个地级市，止于新乡市东北，南接新乡至郑州段高速公路，路线全长约113.173km。

G4高速公路安阳至新乡段全线以平原区为主，基本以卫河、共产主义渠为界,北部位于太行山隆起和东濮凹陷的过渡地带,属山前倾斜平原,地势西高东低,开阔平整,起伏微弱,海拔高程 60～80m;南部属黄河冲积平原,地势平缓开阔。在可研阶段,经过各方面比较,确定在原路上的改扩建方案采用整体式路基双侧加宽一次扩建为标准八车道。

3.4.2 山区方案

河南省境内目前已经完成设计、正在施工的位于山岭重丘区的高速公路是 G30 高速公路郑州至洛阳段、洛阳至三门峡段和三门峡至灵宝段。其中,郑州至洛阳段的施工已接近尾声,另外两个项目则开工不久。山岭重丘区的高速公路改扩建往往不具备双侧拼宽的条件,因此以采用单侧加宽的分离式路基为主。下面以郑州至洛阳高速公路为例进行说明。

G30 高速公路郑州至洛阳段起于连霍高速公路 K598+250 处,东接连霍高速公路刘江至西南绕城段改扩建项目的终点,向西经荥阳、上街、巩义、偃师,止于洛阳市西南绕城高速公路与连霍高速公路任庄枢纽立交西端,连霍里程桩号 K705+840。本段高速公路改扩建工程对应原高速公路长 107.59km。

G30 高速公路郑州至洛阳段大部分路段属于重丘区,在工可阶段,经过多方论证和比较,推荐按标准八车道全线单侧双向四车道分离式路基方案进行扩建,仅两端采用在原路两侧拼接加宽。具体方案为:起终点采用原路两侧拼宽方式扩建,其内侧每边两车道供小客、大客、小货车行驶,外侧每边两车道供中货、大货、重型货车行驶;中间路段新建分离式路基供中货、大货、重型货车行驶,路幅按双向行驶四车道高速公路标准划分。与新建分离式路基相应的老路段专供小客、大客、小货车行驶,使老路的使用寿命得以延长,老路仍旧保持现行双向行驶四车道的路幅划分。在起终点附近与中间路段的交接部位采用分叉立交尽快完成路幅过渡和转换。

第4章　平原区高速公路改扩建关键技术

目前国内的高速公路改扩建方案以双侧拼宽为主，单侧加宽的实践较少。因此，本章介绍的高速公路改扩建关键技术主要针对双侧拼宽方案涉及的比较成熟的加宽改造技术，对于单侧拼宽的关键技术将在第5章介绍。

4.1　路基加宽技术

高速公路一般都会有软基路段、挖方路段、高填路段等不同路基形式，路基填料各异，扩建工程在路基设计中首先需要解决的是路基拼接技术问题。

对于挖方路基来说，其加宽改造相对容易，在清除原防护后，直接向两侧拓宽即可。而填方路基加宽，技术上相对复杂。为解决新老路基不均匀沉降造成加宽衔接处产生纵向裂缝问题，应充分考虑处理措施。

目前，对于一般路段常采用台阶拼接法，在软土路段一般采用复合地基处理法。河南省高速公路扩建较多地采用台阶拼接法，具体做法是：

(1)原有路基挖台阶

一般将原边坡土路肩和硬路肩结合处自下而上挖成深100cm左右、底宽不小于150cm的台阶，台阶地面向路中心横坡4%，台阶挖至与原地面齐平。

(2)新老路基结合处铺土工格栅

为减少新老路基沉降差，应至少在基底、路床顶面各铺设一层单向拉伸钢塑复合土工格栅，必要时根据填土厚度增加土工格栅的层数。另外，为了提高新老路基在纵向的连接效果，通常每隔一段距离设带状的土工格栅，如图4-1和图4-2所示。

(3)控制新填路基填料

为减少新老路基的沉降差，新填路基要求优先选用砾类土、砂类土作为路床填料，土质较差的细粒土填于路堤的底部。路基施工时应分层填筑，每一层应采用同一种材料，松铺厚度不得超过30cm，应宽出设计宽度15cm。

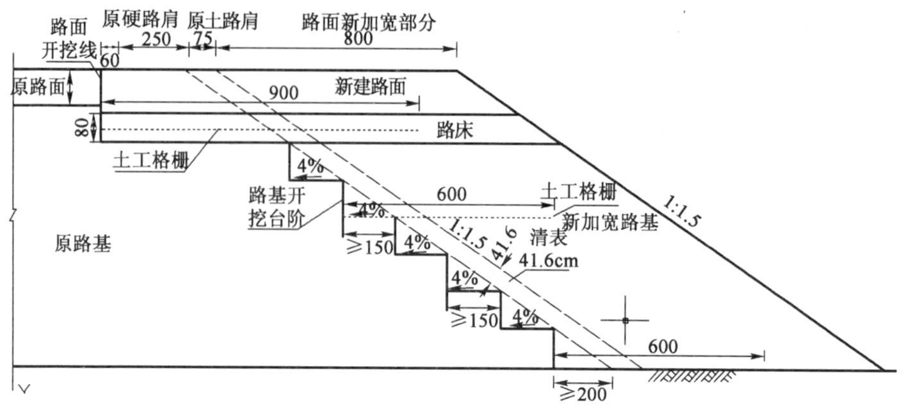

图 4-1 郑漯高速新老路基横向连接示意图(尺寸单位:cm)

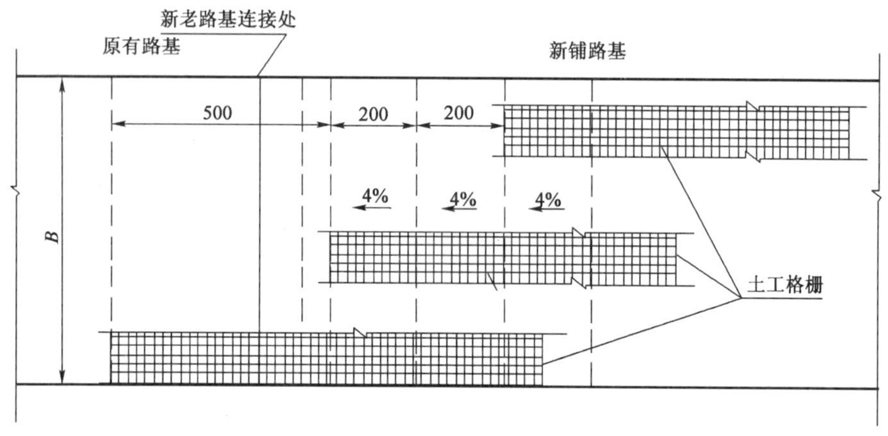

图 4-2 新老路基纵向连接示意图(尺寸单位:cm)

(4)加强路堤压实度

压实度标准一般应比部颁标准提高 1%～2%。在满足正常压实规定下,路堤每填高 1m,使用冲击压路机冲压 20 遍,新老路基结合处再增加冲压 5 遍。

(5)加强软弱地基处理

对于软弱地基处理,一般先将老边坡挖除,再采取粉喷桩、塑料排水板等措施进行地基处理,然后按正常路基加宽方法进行加宽,严格控制路基填筑速率。

总之,在路基加宽改造处理方面,选好填料是保证路基稳定的先决条件。对加宽段基底特殊处理,是解决新老路基不均匀沉降的关键环节。充分压实,特别是衔接部分压实，是保证新老路基稳定不开裂的必要措施。实践证明，这种设计是成功的。

4.2　路面加铺及沥青再生技术

4.2.1　强基厚面式路面结构

路面工程一直是高速公路建设中的关键环节。研究表明，半刚性基层的强基厚面式的路面（沥青层 20cm）既有半刚性基层整体性强的优点，又通过加大面层厚度抑制了半刚性基层裂缝对面层的影响，作为路面改建改造措施，在国内有较多的成功范例，如在沪宁高速公路的改扩建工程中就得到了应用。

采用这种路面的主要优点是：通过老路面的增铺改建不仅消除病害、提高路面强度，又兼顾施工工艺需求，可以分段、分层地实现老路面的充分再利用。主要做法是：根据原路面强度实测值（弯沉值）加铺不同厚度的水稳层及沥青面层，对于强度不满足加铺要求的路段采用局部挖除的方案。

京港澳高速公路安阳至新乡段、连霍高速公路郑州至洛阳段两个改扩建项目的老路面曾经过多次加铺，沥青面层厚度达 20cm，而加宽部分路面结构同样采用了强基厚面的设计。以下简要介绍两个高速公路改扩建项目的现有路面结构和加宽车道的路面结构设计。

京港澳高速公路安阳至新乡工程项目全长 113.173km，北起京港澳高速公路豫冀省界收费站，途经安阳、鹤壁、新乡 3 市，于 1997 年建成通车。为适应经济发展的需要，对安新高速公路进行扩建。安新高速公路扩建改造方案为两侧直接拼接加宽，双向四车道扩建成双向八车道。新老路面及加宽车道路面结构见表 4-1。

京港澳高速公路安阳至新乡段新老路面结构表　　表 4-1

<table>
<tr><th>层位</th><th>现有老路路面结构</th><th>加宽车道路面结构</th></tr>
<tr><td rowspan="5">面层</td><td>4cm 中粒式沥青混凝土（2007 年加铺）</td><td>4cmSMA-13 改性沥青玛蹄脂碎石混合料</td></tr>
<tr><td>4cm 中粒式沥青混凝土（2001 年加铺）</td><td rowspan="2">6cmAC-20 中粒式改性沥青混凝土</td></tr>
<tr><td>4cm 中粒式沥青混凝土</td></tr>
<tr><td>5cm 粗粒式沥青混凝土</td><td rowspan="2">12cmATB-30 密集配沥青碎石</td></tr>
<tr><td>7cm 热拌沥青碎石</td></tr>
<tr><td>基层</td><td>20cm 水泥稳定碎石</td><td>36cm 水泥稳定碎石</td></tr>
<tr><td>底基层</td><td>35cm12%石灰稳定土</td><td>20cm 水泥稳定碎石</td></tr>
<tr><td>总厚度</td><td>79cm</td><td>78cm</td></tr>
</table>

郑州至洛阳高速公路是国家规划的“五纵七横”之一——连霍国家高速公路的重要组成部分，是河南省高速公路网的主骨架。自 1995 年建成通车以来，该高速公路交通流量持续上升，公路服务水平逐渐下降，而且部分路段需要维修，经常出现较为严重的拥挤和堵车现象，已不能满足发展的需要。郑洛改扩建工程全长 106.391km，东起与郑州西南绕城高速公路交叉的枢纽立交，向西途经荥阳、上街、巩义、偃师、孟津，止于与洛阳西南环高速公路交叉的枢纽立交。原路面结构见表 4-2，改扩建加宽车道设计路面结构见表 4-3。

连霍高速公路郑州至洛阳段原路面结构表 表 4-2

结构一		结构二		结构三		
结构层名称	厚度（cm）	结构层名称	厚度（cm）	结构层名称	厚度（cm）	备注
中粒式沥青混凝土	4	中粒式沥青混凝土	4	中粒式沥青混凝土	4	2007 年加铺
中粒式沥青混凝土	5	中粒式沥青混凝土	5	中粒式沥青混凝土	5	2001 年加铺
中粒式沥青混凝土	4	中粒式沥青混凝土	4	中粒式沥青混凝土	5	原路面结构各层
粗粒式沥青混凝土	5	粗粒式沥青混凝土	5	水泥混凝土面板	26	
热拌沥青碎石	6	热拌沥青碎石	6	水泥稳定碎石	15	
二灰稳定碎石	15	水泥稳定碎石	15	石灰稳定土	15	
石灰稳定土	15	二灰稳定土	20			
石灰稳定土	25	石灰稳定土	20			
总厚度	79	总厚度	79	总厚度	70	

连霍高速公路郑州至洛阳段加宽车道路面结构表 表 4-3

上面层	4cm SMA-13 改性沥青玛蹄脂碎石混合料
中面层	6cm AC-20C 中粒式改性沥青混凝土
下面层	8cm AC-25C
下面层	10cm ATB-25 密级配沥青碎石
基层	34cm 水泥稳定碎石
底基层	16cm 水泥稳定碎石
总厚度	78cm

综合分析以上两个高速公路改扩建项目的特点不难发现：老路路面结构设计偏弱，面层厚度和基层厚度都比较薄；而加宽车道的路面结构设计使用新的设计规范，面层和基层厚度设计得比较厚。考虑到两个改扩建项目老路均已经运行了十几年，针对这两个改扩建项目的特点，制订旧路改造设计原则：彻底处理

原沥青面层、基层病害、加强基层，采用沥青路面再生技术最大限度地利用路面废旧材料，并尽可能地利用旧路面结构。

4.2.2　沥青路面再生技术

我国 20 世纪 90 年代以后陆续建成的高速公路已进入大、中修期，大量翻挖、铣刨的沥青混合料被废弃，一方面造成环境污染，另一方面对于我国这种优质沥青极为匮乏国家来说是一种资源的浪费。大量使用新石料、开采石矿会导致森林植被减少、水土流失等严重的生态环境破坏。按照沥青的设计寿命(15～20 年)，从现在起每年有 12％的沥青路面需要翻修，旧沥青废弃量将达到每年 220 万 t 之多，如能加以利用，每年可节省材料费 3.5 亿元人民币，而这个数字是以每年 15％的速度增长的。10 年以后，沥青路面的大、中修产生的旧沥青混合料将达到 1 000 万 t。届时，通过再生利用，每年可节约材料费 15 亿元。否则，这些为数巨大的沥青混凝土层翻挖后只能白白地废弃掉，不仅浪费了资源，还会对环境造成严重的污染。因此，沥青再生技术的研究、推广和相关专用设备的开发，对降低建设成本、保护生态环境以及公路建设都有极大的意义。

沥青再生技术早已在发达国家中得到高度重视，如欧洲各国、美、澳、日等发达国家均已大量应用沥青再生技术。据欧洲 EAPA 在互联网上公布的信息，其成员国的旧沥青混合料已 100％被再生利用。通过欧美等发达国家对沥青路面再生利用的研究与应用，目前在再生沥青混合料的拌制工艺以及与之配套的各种挖掘、铣刨、破碎、拌和等机具的研制与开发方面均取得了很大的进展，形成了一套比较完整的再生实用技术。在我国，沥青路面再生技术的应用尚处于开始阶段。目前，成功应用再生技术的代表性工程有：广佛高速采用厂拌热再生技术处理路面铣刨材料；京沈高速应用就地冷再生技术解决路面结构性问题；沪宁高速公路、陕西西宝高速、西户高速应用厂拌冷再生技术对路面结构进行了调整；就地热再生技术应用于京津塘高速公路，用来改善路面服务功能。结合京港澳高速安新段和连霍高速郑洛段两个改扩建项目的特点，设计上采用冷再生技术对老路进行基层补强。

按照再生混合料拌制和施工温度的不同，沥青路面再生可以分为热再生和冷再生；按照施工场地和工艺的不同，沥青路面再生可以分为厂拌再生和就地再生。

(1)就地热再生

采用专用的就地热再生设备对沥青路面进行加热、铣刨，就地掺入一定数量的新沥青、新沥青混合料、再生剂等，经热拌和、摊铺、碾压等工序，一次性实现对表面一定深度范围内的旧沥青混凝土路面再生的技术。它可分为复拌再生、加铺再生两种。

①复拌再生。将旧沥青路面加热、铣刨，就地掺加一定数量的再生剂、新沥青、新沥青混合料，经热态拌和、摊铺、压实成型。掺加的新沥青混合料比例一般控制在30%以内。

②加铺再生。将旧沥青路面加热、铣刨，就地掺加一定数量的新沥青混合料、再生剂，拌和形成再生混合料，利用再生复拌机的第一熨平板摊铺再生混合料，利用再生复拌机的第二熨平板，同时将新沥青混合料摊铺于再生混合料之上，两层一起压实成型。

就地热再生适用于仅存在浅层轻微病害的高速公路及一、二级公路沥青路面表面层的就地再生利用，再生层可用作上面层或者中面层，再生深度一般为20～50mm。就地热再生主要用来修复沥青路面表层病害，恢复沥青表面层物理力学性能，恢复沥青路面平整度，修复沥青路面车辙。但是就地热再生的再生深度有限，无法除去已经不合适进行再生的混合料，级配调整幅度有限。

(2)厂拌热再生

厂拌热再生是将回收沥青路面材料(RAP)运至沥青拌和厂(场、站)，经破碎、筛分，以一定的比例与新集料、新沥青、再生剂(必要时)等拌制成热拌再生混合料铺筑路面的技术。

厂拌热法再生技术具有较好的适应性，无需昂贵的再生机械设备，可像新路施工一样对老化路面进行重铺。它适用于各类破坏路面，经过严格地配合比调整，再生沥青混合料能确保技术指标不低于使用全部新料拌制的沥青混合料，路用性能满足高级路面的使用要求。在厂拌热再生方法中，由于添加了新骨料、新沥青和再生剂等新组分，应针对再生沥青混合料拟用层面进行专门的材料性能配比设计，同时也应进行相应的拌制及摊铺工艺设计。因此，沥青混凝土层的重铺也可以和新路施工一样，分别按下面层、中面层和上面层(磨耗层)的不同技术要求进行。厂拌热再生回收沥青路面材料的利用率一般不超过再生沥青混合料质量百分比的30%。

(3)厂拌冷再生

厂拌冷再生技术是将回收沥青路面材料(RAP)运至沥青拌和厂(场、站)，经破碎、筛分，以一定的比例与新集料、沥青类再生结合料、活性填料(水泥、石灰等)、水进行常温拌和，常温铺筑形成路面结构层的沥青路面再生技术。

厂拌冷再生技术主要用于处治高等级公路的基层或底基层，对于不能热再生回收的旧料(如改性沥青混合料、老化严重难于再生的混合料),可以有效解决旧料废弃和环境污染问题。其适用条件为:高程不宜增加或增加不多的公路;有较多沥青面层铣刨材料可以使用;路面结构整个面层和大部分基层产生损坏,处理深度较大,且下承层病害处理面积较大;路面线形需要较大调整,路表面平整度要求较高;施工点附近具有合适的堆放铣刨料的场地。

(4)就地冷再生

就地冷再生是采用专用的就地冷再生设备,对沥青路面进行现场冷铣刨,经破碎和筛分(必要时),掺入一定数量的新集料、再生结合料、活性填料(水泥、石灰等)、水,经过常温拌和、摊铺、碾压等工序,一次性实现旧沥青路面再生的技术。它包括沥青层就地冷再生和全深式就地冷再生两种方式。仅对沥青层进行的就地冷再生,称为沥青层就地冷再生;再生层既包括沥青层,又包括非沥青材料层的就地冷再生,称为全深式就地冷再生。

就地冷再生施工技术能够全部利用旧的铺层材料,减少道路维修或改造时旧铺层材料的铣刨、运输、废置以及新材料的购置等费用。就地冷再生主要适用于高程可以增加、下承层病害较少、原路基未见明显病害、路面线形较好、不需要较大调整的道路。

对于沥青路面的冷再生技术和热再生技术,它们使用的技术不同,适用的对象、场合不同,各有优缺点,不能互相替代。就地热再生技术主要解决路面功能性改善;无论厂拌冷再生还是就地冷再生主要用来解决路面结构性问题,也就是说冷再生用来改善路面结构,对路面结构进行调整。

4.3　桥梁及分离式立交桥加宽拼接技术

4.3.1　桥梁加宽拼接方式

根据国内外高速公路桥梁的改扩建实践以及沈(阳)大(连)、沪(上海)宁(南京)、沪(上海)杭(杭州)甬(宁波)等高速公路改扩建的设计经验,结合桥梁上、下部结构质量的情况,新老桥之间,从上部到墩台盖梁、墩台身,有考虑相互连接或不连接的不同方案。目前高速公路桥梁的加宽拼接方式主要有三种,即:

①上部结构与下部结构均不连接;

②上部结构与下部结构均连接;

③上部结构相互连接、下部结构不连接。

采用上部结构、下部结构均不连接时,新桥与老桥各自受力明确、互不影响,简化了施工程序，减小了连接的施工难度，施工期间对原高速公路交通基本没有影响。但其缺点是：在荷载作用下，新老桥主梁产生的不均匀挠度及沉降，将会造成新老桥之间桥面铺装层破坏，形成纵向裂缝和横向错台，不仅影响行车舒适和安全，还会增加后期的养护维修工作量及维修费用。

采用上部结构、下部结构均连接时，新桥梁与老桥梁形成一体，减少了由基础不均匀沉降、汽车活载、温度荷载等所致的新老桥连接处的不均匀变形。但其缺点是：由于新老桥上部结构混凝土收缩、徐变等变形不一致，再加上新桥基础沉降大于老桥基础沉降等原因，结构的次内力较大，易在桥梁下部结构的盖梁、墩台连接处产生裂缝，同时在上部结构连接处也可能出现裂缝，从而影响到行车安全和桥面美观，增加维护工作量。此外，下部结构连接时植筋的工程量大、成本高，施工期间对原高速公路交通影响较大。另一个突出问题是，在不封闭交通的情况下，很难保证新老桥间混凝土接缝的浇筑质量。

采用上部结构连接、下部结构不连接时，新桥与老桥上部结构连接，形成整体，有利于上部结构共同受力、行车舒适及路容美观；而新桥与老桥下部结构不连接，下部各自受力，内力相互不影响，可以减少由于新桥与老桥的上部结构的变形不一致、新老桥基础不均匀沉降而产生的附加内力。但其缺点是：由于上部结构的连接，新老桥的温度、混凝土收缩徐变变形等不能完全一致，同时新老桥基础的不均匀沉降等会引起一定的结构次内力。

国内沈大高速公路桥梁加宽采用上下部均互相连接方案，但考虑到不均匀沉降易造成新老结合部裂缝，所以在下部连接处设假缝。而沪宁和沪杭甬高速公路桥梁加宽均采用上连下不连方案，即上部连接、下部分离。其中，沪杭甬杭州至绍兴段下部采用型钢外部连接。

根据河南省情况，考虑到若在下部连接，不均匀沉降造成裂缝后的修复加固较为困难，所以采用下部分离方案；而为了保证桥面稳定、平整及行车舒适，上部采用连接方案。从国内高速公路桥梁的改扩建实践效果来看，第三种加宽拼接方式最为可靠，也较容易实施。因此，在河南省境内的高速公路改扩建中推荐采用“上部构造相互连接、下部构造不连接”的方式进行加宽拼接。其中，新老上部结构的连接推荐强连接，新老箱梁间的连接方式如图 4-3、图 4-4 所示。

4.3.2 桥梁拼接技术要求

(1)需对老桥结构进行切割、凿除时，应严格按结构不被破坏、不降低结构承载能力的原则进行。设计要求尽量采用切割的拆除方式，对混凝土切割面须按施工缝处理，以保证新老混凝土的可靠连接。

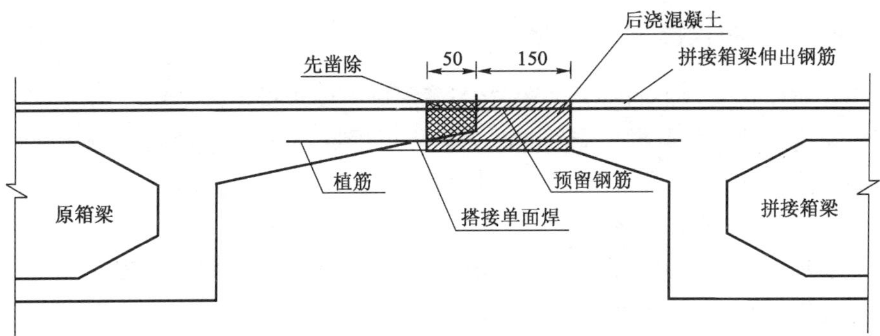

图4-3　箱梁间的植筋连接方式示意图(尺寸单位:cm)

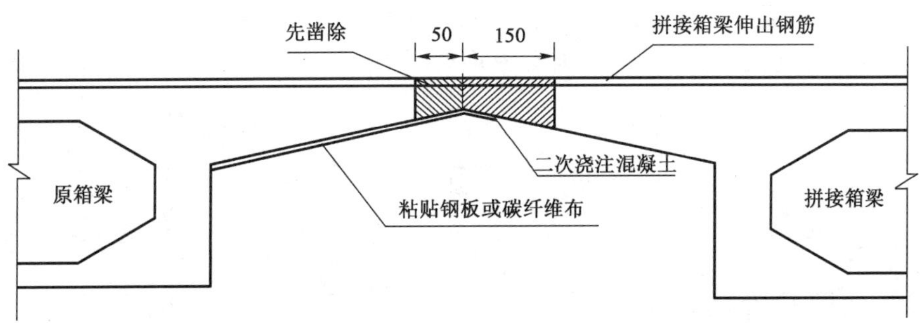

图4-4　箱梁间的粘钢连接方式示意图(尺寸单位:cm)

(2)拼接部分在拼接之前应尽量减小沉降量,并调整跨中上拱度,采用预压方式进行调整。控制拓宽部分梁板的安装龄期,拼接时间控制在施工完成2～3个月后。对于连续箱梁结构,为减小收缩徐变的影响,建议主体结构完成之后延迟3～5个月再进行拼接连接。

(3)当原桥上部为预应力结构时,考虑到预应力引起的徐变影响,新加宽桥部分的上部梁板按部分预应力混凝土B类构件设计。

(4)为减小新老桥基础沉降差异,在不影响老桥基础承载力的条件下,合理选用新桥基础的桩长、桩径、桩数。

(5)为控制架设梁、板后的顶面高程与老桥梁、板的顶面高程一致,设计应依据外业实测数据校核新、老桥结构在拼接处的高程。

(6)由于新老桥上部结构连接时,总是通过现浇一定宽度的混凝土接缝来实现,因此,现浇混凝土接缝在施工、养护及随后的使用过程中,应尽量避免出现过大的变形和裂缝。

4.3.3 桥梁拼接技术方案

在整体式路基上的桥梁加宽，在布置原则上要求拼宽桥梁配跨、结构形式与老桥保持一致。桥梁拼宽应尽量减少拆除工程量，并应正确处理好新老梁板间的横向连接，减少半幅封闭施工的时间。

(1)空心板桥的拼接

新加宽部分的空心板尺寸与原桥的结构形式基本相同。其拼接加宽步骤为：拆除老桥外侧墙式护栏，在老桥外侧边板上种植连接件（连接件由钢板、种植螺栓、连接钢筋组成），连接件与新板预埋件进行搭接，然后连接老桥与新桥的桥面铺装钢筋，并临时用型钢沿纵向接缝加固两侧空心板后，浇筑接缝及桥面铺装混凝土，待混凝土达到设计强度后，拆除加固用的临时型钢，从而实现新老桥间的上部直接连接。空心板桥的加宽断面如图 4-5 所示。

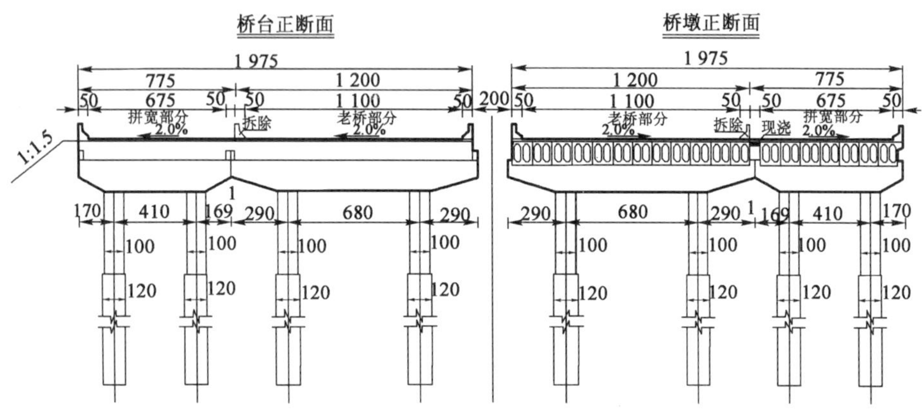

图 4-5 空心板桥的加宽断面图(尺寸单位:cm)

(2)刚构桥的拼接

河南省境内的分离式立交及部分互通式立交跨线桥多采用刚构桥结构，其中墩为现浇 T 形刚构，然后拼接预制空心板。在刚构桥加宽时，新加宽部分应保持与老桥相同的结构形式。其加宽拼接步骤为：拆除老桥外侧墙式护栏，施工新桥，然后连接老桥与新桥的桥面铺装钢筋，浇筑桥面铺装混凝土，从而实现新老桥间的连接。连接部位隔缝为 1cm，加宽空心板总宽 8m，加宽后形成桥面宽度为 2×20m。刚构桥拓宽断面见图 4-6。

河南省境内的郑漯（郑州至漯河）高速公路改扩建实践中，主线桥梁以空心板为主，采取在老桥的外侧拼接新建结构（桥）的方式进行，新桥为两侧单幅各加宽 8m，新老桥梁采取上部结构连接、下部结构不连接的方式，上部新老空心板间

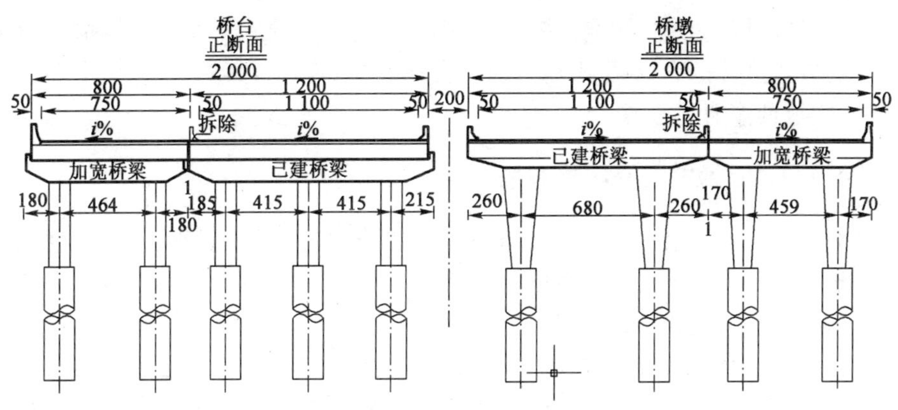

图4-6 刚构加宽断面图(尺寸单位:cm)

通过钢筋混凝土现浇段连接,新老盖梁间裂缝不连接。形成整体桥后,上部构造间相互传力,而下部构造间各自受力、互不影响。从目前来看,收到了很好的效果。

总之,在桥梁构造物方面,在连接前尽可能释放因变形产生的不均匀内力是防止和减少新老构造物出现纵向裂缝的关键所在。采用加强的刚性连接措施,是彻底解决纵向裂缝问题的重要保证。

4.4 互通式立交扩建技术

4.4.1 互通式立交扩建方案选择的原则

与一般桥梁的改扩建不同,互通式立交的改扩建主要受线形控制,根据原互通式立交平、纵线形设计及各匝道平面线位坐标拟合平面线形。以拟合后匝道平面线形为基础,结合规范要求,按主线加宽后的路基宽度调整连接变速车道的匝道曲线半径,回旋曲线参数和进、出口渐变率,使匝道、变速车道与主线顺适连接。在基本满足规范要求的条件下,减少匝道线位移动量,尽量做到局部顺适,避免大范围调整线形。匝道最小半径拟达到不小于45m,以满足40km/h的设计速度的要求。原匝道宽度不足时,按规范标准予以加宽。变速车道长度及渐变段长度均应按主线行车时速规范规定长度设置。

总的说来,互通式立交总体改扩建方案选用的一般原则是:对于大多数喇叭形互通式立交,现有标准条件下其通行能力满足远期交通增长需求的,根据主线拓宽改造的需要,在基本维持现有标准的前提下进行局部改造;对于难以适应特征年(设计末年)交通量预测值要求的,则针对每个互通式立交的具体情况考虑不同的方式进行扩建;对于因地方路网变化或规划调整,其功能、地位也随之改变的,应视具体情况考虑。

4.4.2 互通式立交扩建方案

对于在两侧直接拼接、局部分离加宽为八车道的高速公路改扩建,互通式立交的扩建主要有以下几种方案可供选择。

(1)方案一:互通形式不变

按八车道直接拼接的方式进行加宽,与主线相连接的四条匝道进行局部调整。采用该方式进行改建,部分匝道的技术指标可能会有所降低,但仍需满足规范要求。该方案的优点是工程规模小,新增用地少。但如果是匝道上跨主线且匝道桥需要改建的互通式立交,施工期的交通干扰较大,需要配合一定的交通组织措施。

(2)方案二:改变互通形式进行重建或部分重建

对需要扩大通行能力的互通式立交,可以采取改变形式、提高技术标准、增加匝道车道数或直接增设互通等多种方案来扩大互通规模,需要结合具体路段的技术条件进行论证。

(3)方案三:移位重建或归并

高速公路的建设往往对沿线的地方经济发展产生了巨大的推动作用,区域内交通出行更加频繁,沿线需要跨越原高速公路的高等级公路不断增加,互通式立交愈加密集,部分互通式立交及被交道路原有功能和地位可能发生了变化。借改扩建的机会,对原来的互通式立交进行适当归并或移位重建,可以更好地完善路网结构。

另外,由于在高速公路改扩建期间一般不能中断交通,对匝道跨线桥不满足主线加宽要求的互通式立交,根据交通组织需要,采用适当的移位重建方案也是一种可行的选择。

4.5 桥 梁 拆 除

高速公路改扩建工程中难免有大量桥梁需要拆除,包括分离式桥梁、主线桥及主线桥中的局部(护栏等)。如何拆除这些结构物也是改扩建工程特有的关键技术问题。

在高速公路扩建工程中,拆除上跨分离式立交既要考虑结构自身安全,还要保证主线行驶安全，针对不同桥型可以考虑不同的拆除方案。目前，这些方案中主要包括连续刚构的整体切割、分段切割方案，简支结构分块拆除吊运方案，也有全部和局部封闭交通的凿除法。这些方法在工程中均有采用，目前应用最为广泛的是凿除法。

对于大跨径的连续主线桥梁，一般采用逆序拆除（逐节切割吊运）法、浮吊切割吊运法、浮船支架法等进行拆除。

总之，本章介绍的高速公路改扩建关键技术是目前双侧拼宽方案较为常用的加宽改造技术。针对具体的工程项目来说，最合适的方案仍然需要通过方案论证和比选才能得到。

第5章　山区高速公路改扩建关键技术

尽管国内的平原微丘区高速公路改扩建项目基本都采用了在原有高速公路两侧加宽的整体式路基方案(该方案具有占地少、拆迁小、对环境影响小等优点),但是对于山岭重丘区,若采用双侧加宽方案,其缺点则非常明显。首先,路基、路面、桥涵、立交的拼接复杂,尤其是重丘区高填方路段拼接,为降低不均匀沉降,需要设置半路半桥,建设难度高,改造技术复杂。其次,改扩建施工期间对主线和立交的通行保障较为困难。因此,经过反复论证和比较,河南省交通规划勘察设计院有限责任公司在连霍国家高速公路郑洛(郑州至洛阳)高速公路改扩建项目中决定采用微丘区单侧整体式加宽、重丘区单侧分离式加宽方案。本章主要介绍高速公路单侧整体式加宽所涉及的一些关键技术。

5.1　山区路基加宽方案

5.1.1　山区路基加宽方案概述

单侧整体式加宽,就是在现有高速公路的一侧整体式加宽一个四车道路基,而原有四车道高速公路则由过去的双向行驶改为单向行驶,新老高速公路共同构成一个双向八车道整体式高速公路路基。新老高速公路之间设置新的中央分隔带,在互通式立交及服务区等车辆需要进出高速公路的路段,需要对老路的中央分隔带进行封闭处理,将原高速公路的两个半幅路基连成整幅路基,如图5-1所示。

5.1.2　山区路基加宽方案的主要特点

(1)由于新老路之间设置新的中央分隔带相隔,在新路施工期间不影响老路的正常通行,新路施工完后将交通流转移到新路上,有利于老路的大修改善。

(2)在老路线形指标不满足现行规范的路段,可以通过调整新老路之间中央分隔带的宽度和两侧高差来改善新建路基的线形。

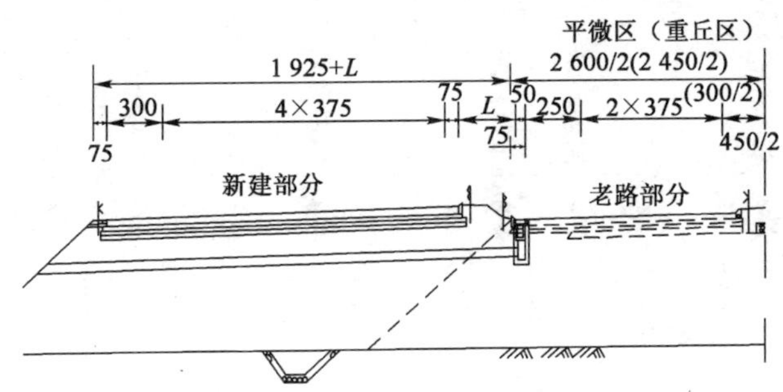

图 5-1 单侧整体式加宽横断面示意图(尺寸单位:cm)

(3)新老路基、路面、桥梁结构物等均是分离设置,对新老部分地基的不均匀沉降不敏感,不致引起结构次内力。

(4)在老路一侧加宽,若老路另一侧的路侧护栏、边坡防护、排水设施、隔离栅和绿化带能满足要求,则可以保留不动,施工场地、预制场地、施工便道均布置在老路一侧,施工组织较简单。

(5)新老路基由中央分隔带隔开,新路基可根据需要适当抬高,以保证分离式立交及通道的净空,从而避免被交道再次下挖,改善沿线居民的出行环境。

该方案的主要缺点和困难是对旧路中央分隔带的处理。在互通式立交及服务区前后车辆有进出高速公路需求的路段,需要对老路的中央分隔带进行封闭处理。封闭段落范围内老路的两个半幅桥需连接成整幅桥,现有老路中央分隔带内的管线需要迁移。

5.1.3 G30 郑州至洛阳段改扩建方案

1)备选方案介绍

根据交通量需求,连霍国家高速公路郑洛高速公路需要改扩建为八车道高速公路。在项目工可阶段,初步选定了三个方案,分别是:

(1)方案一:单侧双向四车道分离式路基

方案一(图 5-2)是在现有高速南侧新建一条双向四车道高速公路。本方案的提出主要考虑到现有老路技术指标较低,老路病害严重,不能满足现行标准规范的要求。为了适应重载交通,延长老路使用寿命,新建分离式路基专供中型货车、大型货车和重型货车行驶,现有老路供客车和小型货车行驶。新建公路的平、纵线形,桥梁结构物,路面结构的设计充分考虑重载交通的特性。

(2)方案二:单侧整体式加宽(重丘区单侧分离式加宽)

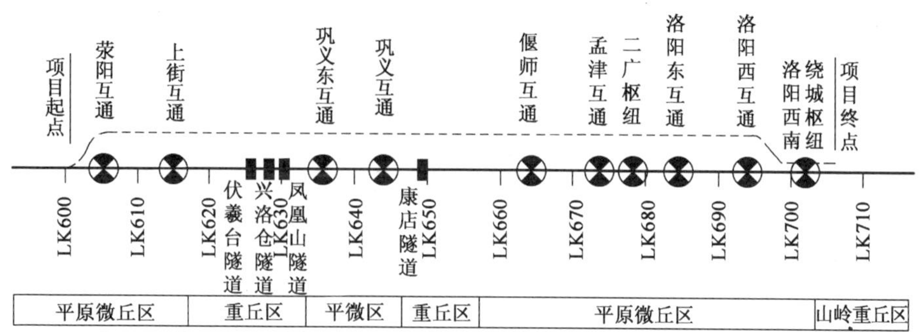

图 5-2　单侧双向四车道分离式路基

方案二(图 5-3)即在现有公路南侧整体式加宽一个四车道路基，供由西向东车辆行驶，老路由现在的双向行驶改为由东向西单向行驶，新老路共同构成双向八车道高速公路。

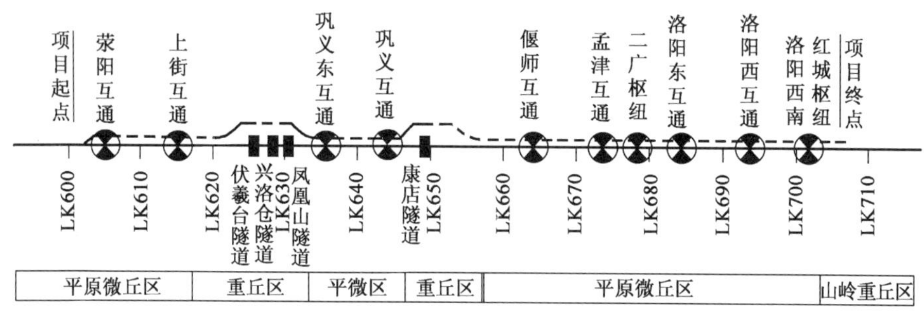

图 5-3　单侧整体式加宽(重丘区单侧分离式加宽)

(3)方案三：双侧整体式加宽(重丘区单侧分离式加宽)

方案三(图 5-4)在郑州至上街平丘微丘区段采用双侧整体式加宽，重丘区采用单侧分离式加宽的方式。利用曲线线形变换，由双侧整体式加宽形式变为单侧分离式加宽形式，绕过重丘区冲沟地带的高架桥和隧道后，再变换为双侧整体式加宽形式，全线需要经过四次加宽方式的转换。

2)方案比选

虽然方案一可适应重载交通，延长旧路使用寿命，建设期有利于老路保通，但此方案道路通行能力低，不利于行车安全，占地多，投资大，在论证阶段没有被推荐。而对方案二和方案三进行了深度论证，具体的论证比选过程见表 5-1。

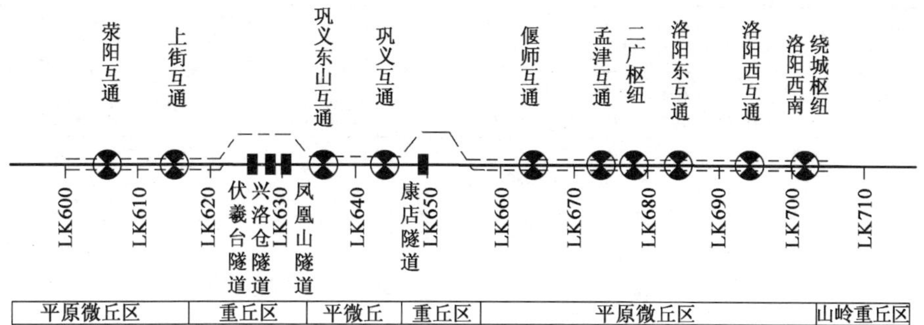

图 5-4　双侧整体式加宽(重丘区单侧分离式加宽)

郑洛高速公路改扩建方案比选表　　表 5-1

序号	比选项目		方案二	方案三	比选结论
1	通行能力		整体式双向八车道高速公路,二级服务水平下通行能力为 91 000 辆/d	整体式双向八车道高速公路,二级服务水平下通行能力 91 000 辆/d	基本相同
2	行车安全		南半幅(洛阳至郑州方向)与方案三相同,北半幅(郑州至洛阳方向)由于老路南半幅的右侧硬路肩可作为改建后北半幅的左侧硬路肩,便于内侧车道故障车辆的应急处理	南半幅与方案二相同,北半幅虽没有左侧硬路肩,但车道划分整齐,利于车辆变换车道,符合行驶习惯。但高填土路基段和瀍河大桥、魏家坡大桥等需要新老路基分离,不利于行车安全	各有优缺点
3	使用寿命及效果	使用寿命	本项目重车实载率南半幅(由西向东)大于北半幅(由东向西),新建南半幅执行新的荷载标准,可根据车辆特性进行针对性设计、施工,以提高结构安全性,延长其使用寿命	双侧加宽,实行分车道行驶,原车道行驶轻型车,新拼宽车道行驶重车,虽然可有针对性的提高新拼宽部分的承载能力,但由于受原有桥梁等结构物的限制,承载能力提高幅度有限	方案二较优
		使用效果	新建南半幅采用整体式路幅,与方案三相当。原路南半幅改建成新路北半幅内侧行车道,路拱坡度不变,中央分隔带需要处理,路容效果稍差	双侧加宽,车道划分整齐,符合行驶习惯,路容景观较好	方案三较优

续上表

序号	比选项目		方案二	方案三	比选结论
4	土地资源的占用和工程量分析	土地资源的占用	永久占地 $3.71\times10^6m^2$，较方案三多 $2.9\times10^5m^2$	永久占地 $3.42\times10^6m^2$	方案三较优
		工程量分析	土方1 037.285 3万 m^3，中分带全部处理新建路面及老路改善 $4.72\times10^6m^2$（中分带部分处理路面 $4.631\times10^6m^2$），老路挖除 $1.108\times10^6m^2$，特大、大桥12 524.82 m/28座	土方1 137.245 3万 m^3，新建路面 $4.813\times10^6m^2$，老路挖除 $1.306\times10^6m^2$，特大、大桥12 524.82m/28座	方案二较优
5	高速公路总体布局及可持续发展		采用单侧加宽，仅在起点处进行车道变换，为将来洛阳至三门峡高速公路的改扩建创造有利条件。北侧已建成的爬坡车道可以利用	采用双侧整体式加宽，平丘区与重丘区衔接不利，需要在上街和巩义变换线形或设分岔立交转换。爬坡车道不能利用，使加宽更为困难	方案二较优
6	建设、养护难度	路基	仅对原路基南侧进行单侧拼接，原路基北侧的路侧护栏、边坡防护、排水设施、隔离栅可保留不动。拼接位置处于新中央分隔带上，对新老路基的差异沉降不敏感	原路基两侧均需在行车道边缘进行拼接，两侧的路侧护栏、边坡防护、排水设施、隔离栅均须拆除重建。两侧拼接部位均位于行车道边缘，对新老路基的差异沉降很敏感，对新拼宽路基的基底处理、路基压实有很高要求，直接造成工程量的提高和施工难度的增加	方案二较优
		路面	新建路面与老路面分设，互不影响	路面两侧拼宽，接缝处位于第三车道，处理较为困难且效果不好	方案二较优
		桥梁	新老桥梁分离设置，互不影响	桥梁双侧拼宽，老桥护栏需要拆除，由于新老桥上部连接，对新老部分的差异沉降很敏感，对新拼接部分的设计、施工要求较高	方案二较优
		涵洞通道	仅需拆除南侧洞口，接口位于新中央分隔带处，对新老洞身的差异沉降要求不高。仅南侧洞口外通道积水处治工程需拆除重建	双侧洞口均需拆除，接口位于行车道上，对新老洞身的差异沉降很敏感，对基底处理要求很高。两侧洞口外通道积水处治工程需拆除重建	方案二较优
		互通立交	单侧改造，改造幅度较大，另一侧不需要改造，利于保通	双侧改造，改造幅度较小，双侧均需要保通	各有优缺点

续上表

序号	比选项目		方案二	方案三	比选结论
6	建设、养护难度	老路中分带	需要改造，立交及服务区两侧各 2.5～3km 封闭中分带，铺路面，现有两幅桥梁连接成整体。通信管线需重建	无须改造，通信管线不需重建	方案三较优
		老路改造	新建半幅建成后，将交通流全部引至新建半幅的四个车道上，方便对老路进行大修加固	老路、老桥的大修加固需要和新拼宽部分同时进行，需要进行交通管制和分流，质量难以保证	方案二较优
		施工组织	施工场地、预制场地、施工便道均布置在老路南侧，施工组织较简单	老路两侧施工，预制场地、施工便道、施工机械需在两侧分别布置，施工组织复杂	方案二较优
		运营期养护	运营期新老路基的工后不均匀沉降发生在中央分隔带上，易于养护	运营期新老路基的工后不均匀沉降发生在行车道上，有可能在行车道路面上产生纵向裂缝，难于养护	方案二较优
7	建设期通行保障难度	主线	东端起点路段约 1km 存在双侧加宽到单侧加宽的过渡段，路面施工期间对通行保障影响较大；其余主线段为单侧加宽路基，对通行保障基本没有影响	路面施工和桥梁上部拼接施工期间，需要对老路交通进行管制和分流，对通行保障影响大	方案二较优
		互通式立交	对南侧进出匝道的车辆通行有影响	对两侧进出匝道的车辆通行均有影响	
8	环境保护		原高速公路两侧分布有 5～20m 宽的绿化林带，单侧加宽仅需占用老路南侧绿化林带。施工场地较为集中，施工便道仅需单侧贯通，临时占地少，施工噪声对老路北侧影响较小，施工污水易于集中处理。新老路基有中央分隔带隔开，新路基可根据需要适当抬高，以保证分离式立交及通道的净空，从而避免被交道再次下挖，改善沿线居民的出行环境	双侧加宽需占用老路两侧绿化林带。两侧施工场地较为分散，施工便道需两侧贯通，临时占地较多。施工噪声对两侧影响均较大，施工污水较为分散，处理较为困难。互通式立交、分离式立交及通道两侧拼宽，由于路拱的影响，会降低结构物净空或下挖被交道路	方案二较优

续上表

序号	比选项目		方案二	方案三	比选结论
9	老路缺陷的改造		新路基可按现行规范进行设计，使之满足平纵线形要求。老路路基路面和结构物缺陷可在新建半幅完成后，再行修复，没有新老路面和结构物的连接问题，其造价和施工难度均小于方案三	双侧加宽，原有平纵面线形缺陷无法改变，老路基路面和结构物需要在新建半幅路基和结构物下部完成后与新建路面和结构物上部同期进行，施工难度、工程造价和效果均不如方案二	方案二较优
10	投资、效益分析	工程投资	474 413.569 9 万元（中分带全部处理）；469 566.920 7 万元（中分带部分处理）	487 716.230 4 万元	方案二较优
		财务分析	财务内部收益率（FIRR）为5.98%，财务投资净现值（FNPV）为 103 873.99，财务效益费用比（FBCR）为 1.19，财务投资回收期（N）为 19.98	财务内部收益率（FIRR）为5.84%，财务投资净现值（FNPV）为 97 778.04，财务效益费用比（FBCR）为 1.18，财务投资回收期（N）为 20.35	
		经济评价	经济内部收益率（EIRR）为15.25%，经济效益净现值（ENPV）为 264 213.3 万元，经济效益费用比（EBCR）为1.92，经济投资回收期（N）为17.06 年	经济内部收益率（EIRR）为15.04%，经济效益净现值（ENPV）为 257 157.8 万元，经济效益费用比（EBCR）为1.88，经济投资回收期（N）为17.25 年	

从表 5-1 可以看出，方案二、方案三各有优缺点，虽然方案二在建设期施工组织和老路保通等方面比方案三具有明显优势，但方案三在建成后的路容景观和运营期交通运营组织方面占有优势。由于运营期的时间远长于建设期，方案的选取应更重视运营期的优势。单从改建方案比选的角度考虑，应侧重于选择方案三。

但是考虑到本项目的实际特点，项目沿线平原微丘区和黄土重丘区交错出露，重丘区路段采用单侧加宽分离式路基的扩建方式，如平原微丘区采用方案三，则会造成路幅形式的频繁变化和对老路工程的拆除；采用方案二，则有利于保持全线路幅的连续性。此外，本项目平原微丘区老路有多处路段线形指标不能满足现行规范要求，采用方案二可改善新建路基的线形指标，提高行车的安全性和舒适性。本项目平原微丘区路段大多数分离式立交和通道存在被交道下挖的现象，采用方案二有利于保证被交道通行净空，可避免被交道再次下挖，有利于沿线居民的出行。本项目终点与洛阳至三门峡高速公路相接，洛三高速公路地处山岭重丘区，地形、地质情况复杂，将来其改建方式应为单侧分离式加宽。如本项目采用方案二单侧加宽方式，会为后续项目的衔接创造便利条件。

因此，结合本项目具体特点，最终决定将方案二作为推荐实施方案。

3)改扩建方案——单侧整体式加宽(重丘区单侧分离式加宽)

郑洛高速公路改扩建实施方案的路基加宽横断面如图 5-5 所示，桥梁加宽横断面如图 5-6 所示。

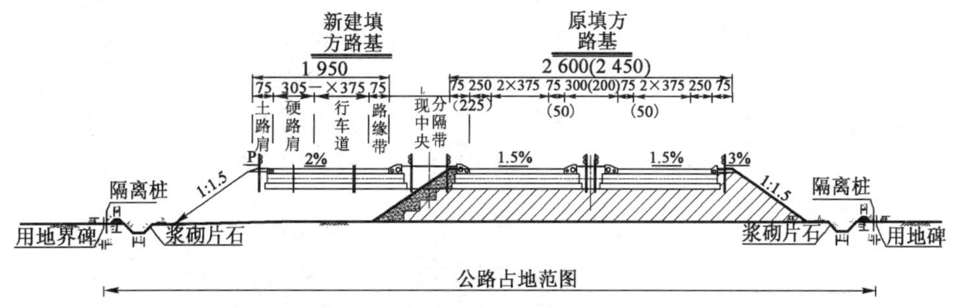

图 5-5　郑洛高速公路改扩建实施方案路基加宽断面示意图(尺寸单位:cm)

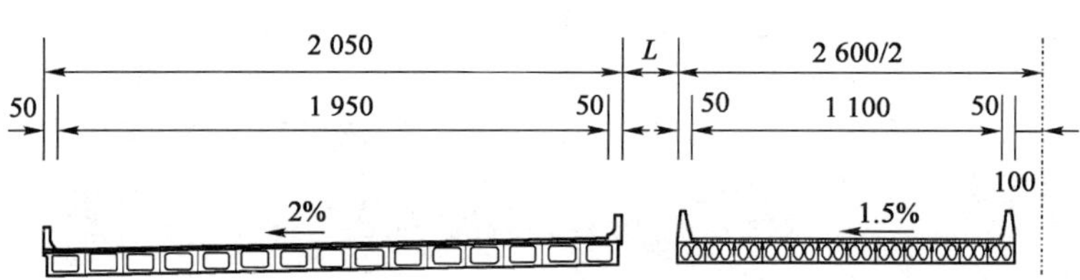

图 5-6　郑洛高速公路改扩建实施方案桥梁加宽断面图(尺寸单位:cm)

5.2　山区高速公路单侧加宽关键技术

由于单侧整体式加宽扩建方案与常用的双侧加宽扩建方式有较大区别，存在多个技术难点，在河南省是第一次采用，因此考虑将设计分三阶段进行，即增加技术设计阶段。其目的是重点解决老路的中央分隔带改造利用、排水工程、互通式立交车道转换等一些疑难问题，进一步落实技术方案。

5.2.1 中央分隔带的合理利用

采用单侧整体式加宽的改扩建方式时,原有双向四车道高速公路由过去的双向行驶改为单向行驶,新老路基共同构成双向八车道高速公路,因此,老路中央分隔带的改造利用问题成为关键性技术问题。

5.2.1.1 中央分隔带处理方案

河南省境内早期建设的高速公路中央分隔带宽度多在 2~3m。其中,平原区高速公路中央分隔带一般为 3m,设计速度采用 120km/h,路基宽度为26.0m。横断面布置为:中央分隔带 3m,左侧路缘带 2×0.75m,行车道 2×2×3.75m,硬路肩 2×2.5m,土路肩 2×0.75m。山岭区中央分隔带为 2m,设计速度采用 100km/h,路基宽度为 24.5m。横断面布置为:中央分隔带 2m,左侧路缘带 2×0.5m,行车道 2×2×3.75m,硬路肩 2×2.5m,土路肩 2×0.75m。路基现状横断面如图 5-7 所示。

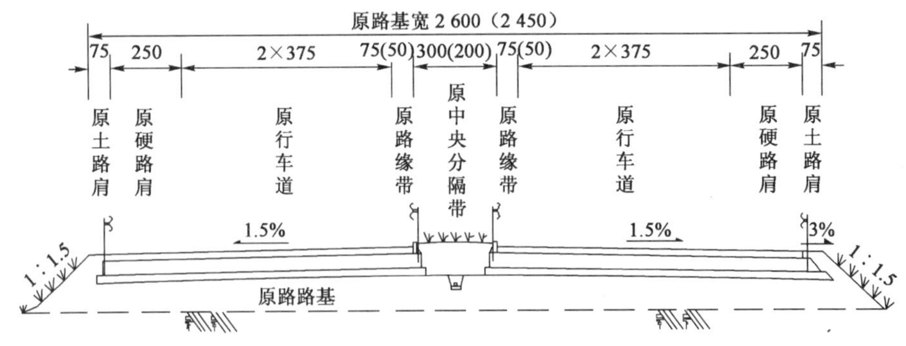

图 5-7 老路路基横断面图(尺寸单位:cm)

在设计阶段,针对老路中央分隔带的处理利用共拟订了三个方案,分别是:

方案一:全线拆除老路现有中央分隔带,将其铺筑成路面,通过路面标线将其划分为行车道。这样原有高速公路就成为单向五车道半幅高速公路,但是由于个别路段间隔分布有隧道,这些段落不能扩建成五个车道,势必会造成车道数不连续、交通流紊乱,存在着很大的交通安全隐患,故该方案不可行。

方案二:拆除老路所有整体式路基段落的现有中央分隔带,将其铺筑成路面,通过标线和标志提醒该部分禁止行车,仅供车辆变换车道使用。该方案原有高速公路全线的两个半幅桥梁需要连接成整幅桥梁,老路中央分隔带下埋置的通信管线均需外移，工程量巨大。

方案三：仅在互通式立交及服务区前后路段将原高速公路中央分隔带进行路面封闭和桥梁连接处理，其他一般路段保留现有中央分隔带。

考虑到除互通式立交和服务区路段车辆有变换车道的需要外，其他一般路段车辆按车型和行驶速度分车道行驶，正常行驶的车辆没有变换车道的需要，不需要对中央分隔带进行封闭。另外，加宽一侧的硬路肩为个别故障车辆提供了安全保障。因此，方案三更为合理，作为推荐方案报批，并获得批复。

5.2.1.2 老路中央分隔带的封闭长度

根据《公路路线设计规范》(JTG D20—2006)第11.5.3条规定，高速公路主线的分岔和合流的渐变段的渐变率分别为1∶40和1∶80。考虑到车辆从老路的左侧最外面车道变道至老路的右侧最外面车道，车辆的横向移动距离为：设计速度为120km/h时，距离为15.75m；设计速度为100km/h时，距离为14.25m。因此，主线范围渐变段长度分别为：设计速度120km/h时，分岔情况下为630m，合流情况下为1 260m；设计速度100km/h时，分岔情况下为570m，合流情况下为1 140m。

根据《公路工程技术标准》(JTG B01—2003)条文说明第8.1.4条规定，车辆从减速车道起点开始对上游主线直行交通的影响长度约为600m，车辆从加速车道终点开始对下游主线直行交通的影响长度约为500m。为确保车辆充分变换车道需要，出入互通前后老路中央分隔带变换车道范围长度最小值见表5-2。

中央分隔带变换车道长度　　表5-2

行车速度	互通出口前	互通入口后
设计速度100km/h	至少为570+600=1 170m	至少为1 140+500=1 640m
设计速度120km/h	至少为630+600=1 230m	至少为1 260+500=1 760m

又根据《道路交通标志和标线》(GB 5768—1999)第20.2条规定，中央分隔带宽度范围内标线渐变段长度由$L=0.625vW$(v为行车速度，W为缩减宽度)计算得出。设计速度为120km/h，标线渐变段长度$L=338$m；设计速度为100km/h，标线渐变段长度$L=188$m。同时规范规定，终点标线处延长线距离d取40m。

为了确保车辆能在封闭段范围内充分变换车道，避免老路左侧车道的车辆错过老路中央分隔封闭段范围而造成车辆无法变换车道，建议加强如下两方面的设置。

(1)在封闭段前后需加强标志、标线设置

对于标线渠化，路基宽为26m时，借用中央分隔带及其路缘带，渠化成为一个4.5m车道，左侧车道向右侧偏移0.75m，车道净长需大于1 000m，两端采用渠化岛处理。渠化后，车辆可以利用中间增加车道变更进入出口。

为了使左侧车道车辆能提前知道前方互通出口，让左侧车道车辆有足够的时间进行变换车道，左侧车道标志在常规标志布设基础上增设了一个预告标志和一个出口指示标志。

为了使互通进入主线的车辆能在一定变换车道范围内达到大、小型车分车道行驶的目的，在互通入口处增设四个大、小型车分车道指示标志。

(2)中央分隔带封闭段前后需设置一定长度的识别视距

根据《公路路线设计规范》(JTG D20—2006)条文说明第11.2.2条规定，高速公路主线分流鼻之前应保证判断出口所需的识别视距，具体长度为：设计速度为120km/h时，识别视距为460m；设计速度为100km/h时，识别视距为380m。识别视距范围内的中央分隔带宽度维持现状不变，同时波形护栏也可以不动，只是取消中分带绿化的灌木，以便取得更好的通视效果。

根据以上分析可以得到老路互通区前后路段中央分隔带需封闭的长度最少范围：

①互通区出口前路段长度：标线渐变段＋标线终点延长距离＋变换车道距离。

②互通区入口后路段长度：标线渐变段＋标线终点延长距离＋变换车道距离。

根据不同行车速度计算的封闭长度如表5-3所示。

中央分隔带需封闭的长度 表5-3

行车速度	互通出口前	互通入口后
设计速度100km/h	至少为1 170＋40＋188＝1 398m	至少为1 640＋40＋188＝1 868m
设计速度120km/h	至少为1 230＋40＋338＝1 608m	至少为1 760＋40＋338＝2 138m

考虑到驾驶员素质的个体差异和我国目前车辆的行驶状况，在单侧加宽路段，结合老路构造物的分布情况，对互通、服务区出、入口前后2.5～3km范围内的老路中央分隔带进行封闭处理。

5.2.1.3 老路中央分隔带的封闭措施

1)桥梁的封闭措施

(1)空心板桥

空心板桥中央分隔带的改造，主要分为以下三种情况进行：

①下部为桩柱式墩台，左右幅分开且净空隙为1m或2m。改造方式为凿除原盖梁部分混凝土，清理凿除面，理顺焊接钢筋，现浇钢筋混凝土，使桥墩盖梁连为一个整体，上部增设1～2块板梁，梁高与现有老桥梁高一致，新拼中央分隔带内梁板与现有老桥边板连接，然后再铺桥面铺装，如图5-8所示。

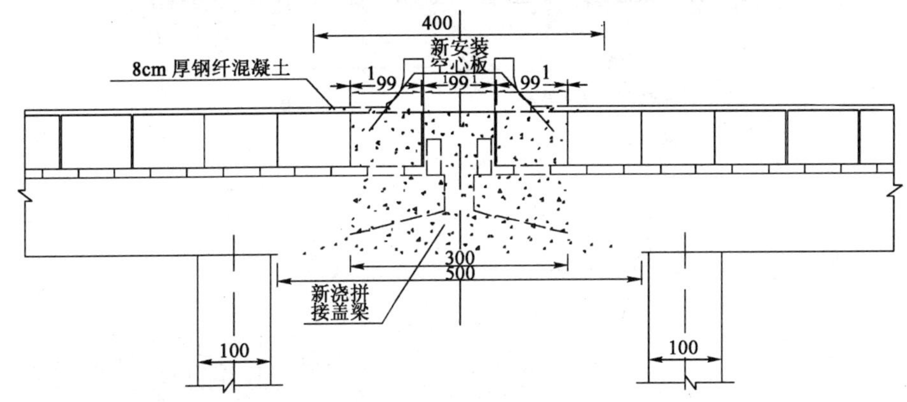

图5-8　空心板梁桥中央分隔带处理示意图（桥墩）（尺寸单位：cm）

②下部为重力式墩台结构，左右幅分开且净空隙为1m或2m。下部构造改造采用先拆除挡块，不拆除耳背墙和侧墙，直接在原位置开挖基坑，在原来的基础与台身上植筋，浇筑混凝土，中间设1cm沉降缝，施工台身台背，上部增设1～2块板梁，梁高与现有老桥梁高一致，新拼中央分隔带内梁板与现有老桥边板连接，然后再铺桥面铺装。

③下部为重力式墩台结构，且左右幅下部墩台已连成整体。下部构造改造采用拆除挡块，不拆除耳背墙和侧墙，直接在台身上植筋，浇筑混凝土，中间设1cm沉降缝，施工台背，上部增设1～2块板梁，梁高与现有老桥梁高一致，新拼中央分隔带内梁板与现有老桥边板连接，然后再铺桥面铺装，如图5-9所示。

(2)组合箱梁桥

根据竣工资料及现场的实测数据，改造方法采用对原来底宽为1m的小箱梁更换成底宽为1.3m的小箱梁，然后将中央分隔带内的2块小箱梁进行横向连接，下部结构保持不动。新拼宽的小箱梁梁高与现有老桥梁高一致，新拼宽的小箱梁需作特殊设计，如图5-10所示。

(3)组合T梁桥

由于高速公路采用的T梁桥多数采用刚度较大的基础，左、右幅桥梁下部结构一般为一个整体。因此，改造方案为在中央分隔带内增设一块1m宽、50m

跨径的新浇筑的T梁，如图5-11所示。这种做法的前提是基础本身构造能够满足要求。

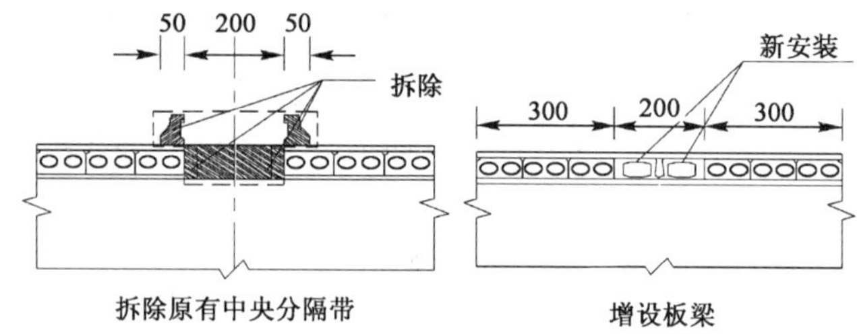

图5-9　空心板桥中央分隔带处理示意图(尺寸单位:cm)

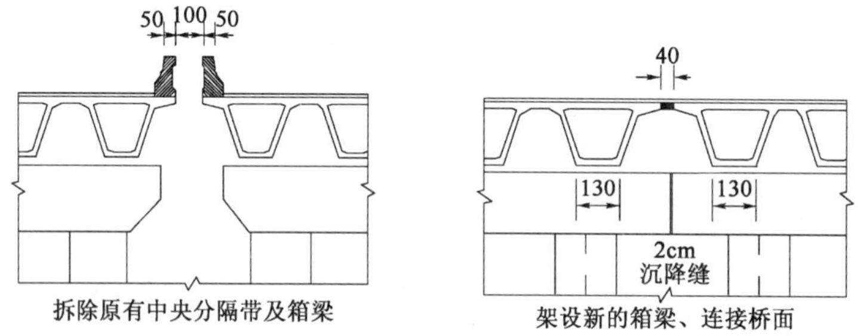

图5-10　组合箱梁桥中央分隔带处理示意图(尺寸单位:cm)

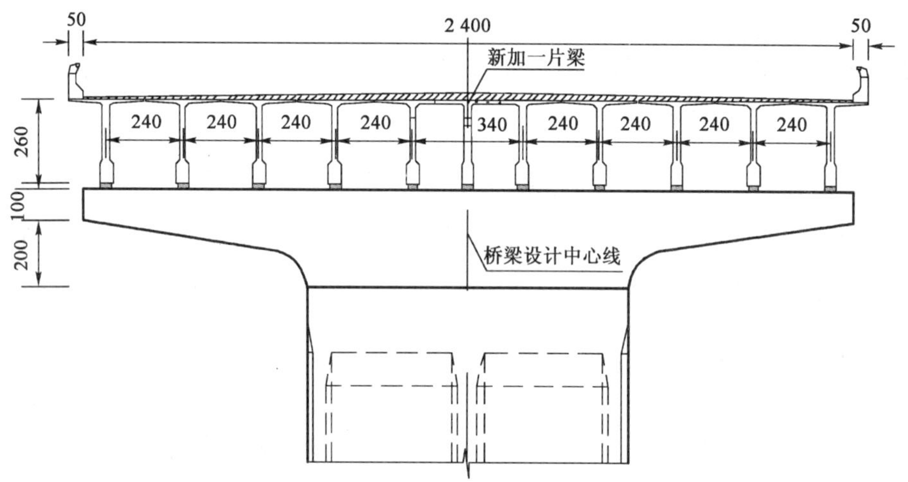

图5-11　组合T梁桥中央分隔带处理示意图(尺寸单位:cm)

5.2.1.4　老路中央分隔带路面结构

根据互通区前后需封闭改造路段范围，先挖除现状老路中央分隔带内的绿化土及下部填土至底基层底面，采用C15现浇水泥混凝土进行填筑、压实。中央分隔带范围内路面面层结构采用同老路行车道一致的新加铺层结构，沥青层厚度在10～18cm。改造后的老路仍采用双向横坡，为使改造后的中央分隔带范围内线形平顺，利于行车，分隔带路面采用半径$R-100$m(分隔带宽3m)、$R-66.67$m(分隔带宽2m)圆弧过渡处理，如图5-12所示。

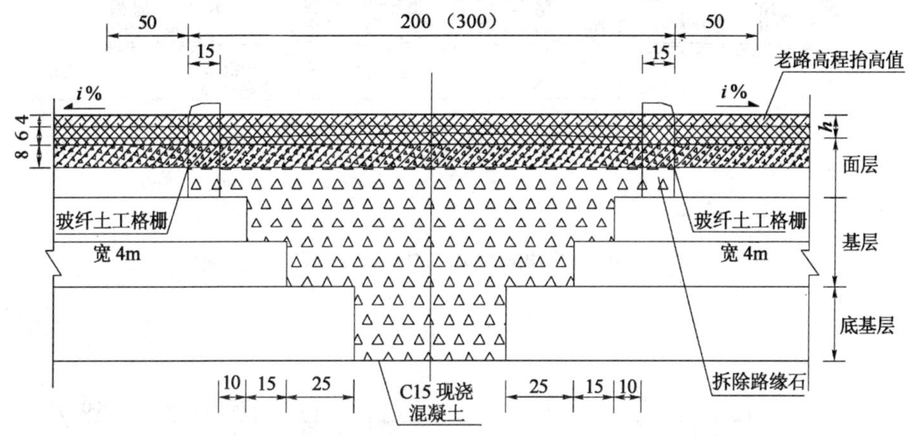

图5-12　中央分隔带路面处理示意图(尺寸单位:cm)

5.2.2　排水设施改造

采用单侧加宽整体式路基方案时，路拱和排水设施的改造是面临的另一个难题。高速公路一般采用双向路拱，路拱横坡为1.5%，在设计阶段对老路路拱的处理提出了两个方案进行比选论证。

方案一:将现有双向路拱改为单向路拱，向老路北侧倾斜，如图5-13所示。

改为单向路拱后，原高速公路的半幅路面集水需通过另外半幅的路面排出，现有中央分隔带需要作路面封闭处理，其下现有的通信管线需外移。而且，由于原高速公路的半幅路拱改变，原有路面结构的基层及面层需要铣刨重做，桥梁、明涵、明通道段盖梁(涵身)及其以上结构均需改建重做。

方案二:老路仍采用双向路拱，原有高速公路的半幅路面集水由于受新老路之间的中央分隔带阻挡，需增设排水设施，如图5-14所示。排水设施由位于新中央分隔带靠近老路面一侧的纵向集水槽和埋置于新路基中的横向排水管组成。

两方案均可满足行车安全要求。方案二在工程造价、施工难易程度、施工工

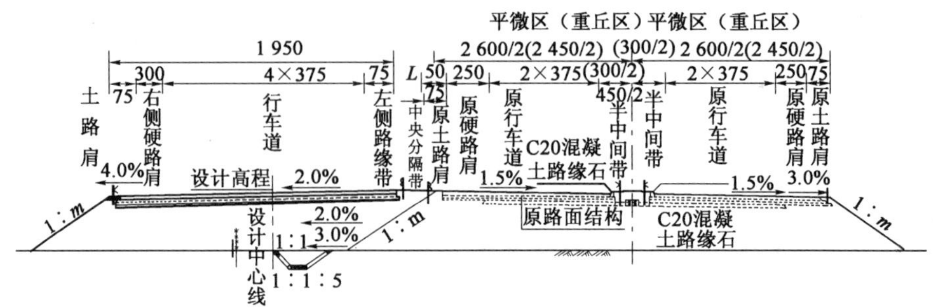

图 5-13 由双向路拱改为单向路拱示意图(尺寸单位:cm)

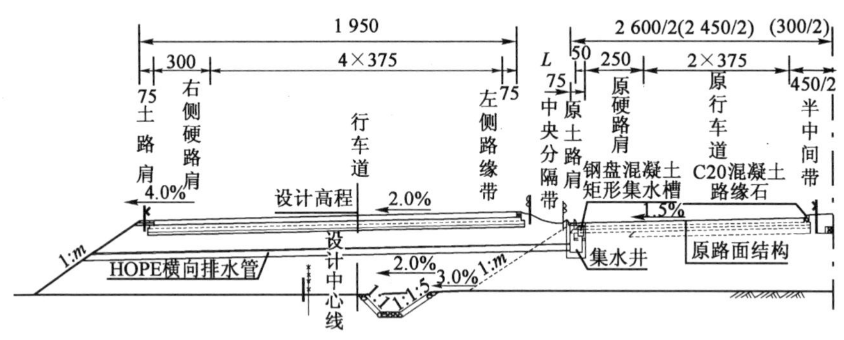

图 5-14 在扩建的一侧增加排水设施示意图(尺寸单位:cm)

期、老路保通等方面具有明显优势,沈大高速公路改建工程复州湾普兰店海湾大桥段就是一成功范例,故推荐采用方案二。

在技术设计阶段,根据批复意见要求,对增加 0.5m 宽排水设施方案与不增宽路基方案作了进一步的深化研究。经过技术、经济、施工难易等多个方面的分析和比选,最后决定采用增加 0.5m 宽排水设施方案,即新建单侧加宽整体式路基宽度 19.5m,新老路基之间中央分隔带宽度平原微丘区 3m、重丘区 2m,将原高速公路加宽一侧半幅路面集水的纵向集水槽设置于老路土路肩的位置,不占用新老路之间中央分隔带的宽度。

5.2.3　高填方路段方案

当高速公路路线进入重丘区后，高填深挖的现象目前仍然较为普遍，部分跨黄土冲沟的大桥台后填土达 20m 以上，最高达 29m，高填方路段的路基沉降未完全稳定，往往引发桥头跳车，部分高填方桥台锥坡开裂、勾缝脱落，高填方路段路面开裂、车辙、沉陷等缺陷。

在设计阶段，对原高速公路的高填方路段进行了路基方案和桥梁方案的技术经济比较。为了保证老路基的安全，减少公路用地，新建半幅推荐采用桥梁方案。对于老桥台后填土较高的桥梁，新建的大桥桥梁长度一般会大于现有老路桥梁长度，从而形成了半路半桥的横断面形式。新建桥梁最大限度地靠近老路，其间距以保证新桥盖梁不伸入路堤为限，如图 5-15 所示。

图 5-15　半路半桥路段示意图

5.2.4　车道划分方案

原高速公路加宽一侧的两条车道作为改扩建后的内侧两条车道，行驶轻型车辆。原高速公路的另两条车道为改扩建后的外侧两条车道，行驶重型车辆。原高速公路中央分隔带按上述处理后，可以作为专用车道，供养护维修车辆使用，紧急情况下供车辆疏散用。单侧整体式加宽方案的车道划分如图 5-16 所示。

5.2.5　路基拼接

原郑洛高速公路分平原微丘区和山岭重丘区两种地形进行建设，平原微丘区原路基宽 26m，山岭重丘区原路基宽 24.5m。经过反复论证和比较，改扩建工程项目选择在起终点处采用原位两侧拼宽，其路基拼接技术目前已经相对成熟。

对于单侧加宽整体式路基部分，新老路基间设置中央分隔带。拼接加宽采用在原路基的一侧边坡开挖台阶的方式进行，第一层台阶高如取 160cm，其他各

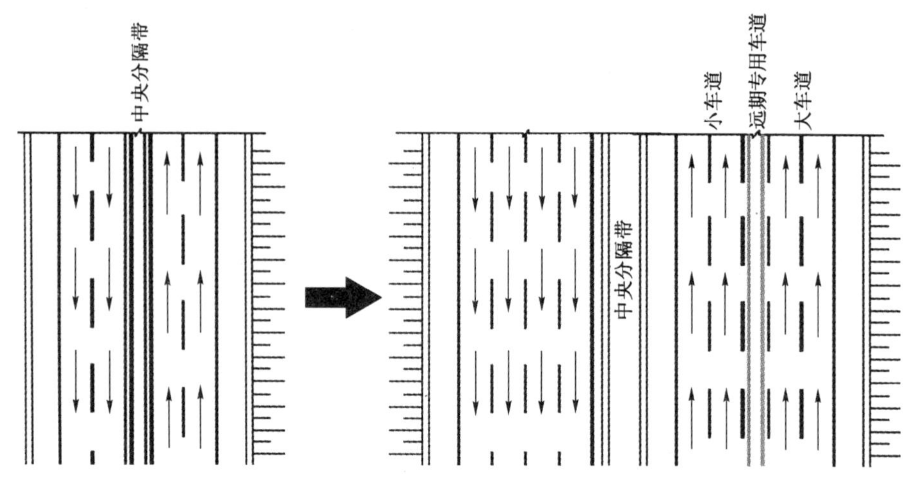

图 5-16　单侧整体式加宽方案的车道划分示意图

层台阶高按 80cm 的要求进行开挖，开挖坡率与原路基保持一致。挖方路段应做好原路基边沟的拆除工作，然后对路床底面进行冲击碾压。

5.2.6　互通式立交的扩建

现有高速公路的互通式立交以单喇叭形式居多，单侧加宽整体式路基扩建方案是在原高速公路的一侧宽单向四车道，可以保留原有互通单侧出、入口继续使用，需要对加宽一侧的出、入口进行相应改造。以巩义互通式立交为例，C、D 匝道与新建加宽的路幅相衔接，同时考虑交通量的增加，E 匝道上现有的 2 进 2 出收费站改建为 2 进 4 出收费站，如图 5-17 所示。

5.2.7　分离式立交及通道的扩建

(1)分离式立交

考虑被交道已进行过不同程度的下挖，为方便桥下通行，降低被交道改造工程量，采取以下技术措施避免拼宽时桥面横坡影响桥下净空。

位于单侧加宽路段的分离式立交不再下挖被交道，保持新桥空心板底最低点与原桥低点一致，考虑新空心板建筑高度、桥面铺装及路面横坡推算拼宽桥梁控制点的设计高程，在中央分隔带处构成新老桥高程差异。考虑到新老路基之间中央分隔带开口的设置，新老桥的高程不能有很大差异，为保证与老桥相同净高，部分分离式立交仍需要下挖改造被交道。

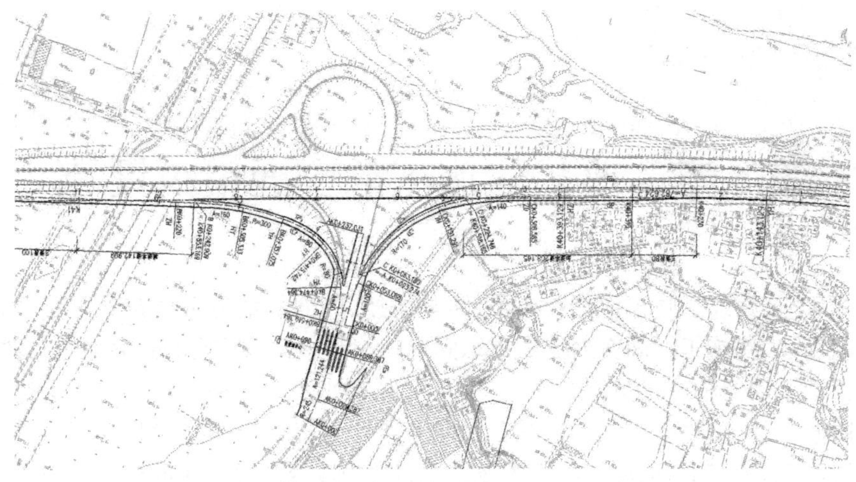

图5-17 互通立交扩建平面示意图

(2)通道

受高速公路路面横坡影响,暗通道加宽后涵顶最小填土高度会有所降低。当加宽后填土高度大于或等于0.5m时,拼宽的通道底纵坡按照原通道设计;当加宽后填土高度小于0.5m时,通道底纵坡根据主线纵坡、路面横坡进行调整,使暗通道加宽后填土高度大于或等于0.5m。

为保证通道净空,明通道底纵坡根据主线纵坡、路面横坡调整确定。对需调高净空的现有通道,先挖除原通道铺底,再下挖被交路至新设铺底底面高程设计值,切除原通道在该高程以上露出涵身外的基础部分,然后铺设40cm厚C30现浇混凝土通道底铺装,通道底铺装兼起支撑梁的作用。

本章针对每个具体的高速公路改扩建项目都有充分论证,以期寻找其最合适的方案。由于本章介绍的高速公路单侧加宽改造的关键技术在国内尚不多见,河南省也是首次在该课题上进行探索和尝试,有些技术方案可能还不成熟,仅供国内的同行参考。

第6章　改扩建施工的交通组织设计

高速公路改扩建不但涉及桥梁、路基拼接、路面加铺等工程技术问题，而且还涉及改扩建施工期间交通流的组织问题。这是因为对原有高速公路进行改扩建，无论采用何种施工组织方式，必然会对原有的高速公路交通流产生干扰，如扩建施工时路侧施工对原有道路正常交通流的干扰，路侧净空间和视距不足造成的通行速度降低，因施工组织需要造成的车辆频繁分道、并道行驶等，从而严重影响道路的正常运营。

由于高速公路在公路交通运输中的作用日益突出，高速公路沿线交通运输对其依赖性日益增强，因此，在高速公路扩建过程中如何保证其交通流的正常运行、减小因改扩建施工对交通流的影响、保证道路行车顺通和安全，已经成为高速公路改扩建施工中一个重要的课题。

6.1　交通组织设计的原则

从技术层面上讲，高速公路改扩建施工对交通的影响，主要是指施工占道对交通的影响、交通转移对影响区内相关道路的影响、施工范围内拆迁交通工程设施对交通的影响、施工方法对交通的影响、施工管理对交通的影响及其他施工组织方面对交通的影响等。为了尽可能地减少改扩建施工对高速公路正常通行的影响，确保改扩建工程能如期完成，交通组织设计显得尤为重要。一般应遵循以下原则。

6.1.1　坚持“以人为本”

在制订交通组织方案的过程中，首先树立“以人为本”的设计理念，结合改建工程的特点，针对路基路面、桥梁涵洞、互通式立交的不同施工阶段，制订科学合理的施工组织计划。重点做好双侧加宽路段、双侧加宽路段向单侧加宽路段的过渡段、单侧加宽路段、互通立交范围需拆除重建以及构造物加宽接长等重要工点的交通组织方案，确保工程施工期间老路车辆安全通行。其次，做好改建工程的宣传工作，通过广播、电视、报纸等新闻媒体，向社会发布郑州至洛阳改建工程的开、竣工日期以及工程施工期间的道路通行情况的告示。

6.1.2　保障改扩建工程顺利进行

由于无论采用何种交通组织措施、交通改善措施，都不可能彻底解决拟改扩建高速公路在改扩建施工期间对本身交通的影响。这就需要全社会各方面都能本着支持重点项目建设的精神，在发生利益冲突时，能诚恳协商。必要时，为保证高速公路改扩建工程的顺利实施，作出应有的妥协。

6.1.3　正常交通与改扩建工程相结合

高速公路改扩建工程交通组织设计是以不中断交通为最基本的原则，因此，交通组织方案研究应尽可能做到将高速公路改扩建工程施工与其本身及周边的正常交通协调起来，根据当地交通的现状以及改扩建工程施工的具体需要，充分考虑工程成本与社会成本问题，保证改扩建工程施工与正常交通相协调及局部交通与整体交通相协调，尽量满足基本交通需求，维持正常交通的稳定和通畅。

6.1.4　普遍性与特殊性

高速公路改扩建工程都是大型工程项目，因此，其施工期间交通组织问题应具有普遍性的规律和特点。但是，也应充分考虑不同高速公路改扩建项目本身的特点，即施工内容、方法及所处的环境等实际情况，使拟改扩建项目施工期间的交通组织具有更强的针对性，即特殊性。

6.1.5　稳定性与适应性

稳定性是指施工期间交通组织方案在一定时期内应相对稳定，不能轻易更改，以培养在特殊时期驾驶员相对稳定的驾驶习惯，从而保证交通组织方案的有效性。适应性是指在改扩建项目施工期间交通组织实施方案并不是一成不变的，应根据实际情况、实施后的效果，及时调整方案，以动态适应改扩建项目施工建设以及正常的交通需求。

6.1.6　通而不畅

在高速公路改扩建期间，其上的交通流应维持“通而不畅”的状态。因为在改扩建施工期间，道路空间有限，很难保证车流顺畅。此外，如果道路畅通而车速过快，驾驶员稍有不慎就会对在路上施工区的工作人员和施工设备的安全造成很大威胁。因此，交通组织设计应遵循"通而不畅"的原则。

6.1.7 既要协调交通、便于施工操作，又要满足安全性、经济性要求

在改扩建项目施工期间，大流量的交通现状要求该路段以"边通车、边施工"的方式实施改扩建工程建设。施工中既要确保高速公路运营的安全畅通，又要保证施工人员、机械的安全及工程质量，其危险性和难度是新建项目无法比拟的。因此，交通组织方案的制订要能协调交通，便于施工操作，充分保障施工现场各要素的安全及各种车辆的行车安全，同时还应本着节约投资的原则，满足经济性要求。此外，在进行高速公路改扩建工程的交通组织设计时，还应考虑交通组织设计与改扩建工程设计相协调、交通合理分布与供求平衡等原则。

6.2 交通组织方案设计

如上节所述，在原路运行的状态下进行改扩建是高速公路改扩建工程的必然选择，交通组织设计方案应遵循不中断和少影响原则，既要考虑施工期间交通组织方案对施工方案和设计方案的反作用，又要根据总体工程方案需要制订可行的交通组织方案。其中，改扩建施工组织方案是高速公路扩建期交通流组织的主要影响因素，即交通流组织方案是以施工组织方案为基础来制订的。

总的说来，高速公路扩建施工组织方案主要有以下三种：

第一种施工组织方案为路面纵向分段、半幅封闭施工、半幅通行，大中型车辆分时段禁行。该方案的优点是施工组织简单，原有路面材料可以再生利用；缺点是半幅封闭后道路通行能力大大降低。

第二种施工组织方案为半幅分时段封闭，半幅分时段分别以双向四车道、双向两车道通行，大型货车分时段禁行。该方案的优点是半幅封闭时段较短，社会负面影响小；缺点是交通组织工作量较大且原有路面材料难以全部再生利用。

第三种施工组织方案为原有车道维持通车现状，外侧加宽部分同时进行施工，外侧施工完成后，开放交通，再实行内侧原有路面施工。该方案的优点是对交通流影响较小；缺点是施工难度大。

三种施工组织方案各有优缺点，对应不同的交通流组织方案。另外，高速公

路改扩建方案也对交通流组织产生重要的影响。下面针对主线路基加宽施工、桥梁拼宽施工、立交扩建施工、路面施工等阶段的交通流组织设计方案作一介绍。

6.2.1　主线路基施工期的交通组织方案

(1) 双侧加宽整体式双向八车道路基的交通组织方案

采用双侧加宽为双向八车道整体式路基的改扩建方案时，改建完成后原有老路的四个车道将成为小车道，现有硬路肩及加宽部分改扩建完成后将成为大车专用道，其交通流分为以下五个阶段来组织。

第一阶段：主线加宽部分路基的施工，保留原路侧安全防护设施。此时，全线维持现状交通，车辆在原有路面上正常双向行驶(图 6-1)。

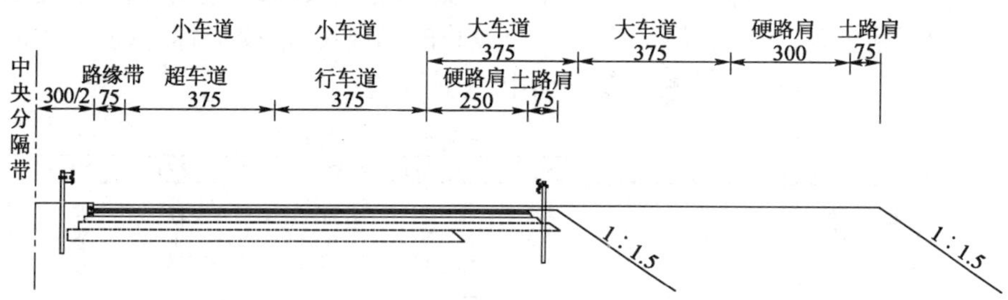

图 6-1　双侧加宽整体式路基施工第一阶段交通示意图(尺寸单位：cm)

第二阶段：拆除原道路路侧防撞护栏，挖除原道路土路肩、部分硬路肩，进行加宽部分的基层和下面层的施工。在此期间，压缩部分硬路肩用来设置临时隔离防撞设施，维持原道路的交通，如图 6-2 所示。

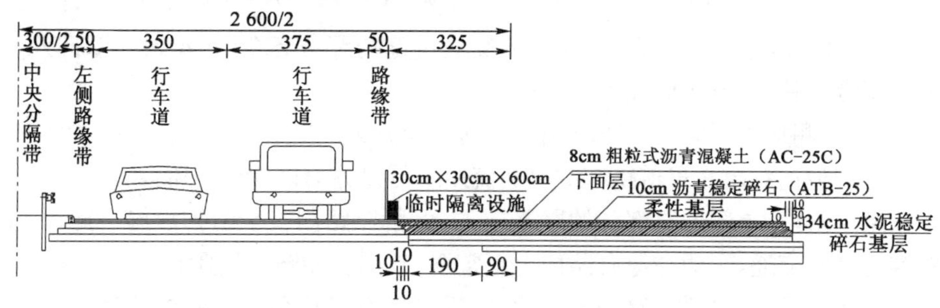

图 6-2　双侧加宽整体式路基施工第二阶段交通示意图(尺寸单位：cm)

第三阶段：进行老路路面改善施工，封闭原道路，将原路面双向行驶的车辆分别转移到两侧新加宽路面上，车辆限速 80km/h，大小车辆各行其道，不允许超车，如图 6-3 所示。

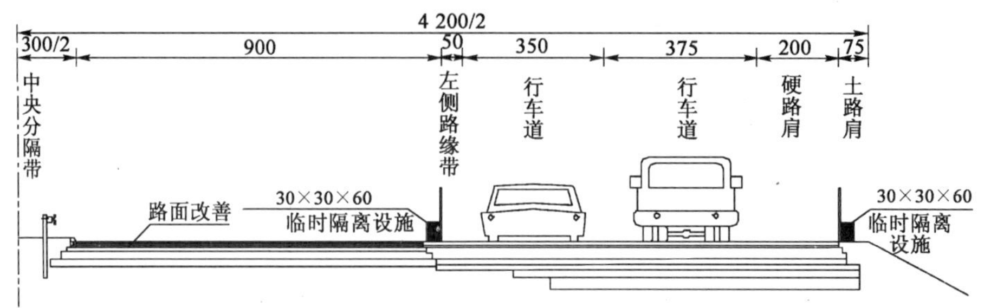

图 6-3　双侧加宽整体式路基施工第三阶段交通示意图(尺寸单位:cm)

第四阶段:进行路面中、上面层施工，该阶段两个半幅分步实施。比如，首先封闭南半幅道路，将车辆分流到北半幅双向四车道行驶，进行南半幅新老路面中、上面层施工，如图 6-4 所示。此时，应设临时隔离设施、交通标志，施划临时道路标线。反之，进行北半幅新老路面中、上面层施工。

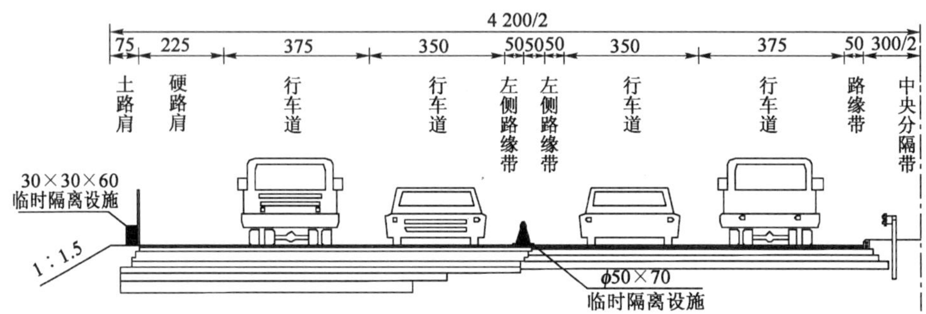

图 6-4　双侧加宽整体式路基施工第四阶段交通示意图(尺寸单位:cm)

第五阶段:道路改建完毕，相应的交通设施均配备齐全后，车辆在双向八车道上正常行驶，如图 6-5、图 6-6 所示。

(2)单侧加宽双向八车道路基的交通组织方案

单侧加宽双向八车道路基的交通流组织可以分为以下四个阶段。

第一阶段:单侧加宽部分的路基施工，保留原路侧安全防护设施。此时，全线维持现状交通，车辆在原有路面上正常双向行驶，如图 6-7 所示。

第二阶段:单侧拼宽路基施工后期，拆除原有高速公路一侧的防撞护栏，压缩部分硬路肩设置隔离防撞设施，挖除原有土路肩，进行拼宽部分与原道路衔接处的施工，如图 6-8 所示。

第三阶段:进行扩建半幅的路面施工，完工后，将车辆分流到新建半幅双向

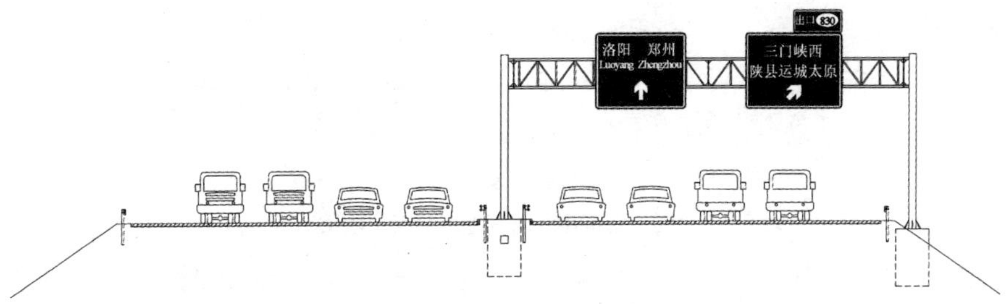

图 6-5　双侧加宽整体式路基扩建完成后断面交通示意图

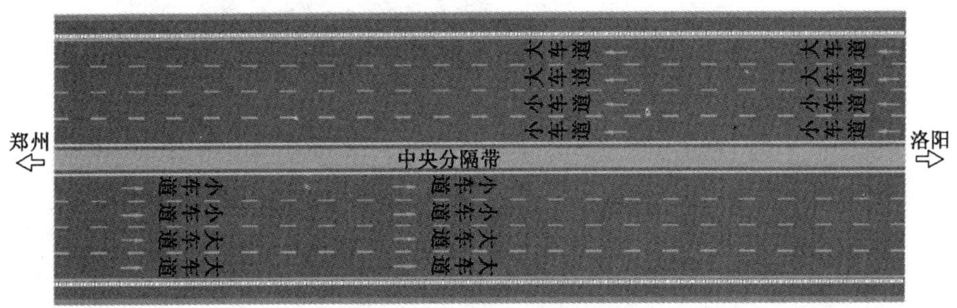

图 6-6　双侧加宽整体式路基扩建完成后平面交通示意图

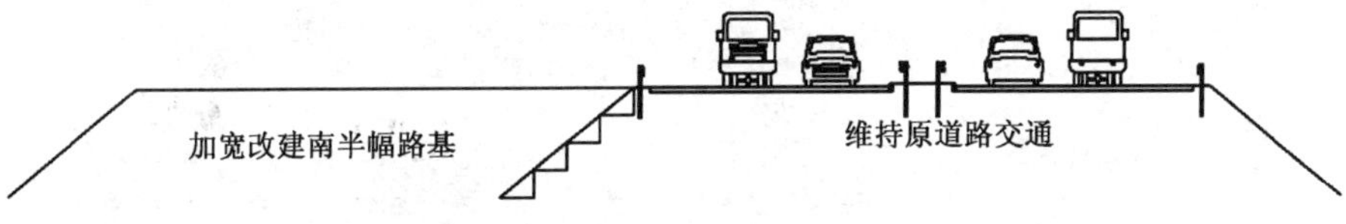

图 6-7　单侧加宽整体式路基施工第一阶段交通示意图

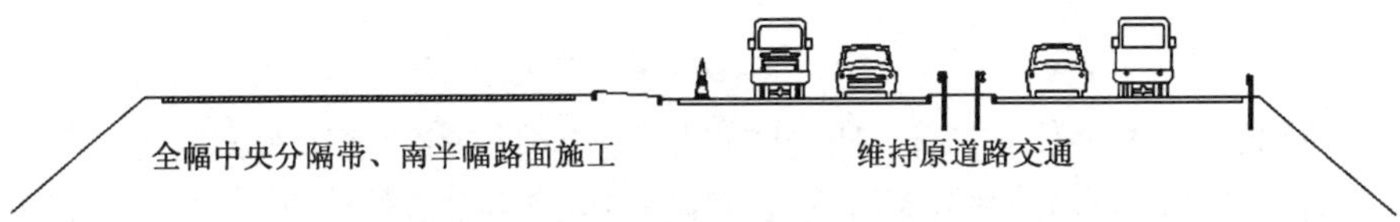

图 6-8　单侧加宽整体式路基施工第二阶段交通示意图

四车道行驶，设置临时隔离防撞设施，进行原道路的路面施工，施工前应铣刨老路面，如图 6-9 所示。

第四阶段：加宽改建工程完毕，相应的交通设施均配备齐全后，撤销临时隔

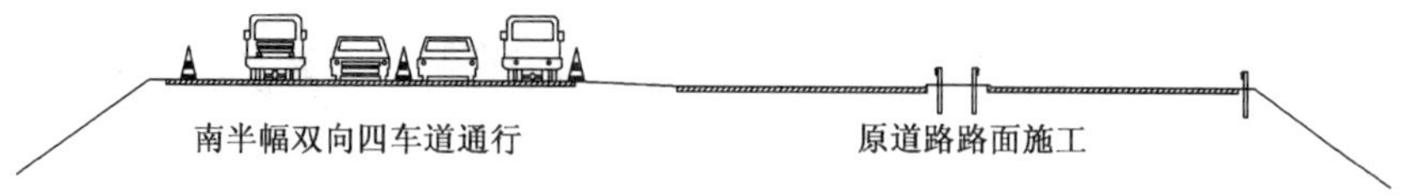

图 6-9　单侧加宽整体式路基施工第三阶段交通示意图

离防撞设施，全线按双向八车道通行，整项工程宣告完工，如图 6-10、图 6-11 所示。

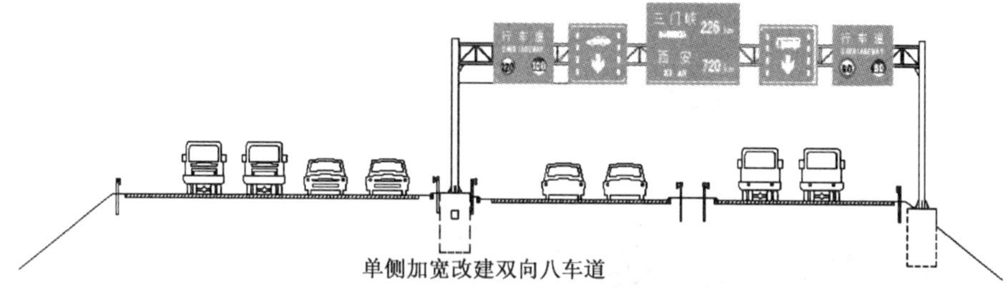

图 6-10　单侧加宽整体式路基扩建完成后断面交通示意图

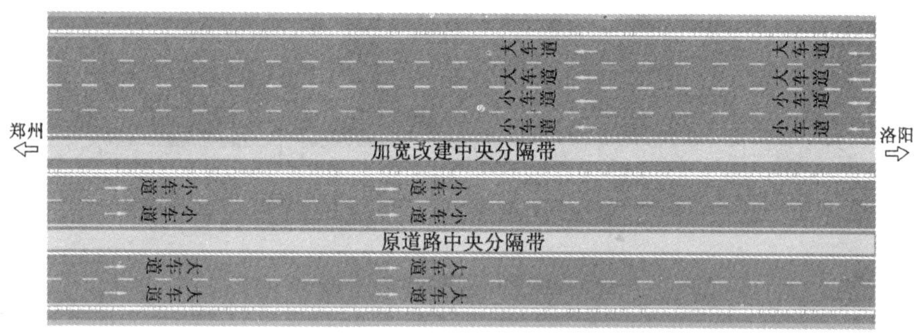

图 6-11　单侧加宽整体式路基扩建完成后平面交通示意图

(3)双侧加宽整体式路基向单侧加宽路基过渡段的交通组织方案

当一条高速公路分别穿越平原区和重丘区、山区时，其路基加宽可能采用不同的加宽方案，就会有双侧加宽整体式路基和单侧加宽路基的过渡段，如图6-12 所示。过渡段的交通流组织应单独认真考虑，双侧加宽整体式路基向单侧加宽路基过渡段的交通组织分为四个阶段。

第一阶段：进行渐变段范围内主线加宽部分的路基及桥涵下部构造和附属设施的施工，与原道路相干扰的加宽部分暂不施工，保留原路侧安全防护设施。

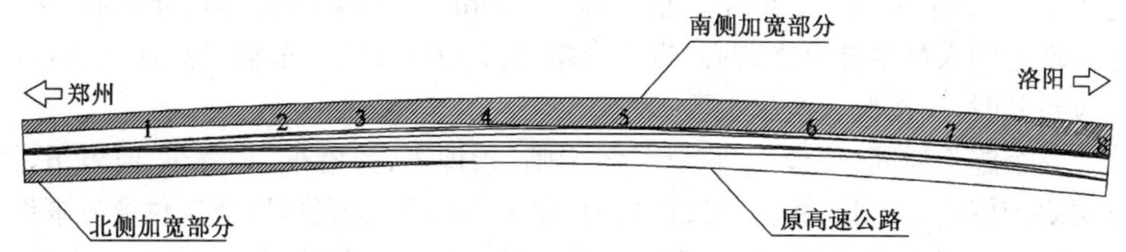

图 6-12　双侧加宽整体式路基和单侧加宽路基的过渡段示意图

此时，全线维持现状交通，车辆在原有路面上正常双向行驶。

第二阶段：在渐变段范围内，封闭一段原道路的南半幅，通过设置临时标志和防撞隔离设施，将车辆引导到北半幅划分的双向单车道上行驶，再在适当的位置将由西向东行驶的车辆引导到南半幅，进入正常路段行驶，如图 6-13 所示。

图 6-13　渐变段车道变更示意图

第三阶段：局部封闭老路北半幅，修建在第一阶段中暂未施工部分的路基路面工程。

第四阶段：道路改建完毕，相应的交通设施均配备齐全后，撤销临时标志和隔离防撞设施，开通封闭路段，车辆在双向八车道上行驶。

另外半幅交通组织方案与上述方案相反即可。

6.2.2　路面施工期间的交通组织方案

原则上讲，高速公路扩建路面施工期间的交通组织方案应与路基施工期间一致，但是不同的是更应注意安全防范措施。比如，在施工机械上固定若干面彩旗，在硬路肩边线旁每隔 10m 设置一只硬质塑料水马，在水马上固定一面彩旗，在施工段落前方往行车方向 1km、300m、150m 处的硬路肩外侧依次摆上“前方施工 1km"、"前方施工 300m"、"前方施工 150m"、"车辆慢行"等反光标牌；进入施工现场的人员要穿反光背心，戴安全帽，穿防滑鞋；施工车辆经高速公路进出拼宽路基时，应按照安全施工要求操作。

整个施工期间，要设立机动岗、瞭望哨、指挥车、预警车、巡逻车、清障车，机动岗要配好通信工具，并保持通信畅通，安委会要有人值班，以便应付突发事件。此外，标志、爆闪灯、频闪灯、标牌、锥形交通标、水马、旗帜、防撞砂包等要设置得当。

此外，为了安全起见，夜间不宜进行路面施工。

6.2.3 主线构造物施工的交通组织方案

从目前的高速公路改扩建实践来看，主线构造物单侧拼宽（或接长）对原道路通行的影响不大(除天桥外)，因此，构造物的交通组织方案主要考虑双侧拼宽（或接长）施工的影响。河南省境内的连霍高速公路扩建的桥梁、涵洞、分离式立交和通道等构造物遵循"同结构、同跨径、上连下不连"的原则进行双侧拼宽（或接长）。为避免构造物上部连接时产生的不利受力情况，构造物上部施工时采用半幅施工、半幅通车的方案，以避免车辆行驶产生的振动影响其桥面板的连接质量。

(1)主线桥梁双侧拼宽施工的交通组织方案

第一阶段：保留老桥两侧护栏，进行桥梁下部结构施工。此时，原道路老桥维持正常行车，如图 6-14 所示。

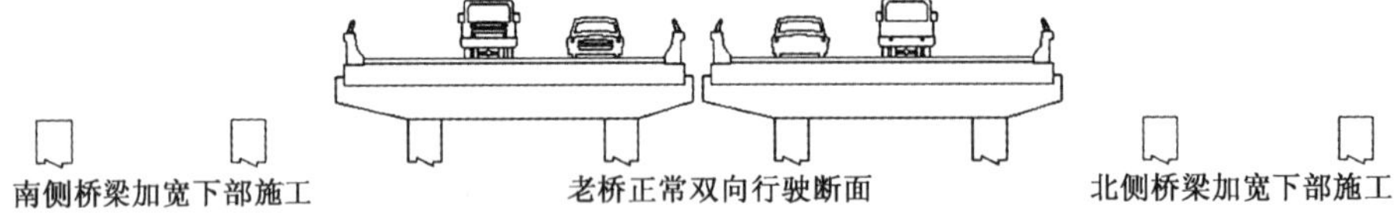

图 6-14 桥梁双侧拼宽施工第一阶段交通示意图

第二阶段：桥梁外侧设置临时隔离设施，切除老桥两侧护栏，进行桥梁加宽部分的盖梁及上部施工，原道路老桥维持正常行车，如图 6-15 所示。

第三阶段：设置临时标志，施划临时标线，将车辆引到桥梁北侧双向四车道通行（中间摆放临时隔离设施）。此时，封闭一侧桥梁，首先凿除老桥桥面铺装层，进行老桥的加固补强，而后进行新老桥的桥面铺装施工应同主线路面施工同时进行，如图 6-16 所示。反之，进行另一侧桥梁的铺装加固施工。

第四阶段：桥梁拼宽改建结束。此时，交通设施配备齐全，车辆可以正常通

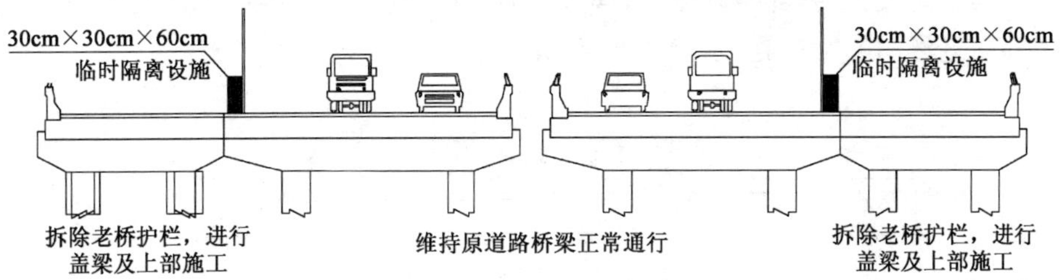

图6-15　桥梁双侧拼宽施工第二阶段交通示意图

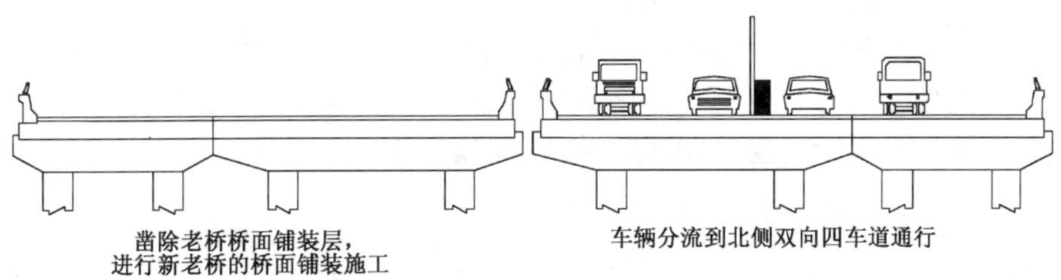

图6-16　桥梁双侧拼宽施工第三阶段交通示意图

行，工程全部完工，如图6-17所示。

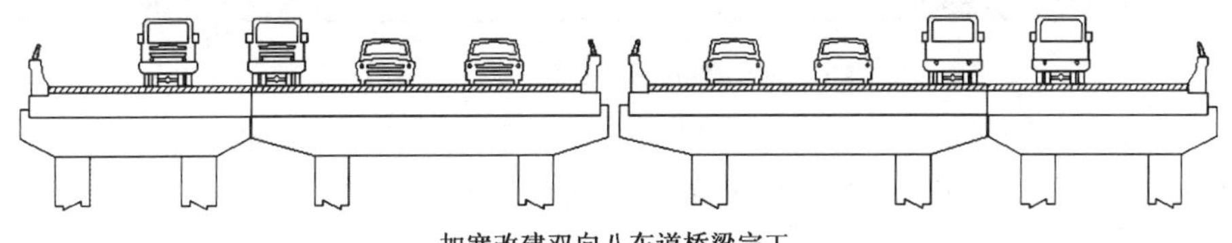

图6-17　桥梁双侧拼宽施工第四阶段交通示意图

(2)涵洞及通道双侧接长施工的交通组织方案

第一阶段：在原道路两侧硬路肩上摆放隔离防撞设施，拆除原道路外侧涵洞洞口，进行两侧涵洞接长施工。在此施工期间，车辆正常通行，如图6-18所示。

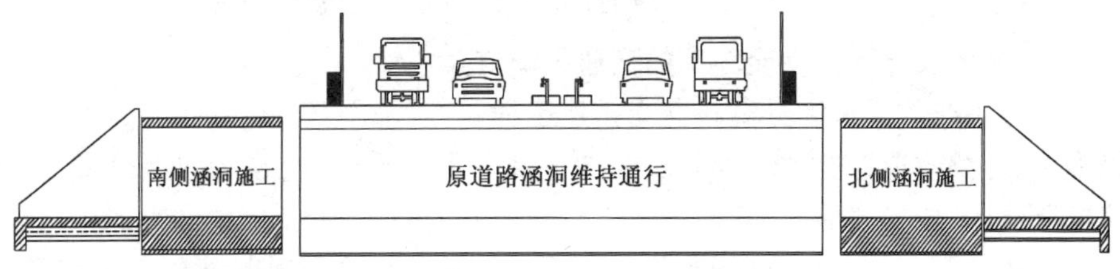

图6-18　涵洞双侧接长施工第一阶段交通示意图

第二阶段:压缩部分硬路肩,摆放临时隔离设施,车辆维持正常通行,进行北半幅新老涵洞的衔接施工,如图 6-19 所示。

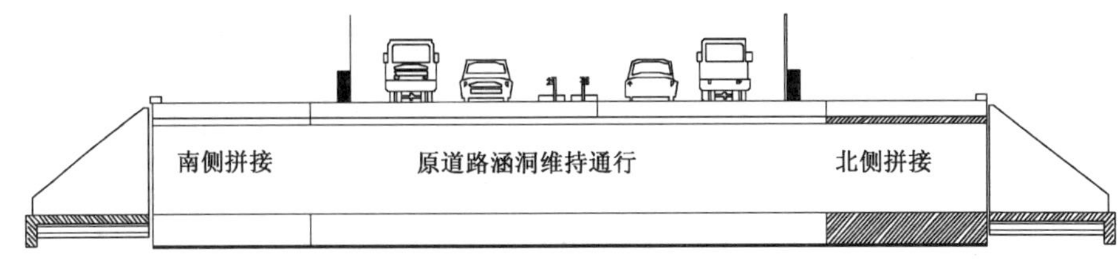

图 6-19　涵洞双侧接长施工第二阶段交通示意图

第三阶段:封闭南半幅路段,开通北半幅双向四车道行驶,进行南半幅老涵洞的补强加固施工,而后进行新老涵洞的路面施工(应与主线路面施工同时进行),如图 6-20 所示。反之,进行北半幅涵洞的铺装加固和路面施工。

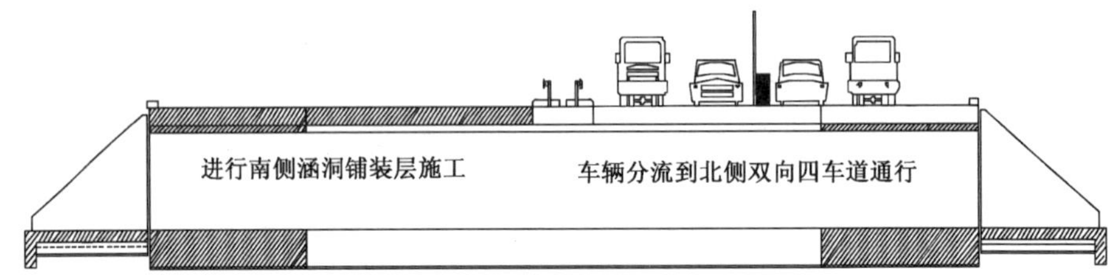

图 6-20　涵洞双侧接长施工第三阶段交通示意图

第四阶段:涵洞接长改建工程结束,此时安全设施配备齐全,车辆可以正常通行,工程全部完工,如图 6-21 所示。

图 6-21　涵洞双侧接长施工第四阶段交通示意图

(3)天桥及分离式立交施工的交通组织方案

上跨主线的天桥和分离式立交扩建工程,一般采用“先增后改、先建后拆、间隔施工、分批改造”的方案,即先实施加宽部分上跨桥,再改建老的上跨桥;就近移位重建的,要先建后拆;其他的上跨桥采取间隔施工、分批改建的方式进行,每段上跨桥分 2～3 个批次进行改建。下面以天桥为例介绍其扩建施工组织和交通组织设计,如图 6-22 所示。

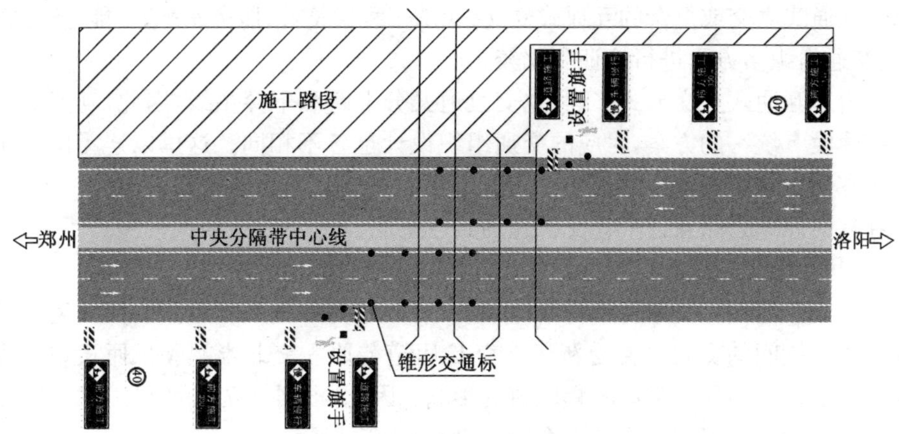

图 6-22　天桥扩建施工示意图

第一阶段:老天桥暂时保留利用,起到维持原功能的作用。

第二阶段:在原道路新建天桥工作点的迎车方向设置临时限速、限高和施工标志,还应设置临时防撞隔离设施,需要时可安排 1～2 人作为交通安全观察员,负责指挥车辆慢速通行。

第三阶段:在安全界面内,搭建支架和模板,进行天桥施工。

第四阶段:天桥施工完毕后,拆除支架和模板,撤销临时防撞隔离设施和标志,恢复车辆正常通行。

第五阶段:待全线新建天桥全部完工后,可考虑在原道路老桥封闭改造期间拆除老天桥。

第六阶段:相关交通设施配备齐全,改建工程完毕,该路段可以正常通行车辆。

6.2.4　互通式立交施工的交通组织方案

互通式立交的改扩建,可以原位或移位实施,也可以拆除另建或局部改建,其施工包括主线、连接部、匝道、立交桥、被交线五个部分。主线上跨立交改建时,主线加宽、立交桥、被交线与一般路段的施工组织方法一致。连接部往往有小的移位,新的连接部一般在原匝道连接部的外部,可以先期实施,原连接部维持运营。

主线下穿立交改建时,其施工组织相对复杂,应分析论证该互通式立交是否需要关闭、移位重建或拆除。若原位改建时,在不中断互通式立交运营的前提下,需要通过修建临时便道(便桥)来维持施工阶段的交通转换,应合理确定施工工序和施工期间的交通组织方式,以维持交通运营或尽可能减少交通中断时间。

枢纽互通式立交或复杂的互通式立交,应从工程经济性、服务水平、功能、施工方案、交通组织多方面进行论证和比较。

由于互通式立交形式多样,立交匝道又分上跨和下穿主线,因此,互通立交的扩建没有统一的方案,对应的交通组织设计也各不相同。这里以连霍国道主干线郑州至洛阳高速公路扩建中的三座互通式立交项目的扩建为例作一介绍,旨在探讨高速公路互通式立交扩建的共性特征。

(1)荥阳互通式立交交通组织

荥阳互通式立交原为半苜蓿叶形式,现改建为双喇叭互通式立交工程。该立交施工期间的交通主要受新建立交 C 匝道与原立交北半幅驶出匝道以及南半幅主线加宽与原立交南半幅匝道的影响。因此,根据该立交的改建形式,施工期间确定的交通组织方案分五个阶段,如图 6-23 所示。

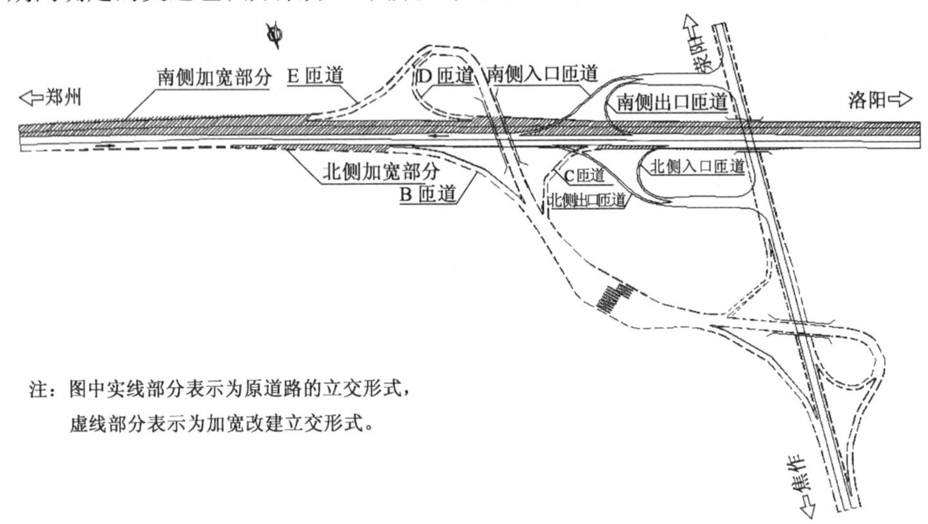

图 6-23　荥阳互通式立交扩建方案

第一阶段:设置临时施工标志和防撞隔离设施,进行立交范围内的路基、路面工程施工,影响原匝道通行的主线部分、C 匝道以及立交范围内的中央分隔带暂不动工,利用北侧出口匝道通车。

第二阶段:加宽改建的主线及匝道修好后,开通新建立交的 B、D、E 匝道,保留北侧入口匝道,封闭原立交的出口匝道和南侧的入口匝道,维持车辆通行。在被交道上设置临时标志,引导车辆安全驶入高速公路。

第三阶段:修建 C 匝道和主线在第一阶段中暂未施工部分的路基路面工程,完工后,封闭北侧入口匝道。

第四阶段:拆除原立交匝道,修建立交范围内的中央分隔带工程。

第五阶段:相关交通设施配备齐全,拆除临时标志和防撞隔离设施,改建工程完毕,该互通立交可以正常通行车辆。

(2)孟津互通式立交交通组织

孟津互通式立交为匝道下穿主线的单喇叭互通式立体交叉,改造方案为在原道路单侧(南侧)加宽改建工程,原立交北侧的匝道保留利用,加宽改建工程新建C、D匝道与原立交匝道干扰较小,只是在进行主线加宽时会对原立交南侧匝道的行车产生影响,扩建方案如图6-24所示。根据该立交的改建形式,施工期间确定的交通组织方案分三个阶段。

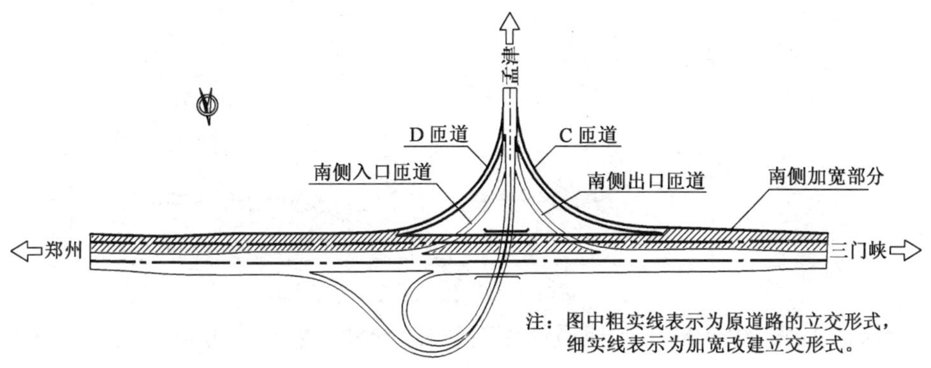

图6-24　孟津互通式立交扩建方案

第一阶段:加宽改建南半幅路基、路面及C、D匝道,影响原匝道通行的主线部分和立交范围内的中央分隔带暂不动工,利用原匝道通车。

第二阶段:封闭原立交南侧匝道,开通C、D匝道通行。修筑第一阶段中暂未施工的主线部分和立交范围内的中央分隔带工程。

第三阶段:拆除原立交南侧匝道,相关交通设施配备齐全,施工完毕,该互通立交可以正常通行车辆。

(3)洛阳西互通式立交交通组织

洛阳西互通式立交为匝道上跨主线的单喇叭互通式立体交叉,改造方案为在原道路单侧(南侧)加宽改建工程,原立交北侧的匝道保留利用,扩建方案如图6-25所示。本互通改建新建A、C、D匝道,C、D匝道与原立交匝道干扰较小,只是在进行主线加宽时会对原立交南侧匝道的行车产生影响;A匝道的新建由于需在原位上进行改建,需先拆除原有的匝道桥,A匝道施工时对老路的通行会产生较大的影响。根据该立交的改建形式,施工期间确定的保通方案阶段如下。

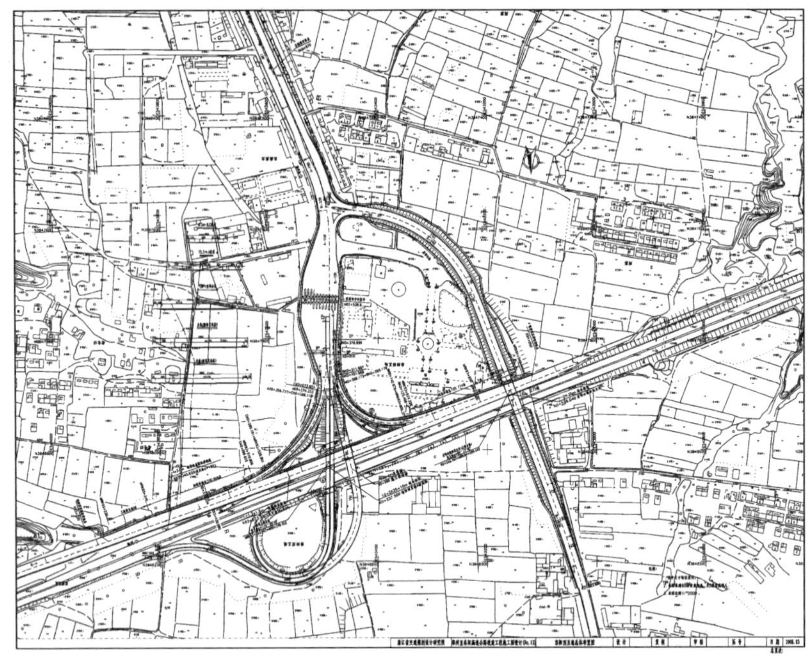

图 6-25　洛阳西互通式立交扩建方案示意图

第一阶段：先在现有 A 匝道西侧新建一个临时便桥，以方便北侧两个匝道上下互通。

第二阶段：拆除现有上跨主线的 A 匝道桥梁，新建 A 匝道跨线桥。

第三阶段：加宽改建南半幅路基、路面及 C、D 匝道，影响原匝道通行的主线部分和立交范围内的中央分隔带暂不动工，利用原匝道通车。

第四阶段：封闭原立交南侧匝道，开通 C、D 匝道通行。修筑第三阶段中暂未施工的主线部分和立交范围内的中央分隔带工程。

第五阶段：拆除原立交南侧匝道，相关交通设施配备齐全，施工完毕，该互通立交可以正常通行车辆。

如果互通式立交的扩建是在原互通形式不变的情况下进行，那么往往只需改建部分匝道，结合主线施工组织方案，通过修建临时匝道，即可满足互通正常运营的需要。

6.2.5　隧道工程

从目前的技术水平来看，对于隧道工程，直接实施隧道拓宽还存在很大的困难，问题也较多，因此，一般不采用直接加宽的方案。在改扩建设计中，应重点研究分离式加宽方案和不加宽仅增加监控等服务设施的方案，经过技术、经济和安全性等方面的综合比较，再确定合适的扩建方案，所以隧道工程的扩建对交通组织的影响相对较小，也比较容易实施。

随着高速公路改扩建工程的不断增多，随之而来的改扩建施工中的交通组织及安全问题显得尤为重要。本章所介绍的高速公路改扩建施工期间的交通组织设计方案是设计人员吸取已有改扩建工程的先进经验，并在此基础上结合河南省境内高速公路改扩建项目的具体特点不断改进后提出的。这其中还存在一些不够完善的地方，希望通过设计、业主、监理、施工等各方的共同努力，在理论和实践中不断改进交通组织设计方案，最终达到既确保高速公路运营的安全畅通，又保证施工人员、机械的安全及工程质量的目的。

第7章　高速公路改扩建工程实例

河南省的高速公路通车里程连续四年在国内排名第一，2009年年底达到4 860km。该省列入改扩建计划的高速公路里程也位居全国前列。2008年12月1日上午，G30高速公路刘江至广武段改扩建工程正式通车，宣告河南省首条高速公路改扩建工程——G30高速公路郑州段改扩建工程正式投入运营。目前正在进行改扩建施工的高速公路还有G4高速公路安阳至新乡段改扩建工程(2008年4月28日开工)、G30高速公路郑州至洛阳段高速公路改扩建工程(2008年11月26日开工)、G4高速公路郑州至漯河段改扩建工程(2008年3月29日开工)。此外、G30高速公路洛阳至灵宝(豫陕省界)段高速公路改扩建工程和G30高速公路开封至商丘高速公路也相继开工建设。可以预见，五年内河南省境内的G4高速公路和G30高速公路都将全部完成扩建，从四车道扩建为八车道高速公路。

这些高速公路改扩建项目主要分为平原微丘区和山岭重丘区两大类，因此，其改扩建方案设计和施工也各有特点。这里仅以G4高速公路安阳至新乡段改扩建工程和G30高速公路郑州至洛阳段高速公路改扩建工程为例分别作一介绍。

7.1　G4高速公路安阳至新乡段改扩建工程

7.1.1　项目位置、概况及扩建必要性

G4高速公路安阳至新乡段高速公路(简称安新高速，下同)是国家高速公路网规划及河南省公路网主骨架的重要组成部分，起于安阳市东北冀、豫两省交界处的西灵芝主线收费站，北接京珠高速公路河北段，向南经安阳东、汤阴东、鹤壁东、淇县东、卫辉东，止于新乡市东北，南接已建成通车的G4高速公路新乡至郑州段，路线全长约113.17km，如图7-1所示。

图7-1　安新高速公路路线地理位置图

G4高速公路南北贯穿河南省中部，位于107国道以东，沿线为河南省经济最活跃的城市带，在省会郑州市东北部与G30高速公路主干线相交。G4高速公路河南省境段不仅是国家规划的“五纵、七横”国道主干线的重要路段，而且是形成河南省高速公路网的基本构架，具有十分重要的政治、经济意义。近年来，京珠高速公路以其高速、平稳、畅通的优质服务承担着繁重的运输任务。随着京珠高速的全线贯通，在河南省交通运输及经济发展中显现更为突出的主动脉作用。随着经济的进一步发展，京珠高速河南境段更加体现中原地区成为华中、华南及东南地区通往华北、西北等地区的桥头堡作用。由于过境交通压力日显突出，若不提前考虑主通道未来极大的交通需求，势必会造成中原交通的瓶颈效应。

G4高速公路河南省境段作为中原地区南北交通的主要运输干线，自建成通车以来，交通量以较快的速度增加。2003年，全线平均交通量已达到18 269辆小客车/日，局部路段达到26 694辆小客车。G4高速公路河南省境段全长约529km。目前，随着新乡至郑州段81km高速公路建成通车，京珠高速公路河南境内全线贯通，交通量以较快的速度递增，特别是安阳至新乡段，交通量总体规模保持在较高的水平，公路服务水平逐渐下降，已不能满足发展的需要。对安阳至新乡段的加宽改扩建，已是大势所趋。

7.1.2 方案选择

根据本项目所确定的起、终点位置，结合沿线地形、城镇布局等情况，按照工程量小、经济合理、有利于促进沿线经济快速发展的原则，经现场踏勘与调查，充分考虑了项目沿线各种影响因素的优劣对比，对安新高速公路的现状进行了分析。结合交通量预测结果和沿线的实际情况，本项目提出两种可能的改扩建备选方案，即在原高速公路基础上改扩建方案和新建复线四车道高速公路方案。对于在原高速公路基础上改扩建方案，又提出了“一次加宽为八车道，还是六车道”、“整体式路基，还是分离式路基”、“单侧加宽，还是双侧加宽”等技术问题，并从社会经济效益、路网布局、通行能力、对沿线城市发展的影响、占用土地与环境保护、地形条件及工程投资、技术方案及实施的难易程度等方面进行了综合论证。最后，推荐安新高速公路改扩建采用在原路基础上加宽扩建的建设方案，路基形式为整体式路基，加宽形式为双侧加宽，改扩建标准为双向八车道高速公路，路基宽度为 42m。

7.1.3 技术标准

安新高速公路是国家《国民经济和社会发展十年规划和第八个五年计划纲要》所确定的公路重点建设项目之一，是 G4 高速公路穿越河南省北部的重要一段。由于建设较早，其设计标准采用汽—超 20、挂—120 的旧标准，与现行工程技术标准相比，荷载承受能力稍差。而安新高速公路作为国家高速公路，起着重载交通大动脉的作用且车辆超载现象较为严重。在此情况下，老路按新标准评价时，大多数路段的路基路面、结构物均低于现行标准。

经分析，对于八车道高速公路来说，内侧两条车道以行驶小型车辆为主，外侧两条车道以行驶大型、重型车辆为主。车型的区别使得各车道承受的荷载也不同。因此，分车道、分车型进行设计控制具有较大的可实行性和较大的必要性。本着实事求是的精神和科学的态度，在对本项目的改扩建设计标准进行多次讨论后确定了“老路老标准、新路新标准”的设计理念。根据这一设计理念，经过充分论证和理解，形成比较明确的认识，即路面设计采用分车型行驶原则进行设计，具体是：安新高速公路原超车道和行车道行驶轻型车，新加宽路面的两条车道行驶重型车；根据远期交通量预测，按车型比例确定原路面和新建路面的设计弯沉值。

桥梁设计也采用分车型行驶原则进行设计，具体是：安新高速公路原有结构物行驶轻型车，按汽—超 20、挂—120 的标准进行加固和维护；新加宽结构物行驶重型车，按公路—I级标准进行设计。

根据公路等级、设计车速及路基宽度，本项目所采用的主要技术指标为：加宽后路基宽为42m，其断面形式为0.75m（土路肩）+3m（硬路肩）+4×3.75m（行车道）+0.75m（路缘带）+3.0m（中央分隔带）+0.75m（路缘带）+4×3.75m（行车道）+3m（硬路肩）+0.75m（土路肩）；桥涵设计荷载等级为汽—超20、挂—120；安新高速公路原桥梁桥面宽2×12.0m，两幅中间间隔2m，扩建方案采用在两侧各加宽8m的形式，加宽后形成桥面宽度2×20.00m，中间间隔2m的断面形式，两侧防撞护栏宽度均为0.5m。其他技术指标如下：

计算行车速度	120km/h
路基宽度	42m
平曲线一般最小半径	1 000m
不设超高的最小平曲线半径	5 500m
最大纵坡	3%
最小纵坡	0‰
凸形竖曲线一般最小半径	17 000m
凹形竖曲线一般最小半径	6 000m
停车视距	210m
桥涵设计荷载	公路—I级
路面设计标准轴载	BZZ—100
桥梁净宽	净—2×19.0m
涵洞通道的长度	满足路基宽度设计要求
设计洪水频率	1/100（特大桥1/300）

7.1.4 特殊地基处理

经调查，沿线主要的不良地质病害有取土坑留下的洼地积水路基（包括鱼塘、水稻田、老水坑等）、部分软弱土路基、可液化砂土层等，设计按照特殊地基进行处理。

同时，为控制新老路基差异沉降，对差异沉降不满足要求的路段以及为减少不均匀沉降，对桥梁台背、构造物台背、基底也按特殊路基处理。

(1)洼地积水路基

原修建安新高速公路时，由于在路基两侧取土，形成了大小不等的取土坑，当地老百姓将部分取土坑改建为水塘。经现场调查，由于水塘长年积水，表层形成了一定厚度的软弱土，软弱土最厚可达0.6～3.5m。如果设计已经采取地基处理，仅采用排水、清淤、回填素土，然后按设计的地基处理方案进行施工；如果设计没有采取地基处理，采用排水、清淤、换填砂砾（或碎石）进行处理，并设置浆砌片护坡或设置路堤式挡土墙等进行防护。对于路基范围内的灌溉水井、机井、灌溉水渠等，采用清淤后回填砂砾（或碎石）处理。

（2）软弱土路基

根据调查资料及地勘资料显示，路基沿线部分路段1～2m可见地下水，地下水位较高，土质为亚黏土，部分天然含水率大于25%，呈软塑状态，土质软弱，承载力低。为确保路基稳定和减小路基的不均匀沉降，基底清表30cm后并回填至原地表以上20cm处，采用预应力薄壁管桩（PTC桩）对地基进行加固处理。在桩帽顶面用碎石找平后铺一层钢塑土工格栅，如图7-2所示。然后，再铺设30cm厚的碎石垫层。PTC桩采用正方形布置，桩间距采用2.4m，桩径0.4m，采用静压沉桩方式施工，碎石垫层铺设至距最外侧桩外100cm处。当路基填土大于6m时，根据具体填土高度，在边坡开挖的台阶上加设1～2排PTC管桩。

图7-2　安新高速公路改扩建钢塑土工格栅铺设

（3）构造物台背后路基

为减小桥头路基的不均匀沉降和防止出现桥头跳车现象，对构造物台背路基一定范围进行特殊地基处理，处理原则为：对地基较好的路段，不再进行涵洞、通道等台背特殊地基处理，桥梁台背仅对填土高度较高的路段进行PTC管桩处理；对于地基较差且填土较高路段的桥梁、分离立交、通道、涵洞（圆管涵除外）加宽部分台背路基，按特殊路基处理，桥梁台背30m和通道、涵洞台后15m长度范围内路基（包括老路路基边坡）采用PTC管桩加固处理，并在桩顶加铺一层钢塑土工格栅和回填30cm厚碎石垫层。PTC桩采用正方形布置，桩间距采用2.4m，桩径0.4m。施工时，先填筑台背处路基素土，然后在路床底面往下打桩，并设置碎石垫层和土工格栅，碎石垫层和土工格栅铺设至最外侧桩外100cm处，PTC桩采用静压沉桩方式施工。

(4)构造物基底地基

为减小新老构造物的差异沉降，提高构造物基底的承载能力，对全线通道、涵洞(圆管涵除外)及小桥等扩大基础的构造物的加长部分的基底范围内采用PTC管桩对地基进行加固处理，处理要求同上。

(5)新老路基允许差异沉降大于或等于5cm的路基

原安新路经过多年的运营，路基沉降基本稳定，而拓宽部分的填筑荷载作为附加荷载，会对原有地基造成新的不稳定，并会对老路路基和路面产生拉应力，甚至引起路面开裂或破坏。因此，地基处理应将减少新老路基的差异沉降作为设计原则。根据已有地质资料，结合路基高度、路段位置和桥涵结构物的设置情况，按照沉降计算结果，依据已扩建高速公路新老路基搭接沉降差异控制标准经验，确定新老路基差异沉降控制标准为5cm，并确定相应的地基处理范围和方法。通过计算和一般处理后不能满足要求的路段，采用PTC管桩处理。

7.1.5　路基路面加宽设计

7.1.5.1　路基加宽设计

(1)原路基断面

安新高速公路原路基宽26m，全线主要为填方路基，边坡坡度1∶1.5，一般无边沟，边坡坡脚外3m为公路用地界；路堤平均填土高度3.8m，填料多为粉沙土、亚黏土等。在韩陵山附近，局部为挖方路段，路基边坡外为3.5m宽边沟，边沟外有2m碎落台，边坡坡度1∶1，坡顶外占地界3m。原路基中软土路基段修建时已采取了不同的处理措施，现高速公路全线路基处于稳定状态。路基现状如图7-3所示。

(2)加宽后路基断面

路基加宽是在原有26m路基的基础上两侧各加宽8m后形成的。加宽后路基宽为42m，其断面形式为0.75m(土路肩)＋3m(硬路肩)＋4×3.75m(行车道)＋0.75m(路缘带)＋3.0m(中央分隔带)＋0.75m(路缘带)＋4×3.75m(行车道)＋3m(硬路肩)＋0.75m(土路肩)。

填方路基坡脚下增设2m护坡道和底宽1.5m、上口宽3m、深0.6m的梯形边沟，边沟外距占地界2m，每侧增加占地宽度15m。

图 7-3　安新高速公路路基现状

挖方路基土路肩外缘设置 80cm×80cm 的 M7.5 浆砌片石矩形盖板边沟，边沟外有 2m 碎落台，边坡坡度 1∶1.5，坡顶外占地界 3m。路基加宽后的断面如图 7-4 所示。

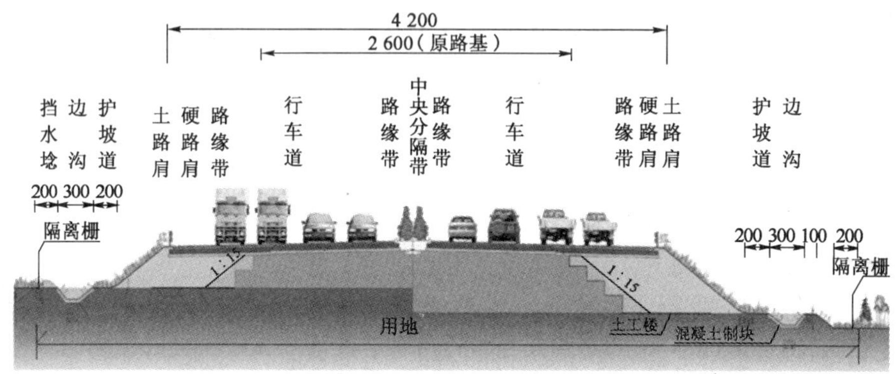

图 7-4　安新高速公路路基加宽后断面图(尺寸单位:cm)

(3)路基加宽原则性方案

①填方路基加宽方案。为增加新老路基的整体协调性，避免或减少横向错台和纵向裂缝的发生，在加宽填筑路基前，先对老路基边坡和加宽路基的基底进行 30cm(垂直于坡面方向)的清坡处理。当老路路基填料为黏土、亚黏土时，自坡脚处向内 1.5m 处开挖第一级台阶，台阶高度为 1.0m，开挖后及时进行拼接填筑，自下而上开挖一阶及时填筑一阶，台阶高 1.0m，宽度 1.5m。开挖拼接至路床底面的台阶时，根据路基填高确定其台阶高度和宽度。台阶面距离路床底面小于 130cm 时，应将其作为一个台阶开挖回填；距离路床底面大于 130cm 时，应分成 100cm 和大于或等于 30cm 两个台阶高度开挖回填。路床部位作为单独一个台阶开挖处理，其开挖位置为距离原路硬路肩内侧向

外30cm处，台阶高度为80cm。在路基填筑过程中，在基底铺设一层土工格栅，并用钢筋钉固定。当老路路基填料为粉质土、砂性土时，拼接处的台阶高度调整为40cm，宽度为60cm。

对于原路基采用砂砾、砂砾土、碎石土、卵石土等透水性材料填筑路基的路段，在不进行路基加桩（如PTC桩等）处理的路段，在条件允许的情况下，尽量采用与原路基相同的路基填料进行加宽路基的填筑。

②挖方路基加宽方案。挖方路基加宽相对较为容易，清除原防护后，直接向两侧拓宽即可。

③不良地质段路基加宽。不良地质段的路基，其路堤部分加宽的处理方法同一般路基，同时应对地基采用相应的处理措施。设计根据不良地质地段的特性，分别采用换填砂砾、碎石等处理方法，以保证路基的稳定。

④排水防护。原安新高速公路采用分散排水设计，路基、边坡没有排水系统，本次改扩建采用先分散后集中的排水方式，增设路肩排水沟、急流槽和坡脚外边沟，完善路基排水系统。对中央分隔带的排水设计，因中央分隔带中已埋设有通信管网，改造难度较大，拟对中央分隔带采取坡面护砌，同时修建绿化植树孔，以达到排水防护的要求。

⑤沿线水渠、公路、民房等的处理。在本项目加宽的范围内，局部路段有小型水渠、乡村公路及民房等构造物影响。对水渠、公路，采取将其改移至高速公路用地界之外的办法进行处理；对民房，进行拆迁。部分路段为减少拆迁及占地，可局部采用挡土墙的形式。

7.1.5.2　路面加宽设计

1)新建路面结构设计

路面设计采用双圆垂直均布荷载作用下的多层弹性连续体系理论，以设计弯沉值为路面整体刚度的设计指标，以沥青混凝土面层和半刚性材料基层的容许弯拉应力进行验算。计算采用路面设计程序HPDS2006。经分析计算，对于本路段沥青混凝土路面设计年限内一个车道累计标准轴载当量轴次，当以设计弯沉值为指标及沥青层层底拉应力验算时，$N_e=3.884\times10^7$次；当以半刚性基层层底拉应力验算时，$N_e=5.684\times10^7$次，设计弯沉值$L_d=0.182$mm。

新建路面面层厚22cm，即4cmSMA-13抗滑面层、6cmAC-20C中粒式改性沥青混凝土中面层和12cmATB-30密级配沥青碎石下面层。

路面设计结构为：4cm细粒式沥青玛蹄脂碎石SMA-13；6cm中粒式改性沥青混凝土AC-20C；12cm密级配沥青碎石ATB-30；36cm水泥稳定碎石基层；

20cm 水泥稳定碎石底基层。

考虑到老路硬路肩部分加宽后为重车道，所以将其结构层全部铣刨，重新铺筑新的路面结构层，与加宽新建部分一起施工。

若老路行车道、超车道部分无病害或病害较轻，不需要进行基层、底基层病害处理的路段，加铺与新建路面一致的面层。若老路病害严重，需要进行基层、底基层病害处理的路段，应另行设计，单独立项进行旧路改善。

2)旧路改善设计方案

(1)设计原则

安新高速公路原设计交通量与现在交通量要求的通行能力差别较大，原路面设计容许弯沉值较大。在现行交通量以及超载、重载的作用下，原路面破损严重，通行能力已不能满足交通量的发展要求，故需对原路面进行补强设计。同时，旧路改善方案遵循以下设计原则：

①彻底处理原沥青面层、基层病害原则；

②加强基层原则；

③最大限度地利用路面废旧材料原则；

④新老路寿命协调一致原则；

⑤尽可能利用旧路面结构原则。

根据旧路路面破损状况不同，有直接加铺、局部挖补、原沥青面层再生处治、基层补强处治等四种补强方案。

(2)旧路路面结构补强方案

①直接加铺方案。

适用路段：

a. 路面弯沉满足设计要求；

b. 雷达检测结果路面基层无明显破碎、松散现象；

c. 沥青面层无明显病害(符合车辙小于 1.5cm，路面修补率小于 15%，路面裂缝率小于 5%或者 500m 内间隔小于 15m 连续横向裂缝多于 5 条的路段)。

处理方案：

a. 面层轻微病害处理后，洒布黏层油；

b. 直接加铺 6cm＋4cm 沥青混凝土，如表 7-1 所示。

②局部挖补方案。

适应路段：

a. 路面弯沉满足设计要求；

b. 雷达检测结果路面基层无明显破碎、松散现象；

c. 路面局部出现坑槽、凹陷、网裂、疲劳裂缝等病害(路面修补率小于15%，路面裂缝率小于5%或者500m内间隔小于15m连续横向裂缝多于5条的路段)；

d. 局部车辙深度大于1.5cm。

直接加铺处理前后路面结构 表7-1

现有路面结构	加铺后的路面结构
	4cm改性沥青SMA-13
	6cm改性沥青混凝土AC-20C
4cm改性沥青混凝土AC-13C	4cm改性沥青混凝土AC-13C
4cm中粒式沥青混凝土AC-16C	4cm中粒式沥青混凝土AC-16C
4cm中粒式沥青混凝土AC-16C	4cm中粒式沥青混凝土AC-16C
5cm粗粒式沥青混凝土AC-25C	5cm粗粒式沥青混凝土AC-25C
7cm热拌沥青碎石	7cm热拌沥青碎石
20cm水泥稳定碎石基层	20cm水泥稳定碎石基层
35cm石灰土底基层	35cm石灰土底基层

处理方案：

a. 取样验证车辙影响层位，对于车辙仅发生于表面层的，采用修复车辙；车辙深度影响至中面层的，进行铣刨挖除车辙然后修补。

b. 老路面表面出现坑槽、凹陷、网裂、疲劳裂缝等病害进行局部挖补；

c. 加铺6cm+4cm沥青混凝土，如表7-2所示。

③原沥青面层再生处治方案。

适用路段：

a. 路面弯沉满足设计要求；

b. 雷达检测结果路面基层无明显破碎、松散现象；

c. 原沥青面层病害严重，判定标准：路面修补率大于15%；路面裂缝率大于5%；500间隔小于15m连续横向裂缝多于5条的路段。

处理方案：

a. 原沥青路面再生包括热再生和冷再生两种方式。鉴于就地热再生处理深度有限，厂拌热再生铣刨料利用率低，故推荐厂拌冷再生，并通过路面铣刨和钻芯取样确定再生深度。

局部挖补处理前后路面结构 表 7-2

<table>
<tr><th>现有路面结构</th><th>局部挖补后的路面结构</th></tr>
<tr><td></td><td>4cm 改性沥青 SMA-13</td></tr>
<tr><td></td><td>6cm 改性沥青混凝土 AC-20C</td></tr>
<tr><td>4cm 改性沥青混凝土 AC-13C</td><td rowspan="2">8cm 中粒式沥青混凝土 AC-25C</td></tr>
<tr><td>4cm 中粒式沥青混凝土 AC-16C</td></tr>
<tr><td>4cm 中粒式沥青混凝土 AC-16C</td><td>4cm 中粒式沥青混凝土 AC-16C</td></tr>
<tr><td>5cm 粗粒式沥青混凝土 AC-25C</td><td>5cm 粗粒式沥青混凝土 AC-25C</td></tr>
<tr><td>7cm 热拌沥青碎石</td><td>7cm 热拌沥青碎石</td></tr>
<tr><td>20cm 水泥稳定碎石基层</td><td>20cm 水泥稳定碎石基层</td></tr>
<tr><td>35cm 石灰土底基层</td><td>35cm 石灰土底基层</td></tr>
</table>

b. 再生混合料加乳化沥青或泡沫沥青拌和，加铺在铣刨过的路面。

c. 再生层上做改性沥青黏结防水层。

d. 加铺 6cm＋4cm 沥青混凝土，如表 7-3 所示。

原沥青面层再生处治前后路面结构 表 7-3

<table>
<tr><th>现有路面结构</th><th>原沥青面层再生处治后的路面结构</th></tr>
<tr><td></td><td>4cm 改性沥青 SMA-13</td></tr>
<tr><td></td><td>6cm 改性沥青混凝土 AC-20C</td></tr>
<tr><td>4cm 改性沥青混凝土 AC-13C</td><td rowspan="5">24cm 再生沥青混合料</td></tr>
<tr><td>4cm 中粒式沥青混凝土 AC-16C</td></tr>
<tr><td>4cm 中粒式沥青混凝土 AC-16C</td></tr>
<tr><td>5cm 粗粒式沥青混凝土 AC-25C</td></tr>
<tr><td>7cm 热拌沥青碎石</td></tr>
<tr><td>20cm 水泥稳定碎石基层</td><td>20cm 水泥稳定碎石基层</td></tr>
<tr><td>35cm 石灰土底基层</td><td>35cm 石灰土底基层</td></tr>
</table>

④基层补强处治方案。

适用路段：

a. 路面弯沉不能满足设计要求。

b. 路面弯沉满足设计要求，但雷达检测结果显示路面基层破碎、松散，并经路面钻芯验证的路段。

处理方案：

a. 铣刨原沥青面层，铣刨深度至基层顶面。

b. 针对破损路面半刚性基层采用冷再生进行补强。推荐采用就地冷再生成柔性基层。

c. 基层补强完成后，原面层铣刨料通过厂拌再生方式进行再生。推荐采用厂拌冷再生，再生厚度通过拟合后的老路纵断面高程进行控制。

d. 再生层上做防水层。

e. 加铺 6cm+4cm 沥青混凝土，如表 7-4 所示。

基层补强处治前后路面结构　　表 7-4

现有路面结构	基层补强处治后的路面结构
	4cm 改性沥青 SMA13
	6cm 改性沥青混凝土 AC20
4cm 改性沥青混凝土 AC13	24cm 再生沥青混合料
4cm 中粒式沥青混凝土 AC16	
4cm 中粒式沥青混凝土 AC16	
5cm 粗粒式沥青混凝土 AC25	
7cm 热拌沥青碎石	
20cm 水泥稳定碎石基层	20cm 再生沥青混合料
35cm 石灰土底基层	35cm 石灰土底基层

7.1.6　桥梁及分离式立交扩建

7.1.6.1　加宽方案选择

根据沈(阳)大(连)、沪(上海)宁(南京)、沪(上海)杭(杭州)甬(宁波)等高速公路改扩建的设计经验，结合桥梁上、下部结构质量的情况，在新老桥之间，从上部到墩台盖梁、墩台身，有考虑相互连接或不连接等多种方案。其中，沈大路桥梁加宽采用上、下部均互相连接方案，但考虑到不均匀沉降易造成新老结合部裂缝，所以在下部连接处设假缝。而沪宁和沪杭甬高速公路桥梁加宽均采用上连下不连方案，即上部连接、下部分离(其中沪杭甬杭州至绍兴段下部采用型钢外部连接)。

根据河南省情况，考虑到若下部连接，不均匀沉降造成裂缝后，修复加固较为困难，所以采用下部分离方案；为了保证桥面稳定、平整及行车舒适，上部采用连接方案。

总体来说，本扩建项目的桥梁、涵洞、分离式立交、通道等构造物均以“同结构、同跨径，上连、下不连”为原则进行加宽。

7.1.6.2 桥梁结构形式

由于加宽项目的局限性，本项目采用与原桥相同的桥跨布置与桥型结构，不再进行桥型比较。

(1)桥面铺装

为便于与原桥衔接，采用 4cm 改性沥青玛碲脂碎石 SMA-13＋2cm 改性沥青混凝土＋8cm 钢纤维混凝土。

(2)上部结构

采用与原桥高度相同、外形尺寸类似的先张法装配式部分预应力简支空心板，并改善空心板的结构受力状况。

(3)下部结构及基础形式

原则上与老桥相同。考虑到尽可能减少新建桥梁的工后沉降，确保与老桥的顺利衔接，新建桥梁桩基础适当增加桩长，对原桥已做过地基处理的扩大基础加宽设计中进一步予以加强，没有做过地基处理的扩大基础加宽设计中予以增加地基处理。

7.1.6.3 新建桥梁与原桥连接方案

安新高速公路的桥梁以空心板桥为主，为实现新老桥的平顺连接，采用“上部结构连接、下部结构分离”的设计思路，即新老空心板连接、盖梁和桩柱不再连接，从而新老空心板之间形成铰接，有利于活载平稳地进行横桥向分配。该方案的优点是：受力明确，施工程序简单，后期基本上没有养护工程量。缺点是：整体协调性较差，在施工后期或运营阶段随着工后沉降的加大，新老桥梁沉降不一致，可能会影响到上部的连接，反射到桥面将会出现纵向裂缝。

1)空心板桥的拼接

新加宽部分的空心板尺寸拟基本同原桥的结构形式。根据“新路新标准、老路老标准”的分车型行驶设计原则，原有道路的硬路肩部位在加宽后处于第三车道，属于重车车道。桥梁边板及新老桥接缝位置正处于重车车轮位置，因此，桥梁拼接位置是全桥受力的重点部位。老桥在设计时是以旧标准汽—超 20、挂—120 为设计依据的，其承载能力较新标准公路—I 级略差。在重车荷载作用下，经验算其承载能力略有不足。因此，设计中对拼接方案进行了深入的比较。

加宽桥采用宽 1.33m 的空心板，新老空心板间通过钢板和连接钢筋相连。拼接加宽完成后的实际效果如图 7-5 所示。

至于具体的拼接方式，有以下三种方案。

(1)方案一：简单拼接

①实施步骤：

图7-5　安新高速公路空心板桥双侧加宽后的实际效果

a. 预制6块1.33m梁板；

b. 新桥架设完毕后，给予3个月沉降期，并实施等设计荷载堆载预压，促使其工后沉降尽快完成；

c. 切除老桥中墩盖梁防振挡块，将现浇桥面板横向从老边板边缘向内60cm范围凿除，从板外侧往内4～5cm范围内凿去混凝土并凿毛侧面；

d. 与之相连的新拼接桥采用宽1.33m的普通中板，绑扎铰缝钢筋，浇筑混凝土；

e. 以桥面铺装连接新老桥梁。

加宽前后的局部断面如图7-6所示。

②优点：没有废弃边板，工程造价低，保通压力小。

③缺点：老桥边板承载能力较差，作为重车道有所不足。新老桥梁连接性较差，易造成单板受力。植筋要求技术水平高，其疲劳性和耐久性存在不确定因素。

(2)方案二：拆除老桥面板，湿接缝拼接

①实施步骤：

a. 老桥外侧边板及防撞护栏整体废除，更换新板；

b. 预制5块1.33m梁板和2块1.0m梁板；

c. 新桥架设完毕后，给予3个月沉降期，并实施等设计荷载堆载预压，促使其工后沉降尽快完成；

d. 与拼宽桥衔接部分采用2块新预制1.0m宽边板连接，新边板之间现浇

31cm×20cm 湿接缝，实现新老桥上部结构湿接。

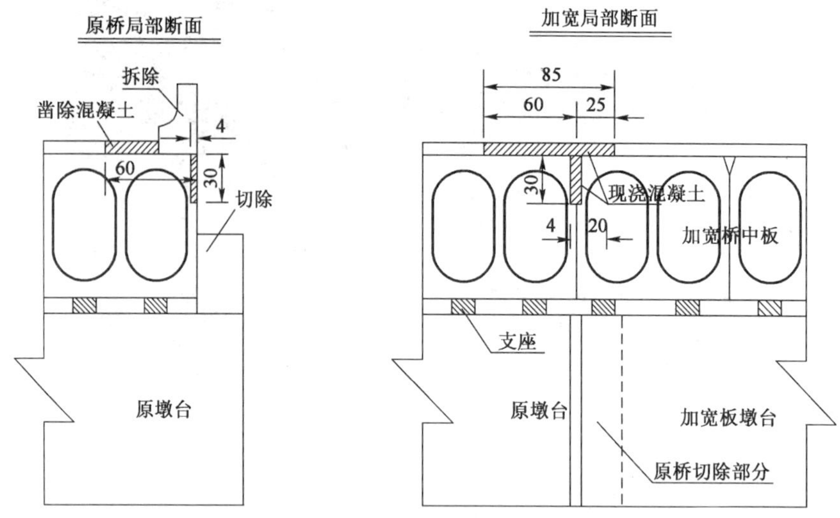

图 7-6 简支梁桥拼接方案一(尺寸单位:cm)

加宽后的断面如图 7-7 所示，效果图如图 7-8 所示。

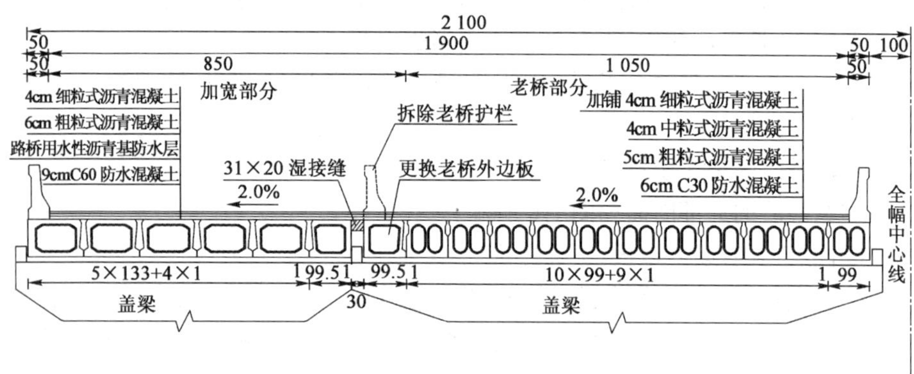

图 7-7 简支梁桥拼接方案二断面图(尺寸单位:cm)

②优点：最大限度地保证了新老桥之间的横向连接，提高了承载力，避免了置筋的困难。

③缺点：对施工期间的通行干扰大，更换老板造成扩大工程量，废弃老板不易处理，与“环保、降低工程造价”的设计理念相违背。

(3)方案三：湿接缝拼接，老桥边板外移

①实施步骤：

图7-8 简支梁桥拼接方案二效果图

a. 整体去除老桥外侧边板及防撞护栏，移至拼宽桥外侧利用；

b. 预制4块1.33m梁板和2块1.0m梁板；

c. 新桥架设完毕后，给予3个月沉降期，并实施等设计荷载堆载预压，促使其工后沉降尽快完成；

d. 与拼宽桥衔接部分采用2块新预制1.0m宽边板连接，新边板之间现浇31cm×20cm湿接缝，实现新老桥上部结构湿接。

加宽后的断面如图7-9所示，效果图如图7-10所示。

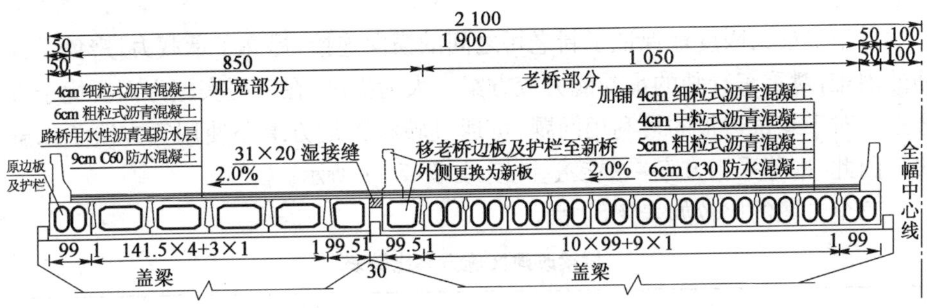

图7-9 简支梁桥拼接方案三断面图(尺寸单位:cm)

②优点：最大限度地保证了新老桥之间的横向连接，提高了承载力，避免了置筋的困难，且没有废弃边板，工程造价低。

③缺点：新建部分梁板设计标准不一致，老桥边板质量较低，耐久性差，难以达到新桥的使用年限。老护栏无法满足新规范的要求，需要拆除重建。

图 7-10 简支梁桥拼接方案三效果图

(4)方案比较

三个方案相比较,方案一虽然在保通性能方面较好,但是由于老桥边板承载力较差且与新桥难以良好连接,易造成单板受力,故不予采用。

方案三与方案二的区别在于老桥边板的再利用。老桥边板已经使用 15 年之久,且承载能力达不到新标准的要求,其耐久性也较差。如果用做新桥边板,必须在新桥上部施工伊始就对老桥进行拆除工作,这样将增加保通工作的难度和时间。因此,虽然能够减少梁板废弃现象,但对施工来说,可实施性较差,不如方案二易于施行。

方案二最大限度地保证了新老桥之间的横向连接,提高了承载力,避免了置筋的困难,对重车行驶的承受能力较方案一大为提高,在工程实施方面要优于方案三。对于老桥边板的再利用问题,可通过转移到地方道路使用等方法予以解决。因此,推荐采用方案二湿接缝拼接,如图 7-11 所示。

三个方案的比较如表 7-5 所示。

桥梁改建实施方案比较表 表 7-5

项目	方 案 一	方 案 二	方 案 三
优点	基本不影响交通,工程造价低;边板不废弃	结构整体性好,横向受力明确,新老桥连接缝刚度大,最大限度地保证了新老桥的连接,提高了承载力,避免了置筋困难;安全性和耐久性较高	结构整体性好,横向受力明确,新老桥连接缝刚度大,保证了新老桥的连接,提高了承载力,避免了置筋困难;老桥边板再利用较好

续上表

项目	方　案　一	方　案　二	方　案　三
缺点	本地区地震烈度较高，切除老桥盖梁防振块不妥。施工有一定难度，新老桥的混凝土收缩徐变、不同沉降对构造物影响较大，易产生裂缝，易产生单板受力；边板承载能力较低，对重车行驶安全性低	施工期间保通压力较大，老板废弃难处理	施工期间保通压力最大，新建部分梁板设计标准不一致，老桥边板质量较低，耐久性差，难以达到新桥的使用年限；老护栏无法满足新规范的要求，需要拆除重建
结果		推荐方案	

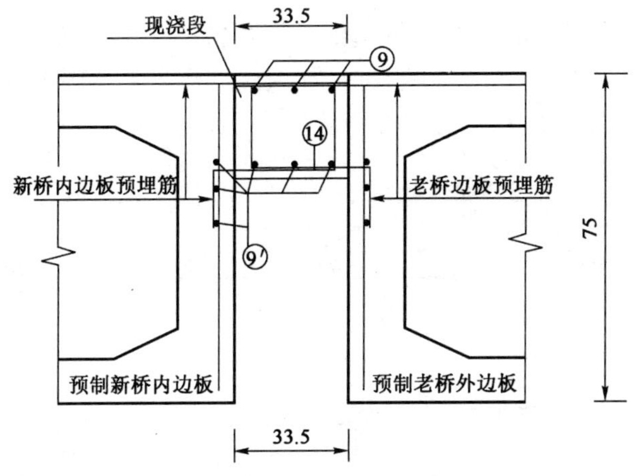

图7-11　空心板横向拼接构造图(尺寸单位:cm)

2)刚构桥的加宽

刚构桥结构主要用于分离式立交及部分互通式立交跨线桥，其中墩为现浇T形刚构，然后拼接预制空心板。在刚构加宽时，新加宽部分拟基本同原桥的结构形式。拆除老桥外侧墙式护栏，施工新桥，然后连接老桥与新桥的桥面铺装钢筋，浇筑桥面铺装混凝土，从而实现新老桥间的连接。连接部位隔缝为1cm，加宽空心板总宽8m，加宽后形成桥面宽度为2×20m，刚构桥加宽的断面如图7-12所示。

3)桥台拼接方案

本改扩建工程老桥采用了部分肋板式桥台，为减少对老桥锥坡的开挖，减轻对老桥台的影响，除锥坡按正常的路基搭接方式挖台阶外，不再开挖，直接填土

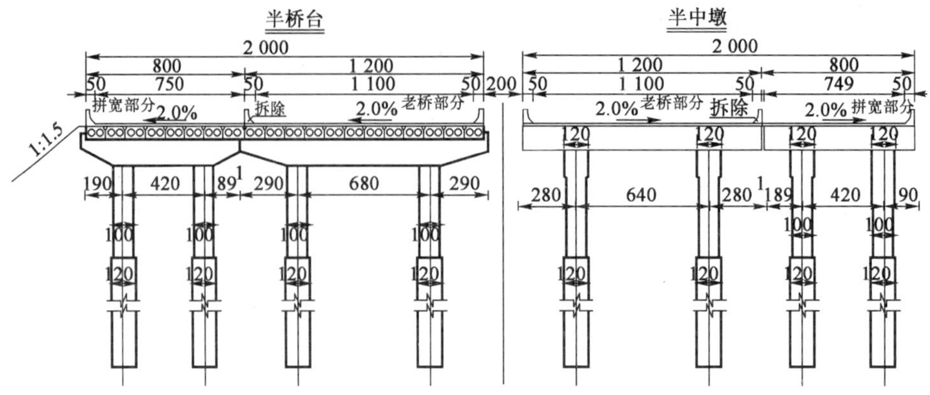

图 7-12　刚构加宽断面图(尺寸单位:cm)

压实至老桥台盖梁下部。再按群桩基础的形式施工 4 根桩基础,浇筑承台。承台顶与老桥台盖梁顶衔接,其上直接放置空心板、耳背墙,相应取消肋板和盖梁。肋式桥台整体式加宽方案如图 7-13 所示。

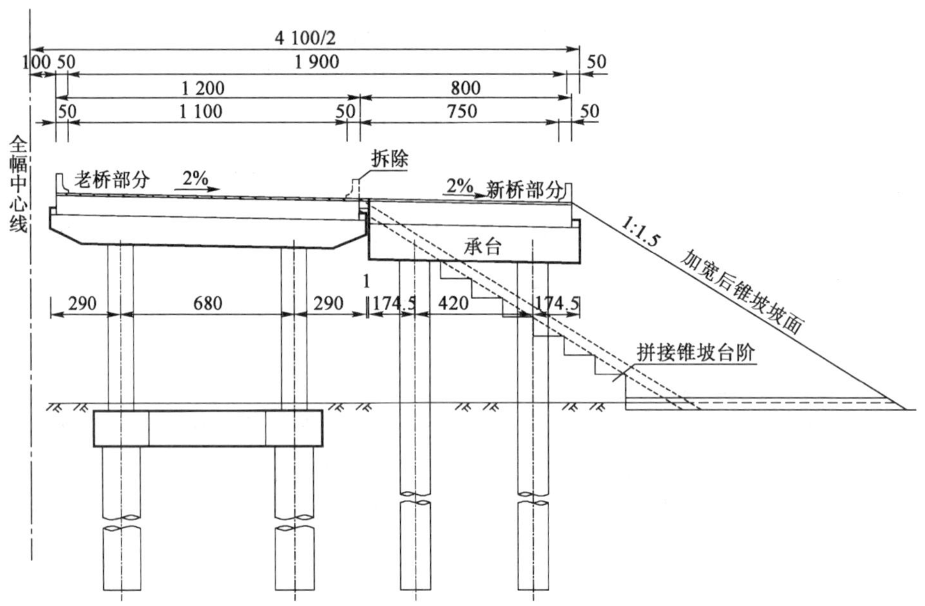

图 7-13　肋式桥台整体式加宽方案(尺寸单位:cm)

柱式桥台同样采取了提高桩头、减短立柱的设计方案,以减轻对老桥台后填土稳定性的影响。

7.1.7　互通立交及涵洞、通道扩建

7.1.7.1　互通式立交扩建

1)原互通式立交概况

G4高速公路安阳至新乡段改扩建工程原有互通式立交7处，见表7-6所示。

安新高速公路原有互通式立交表　　表7-6

序号	立交名称	中心桩号	被交叉道路		立交形式	主线桥及匝道桥(m)
			路名	等级		
1	安阳	K12+772	S301 安楚路	二级	单喇叭	主线桥 16+20+16(空心板) 匝道桥 16+20+16(空心板)
2	安阳南	K20+064	S303 安濮路	二级	半苜蓿叶	主线桥 10+16+10(空心板)
3	汤阴	K33+903	S302 鹤台路	二级	单喇叭	主线桥 16+20+16(空心板) 匝道桥 16+20+16(空心板)
4	淇滨	K54+897	S304 濮鹤高速公路	高速公路	苜蓿叶	主线桥 19+30+19 (连续刚构)
5	浚县	K61+035	S305 浚大路	二级	单喇叭	主线桥 16+20+16(空心板) 匝道桥 16+20+16(空心板)
6	淇县	K72+970	S222 淇滑路	二级	半苜蓿叶	主线桥 19+30+19(刚构)
7	卫辉	K101+331	S101 新濮路	二级	半苜蓿叶	主线桥 19+30+19(刚构)

2)改扩建原则性技术方案

G4高速公路安阳至新乡段改扩建工程现有的7处互通式立交中，3处为单喇叭形，3处为半苜蓿叶形，1处为苜蓿叶形。匝道最小半径为60m，设计车速为40km/h。改扩建的基本原则为：根据原互通立交平、纵线形设计及各匝道平面线位坐标拟合平面线形，以拟合后匝道平面线形为基础，结合规范要求，按主线加宽后的路基高度，调整连接变速车道的匝道曲线半径、回旋曲线参数和进、出口渐变率，使匝道、变速车道与主线顺适连接。在基本满足规范要求的条件下，减少匝道线位移动量，尽量做到局部顺适，避免大范围调整线形。匝道最小半径

拟达到不小于45m,以满足40km/h的设计速度的要求。原匝道宽度不足时,按规范标准予以加宽。变速车道长度及渐变段长度均应按主线行车时速120km/h规范规定长度设置。

3)互通式立交扩建方案简述

G4高速公路安阳至新乡段改扩建工程涉及的互通式立交扩建方案大致有四种类型:单喇叭形、半苜蓿叶形、半苜蓿叶形改建双喇叭形和苜蓿叶形枢纽立交。

以下分别进行简述。

(1)单喇叭形立交

以安阳互通式立交为例。安阳立交正对城市中心区,为安阳市的主要出入口,目前承担大部分市区上下高速路的交通量,工可报告中立交预测交通量如表7-7所示。

安阳互通式立交预测转弯交通量表(辆小客车/d) 表7-7

出入口	方向	2007年	2010年	2020年	2027年
入口	珠海方向	1 005	1 279	2 280	2 790
	北京方向	1 590	2 024	3 607	4 413
出口	珠海方向	877	1 116	1 989	2 434
	北京方向	1 354	1 723	3 070	3 757

通过对预测交通量分析,现有单喇叭形式立交能适应该立交设计末年交通量的增长需求,且该立交布设形式合理。根据改扩建的要求,初设阶段对安阳互通立交拟订以下两种改扩建方式。

①方案一:原位改建。根据安阳互通立交通行能力能满足远景交通量增长的需求,可以维持单喇叭形式不变,根据原互通立交平、纵线形进行拟合线形原位改建设计。改建时因主线加宽,考虑调整匝道与主线连接端部的匝道平曲线半径或缓和曲线参数,以保证匝道与主线顺适衔接。

改扩建方案优点:

a.能充分利用原有立交匝道,降低工程造价;

b.占地、拆迁量小;

c.施工便利,施工周期短。

改扩建方案缺点:

a.与原有互通干扰较大;

b. 需减小内侧环形匝道圆曲线半径，降低匝道指标。

②方案二：拓宽车道与主线分离跨越互通。由于安阳互通立交为单喇叭形式，原位改建时环形匝道圆曲线指标由 60m 减小到 55m，不利于日益增长的车辆通行。为解决这一问题，因原有立交能满足远景交通量增长的需求，主线在环形匝道一侧的拓宽车道，在互通前后与主线分离直接跨越原互通后接回主线，在互通前后的分离式拓宽车道与主线之间设置联络道，供外侧车道出入互通。新建的联络道与原互通的变速车道连通构成辅助车道，供原主线及拓宽车道上车辆通过互通进出高速公路。这样可以保持原有互通环形匝道一侧的立交匝道不改移，而另外两条匝道需调整线形与主线做到顺适连接，从而达到改建的目的。

改扩建方案优点：

a. 与原有互通干扰较小；

b. 内侧环形匝道圆曲线半径指标可不降低。

改扩建方案缺点：

a. 拓宽车道与主线分离，将增大占地拆迁量；

b. 主线拓宽车道需两次跨越匝道，桥梁工程增大，工程造价增加较多；

c. 施工周期长。

综合以上两种改扩建方案优缺点比较可以看出，安阳互通立交采用原位改建不仅可以满足交通量增长的需求，而且很好地利用了原有工程，节省了占地拆迁量，减少了投资，故该互通立交采用方案一（原位改建方案）作为推荐方案，如图 7-14 所示。方案一可完全利用现有的收费站，仅需新增占地 $2.6\times10^4\text{m}^2$（38.5 亩），增加土方数量为 164 212m^3。

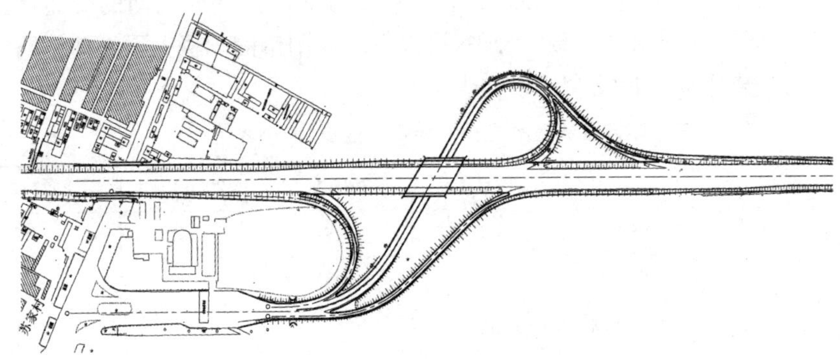

图 7-14　安阳互通立交改建方案

施工及交通组织：

a. 施工及交通组织步骤一：主线路基按设计要求正常加宽施工，同时建成临时便道 E 匝道(长约 490m)及临时收费站(二进二出);关闭 A 匝道对向双车道路段进行重建。

b. 施工及交通组织步骤二:待 A 匝道对向双车道路段建成开放后,拆除 E 匝道及临时收费站,同时建成临时匝道 B′、C′;关闭 B、C 匝道并重建。在施工期间,A、D 匝道临时按对向双车道保持通车,如图 7-15 所示。

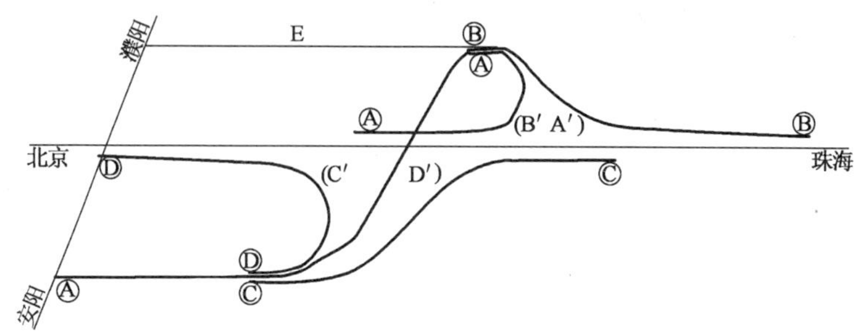

图 7-15 安阳互通式立交施工及交通组织图

c. 施工及交通组织步骤三:待 B、C 匝道建成开放后,拆除 B′、C′临时匝道,同时建成 A′、D′临时匝道;关闭 B、C 匝道进行重建。

d. 施工及交通组织步骤四:待 A、C 匝道建成开放后,拆除 A′、C′临时匝道,各匝道恢复单向行车。

(2)半苜蓿叶形改建双喇叭形

安阳南互通立交为安阳市另一出入口,根据安阳市的城市总体规划,其城市主要向南发展,南部为其规划的新区,而北部已经有安阳立交,则安阳南互通立交可以解决新区上下高速公路的问题,并可以分流市区部分向南的交通量。可以看出,安阳南和安阳立交布局合理,可以解决安阳市的车辆上下高速公路的问题。工可报告中立交预测交通量如表 7-8 所示。

安阳南互通式立交预测转弯交通量(辆小客车/d) 表 7-8

出 入 口	方 向	2007 年	2010 年	2020 年	2027 年
入口	珠海方向	565	719	1 282	1 569
	北京方向	270	344	613	750
出口	珠海方向	612	778	1 387	1 697
	北京方向	313	398	710	869

通过对预测交通量分析,半苜蓿叶形或规模相当的单喇叭形立交能够适应安阳南互通式立交设计末年交通量的增长需求。根据改扩建的要求,初设阶段

对安阳南互通立交拟订以下两种改扩建方式。

①方案一:原位拆除改建。该改建方案主要为解决原有立交分散收费,平交口多,不利于交通组织,不能保证车辆快速上、下高速公路等问题,加之安阳市政府加大对安阳南部的开发,要求针对被交道行车混乱提出建成双喇叭形立交(近期暂按单喇叭方案实施)。该方案考虑利用主线西侧部分匝道,将原半苜蓿叶形立交改为双喇叭形立交。具体改建方案如图 7-16 所示。

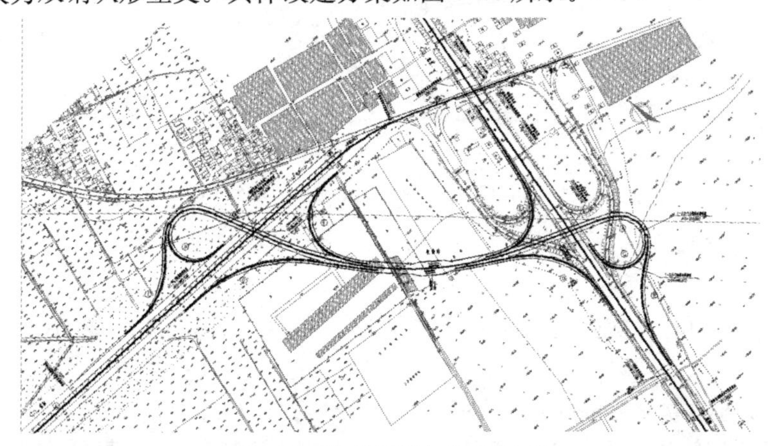

图 7-16　安阳南互通立交推荐方案

②方案二:原位改建。按照安阳南互通立交通行能力能满足远景交通量增长的需求,维持原立交的半苜蓿叶形式不变,根据原互通立交平、纵线形进行拟合线形原位改建设计。改建时考虑将两条内环匝道半径减小,对外侧匝道主线与匝道连接端部的平曲线,加大圆曲线半径或调整缓和曲线参数,以保证匝道与主线的顺适衔接。具体改建方案如图 7-17 所示。

③方案比选。

方案一优点:

a. 该方案减少了匝道收费站的数量,实现了集中收费。收费设施的减少和集中以及收费人员的减少,有利于运营管理,对提高经济效益及营运效益效果显著。

b. 该方案减少了平交口数量,有利于交通组织,可保证车辆快速上下高速公路,对提高行车安全及车辆运营效益效果显著。

c. 该方案对被交道的交通具有极大的便利性,为安阳市南部发展提供了足够的空间。

方案一缺点:

原有立交利用较少,需新增一座对向分离双车道匝道桥,工程规模及造价增

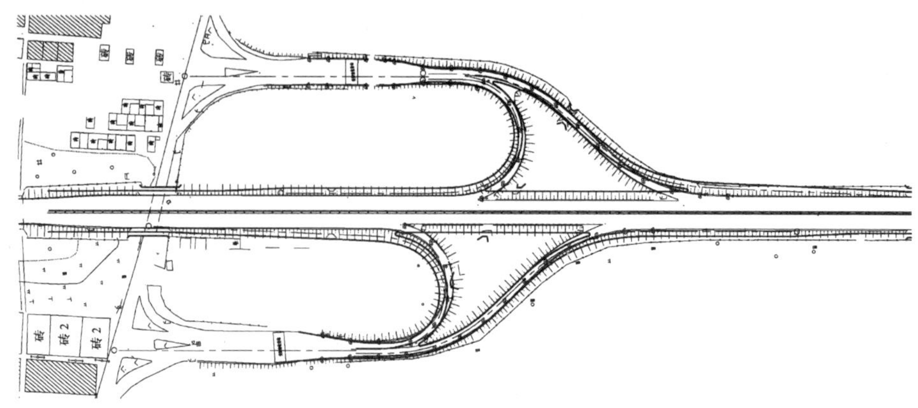

图 7-17　安阳南互通立交比较方案

加较多，立交征地拆迁量较大。

方案二优点：

该方案原有立交匝道可大部分被利用，工程规模及造价增加较小。

方案二缺点：

a. 该方案立交分散收费，不利于运营管理，营运管理成本高；

b. 该方案立交平交口数量多且分散，不利于行车安全，且不能有效地进行交通组织，保证车辆快速上下高速公路，社会运营效益差。

初步设计阶段对两个方案在营运效益、收费管理以及工程造价等多方面进行了同等深度的综合比较。经比较，方案二虽然在工程数量及工程造价较方案一小，但该立交形式不利于立交建成后的营运管理，分散的收费系统不利于管理，同时也增加了收费系统和收费人员的管理成本，远期经济效益以及营运效益较方案一差。同时，半苜蓿叶形立交在被交道路上形成的两个平交口，对被交叉道路的交通干扰很大，不利于被交道路的交通管理和车辆运行。另外，地方政府强烈要求本立交进行扩建。综合考虑该立交长远的经济和社会以及收费管理等各方面因素，将方案一（原位拆除改建方案）作为本次初步设计的推荐方案。

(3)半苜蓿叶形立交

以淇县互通式立交为例，路线在 K72＋969.77 处和省道 S222 公路交叉并上跨该公路，在淇县县城东北的省道 S222 上设半苜蓿叶形淇县互通式立交，同时通过省道 S222 连接东部的滑县。在该区域内，只有省道 S222 为省道干线公路，且连接东西两侧淇县、滑县两个县城。淇县互通式立交为二级立交，其转弯交通量预测结果如表 7-9 所示。

淇县互通式立交预测转弯交通量表(辆小客车/d)　　表7-9

出入口	方向	2007年	2010年	2020年	2027年
入口(流向)	以南	215	281	521	674
	以北	1 113	1 456	2 696	3 488
出口(来源)	以南	190	248	459	594
	以北	955	1 249	2 313	2 992

淇县互通式立交范围为K72＋190～K73＋750，为半苜蓿叶形，主线计算行车速度为120km/h，匝道计算行车速度为35km/h，原匝道最小半径为60m(两条内环匝道)，加宽方案立交主线跨被交道桥为19m＋30m＋19m连续刚构。对该立交的改造加宽方案，采用平面线形拟合的方式进行改建。其中，两条内环匝道最小半径为52m；外侧匝道仅对其与主线连接部分进行局部改造，使其与主线平顺连接，改建匝道最大纵坡为1.42%。

作为改扩建项目，一般立交的类型不适合轻易改变，由于该立交现为半苜蓿叶形式，也考虑将其改建为单喇叭形式，以集中该立交的收费管理。但是由于改建单喇叭立交所废弃现有匝道过多，另需增加主线跨匝道桥，工程量的加大增加了施工难度和施工工期。根据工可报告的交通量预测情况，现立交形式完全可满足改建后的通行能力，所以仍保持现立交形式进行改造。

根据工可报告提供的转弯交通量分析，该立交收费车道数量满足交通量要求，故该立交的收费站不需要进行改建设计。淇县互通式立交改扩建平面布置图如图7-18所示。

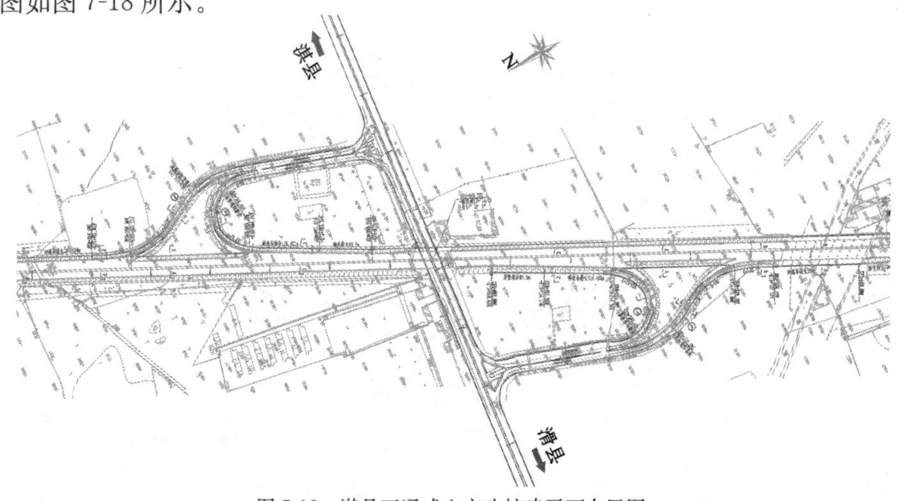

图7-18　淇县互通式立交改扩建平面布置图

(4)苜蓿叶形枢纽立交

以淇滨互通式立交为例,该立交位于鹤壁市新区东侧,连接鹤壁市区及新建的濮鹤高速公路。淇滨互通式立交范围为 K53+740～K55+950,在 K54+827 处与濮鹤高速终点(PHK58+353.073)交叉,并上跨濮鹤高速公路。新建成的濮鹤壁高速公路与淇滨大道对接(濮鹤高速公路终点 PHK58+353.073=淇滨大道起点 AK0+000),立交主线跨被交道桥为 19m+30m+19m 连续刚构。该立交原为子叶式立交,连接鹤壁市淇滨大道,为鹤壁新区出入口。濮鹤高速公路修建时,濮鹤高速公路直接与淇滨大道对接,将该立交改建为苜蓿叶形。目前,该立交东侧内环最小半径 60m,西侧内环半径 80m。

淇滨立交为高速公路之间转换交通的枢纽型立交,按一级立交进行设计,主线设计时速 120km/h,匝道设计时速 50～80km/h。本次改建采用带有集散车道的苜蓿叶形式,在主线两侧和被交道两侧设置宽度为 12m 和 9.75m 的集散车道。由于东侧原匝道标准较低,环形匝道最小半径仅为 60m,所以利用较少,大部分匝道需要新建;而西侧匝道为濮鹤高速公路新建匝道,标准相对较高,对匝道直接进行平面线形拟合。改造后该立交内环设计最小半径为 80m,西侧集散车道跨被交道的桥梁采用与主线相同的结构形式,东侧半幅桥梁原宽度比西侧半幅桥梁宽 4m。如果加宽成标准宽度桥,需要加宽 4m,所以将东侧半幅桥梁与集散车道桥梁一并设置。淇滨互通式立交预测转弯量如图 7-19 和表 7-10 所示。

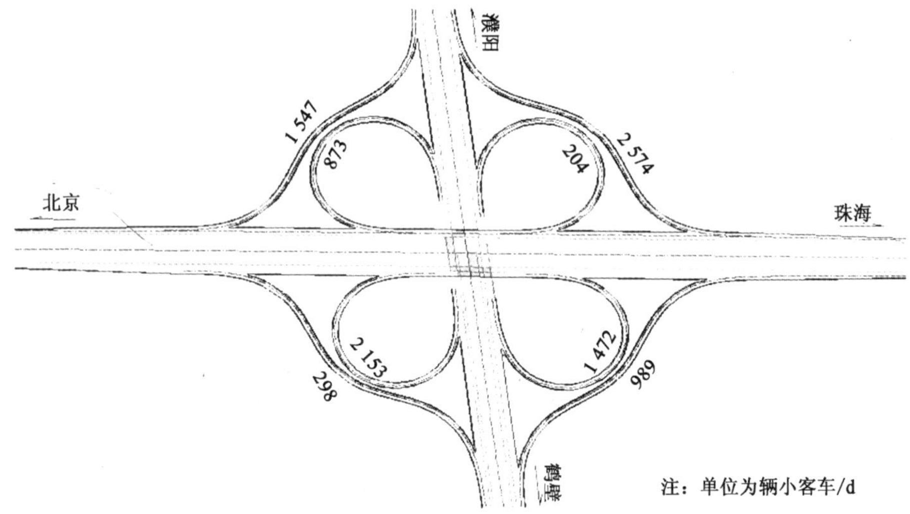

图 7-19　淇滨互通式立交预测转弯量

淇滨互通式立交预测转弯量(辆小客车/d)　　表7-10

	出入口	方向	2007年	2010年	2020年	2027年
鹤壁	入口(流向)	以南	989	1 293	2 395	3 098
		以北	204	267	495	641
	出口(来源)	以南	873	1 142	2 116	2 737
		以北	298	390	722	934
濮阳	入口(流向)	以南	2 153	2 740	4 883	5 975
		以北	1 547	1 969	3 508	4 293
	出口(来源)	以南	2 574	3 276	5 838	7 144
		以北	1 472	1 873	3 339	4 086

根据交通量预测，本立交不需要增设收费设施，淇滨枢纽互通式立交改扩建平面布置图如图7-20所示。

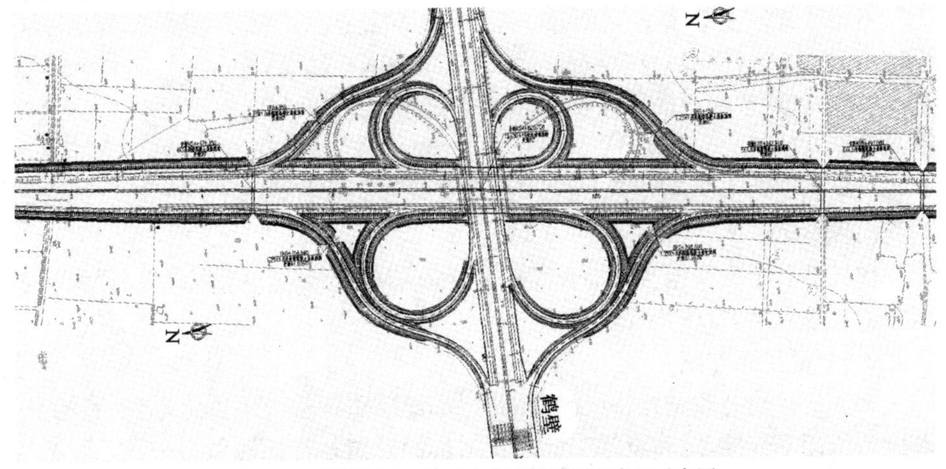

图7-20　淇滨枢纽互通式立交改扩建平面布置示意图

7.1.7.2　涵洞及通道扩建方案

(1)盖板涵(通道)扩建方案

盖板涵(通道)接长的一般做法是先将原墩台帽凿毛，侧面墩台全高范围内，拆除30cm左右锯齿形企口并冲洗，新加宽的墩身也砌成30cm左右锯齿形企口，高度至墩台帽顶，然后新老墩身之间相互契合进行连接。对暗涵新路基涵顶填土大于1.5m时，新老涵之间可以不连接。加长部分洞身根据实际加长涵长需要每隔4～6m设一道沉降缝，涵洞加长部分的地基采用PTC管桩处理。G4高速公路安阳至新乡段改扩建工程通道接长施工如图7-21所示。

图 7-21　G4 高速公路安阳至新乡段改扩建工程通道扩建施工

(2)箱涵(通道)扩建方案

当箱涵顶填土厚度小于 1.5m 时，将新老箱涵连接。接长箱涵时，先拆除箱涵两侧的八字墙(洞口)，在涵身周边，以一定的间距钻孔，在孔中注胶植入连接筋，在涵身外预留一定的搭接长度。将接长箱涵钢筋网与之搭接后立模、浇筑完成整个涵洞的接长。

当箱涵顶填土厚度大于 1.5m 时，新老箱涵不连接，中间设断缝，断缝之间填充沥青麻絮。

加长部分洞身根据实际加长涵长需要每隔 4～6m 设一道沉降缝，涵洞加长部分的地基采用 PTC 管桩处理。

(3)管涵扩建方案

管涵的扩建一般是先将原涵斜端管节拆除，正端管节不拆除，新加长涵身、基础与原涵不连接，之间设施工缝。新加长涵管内径与原涵保持一致。管节接头采用热沥青浸炼的麻絮填塞，管内和管外各填一半，不得从管外一次填满，缝外用宽 20cm、厚 15cm 的 C20 混凝土带围裹。加长部分洞身根据实际加长涵长需要每隔 4～6m 设一道沉降缝，与旧涵连接处各设一道沉降缝，缝内用沥青麻絮填塞。洞身两侧不小于 2 倍孔径范围内换填 10%白灰土，压实度不小于 95%，洞顶填土不小于 0.5m。

7.1.8　交通组织

7.1.8.1　主线施工组织及保通方案

对于安新高速公路改扩建工程的施工组织及保通方案，自初步设计完成后便进行了大量的研究工作，提出了数个保通方案，并进行了详细的设计和分析，经高发公司、有关专家多次研究后，确定了主线施工期间保通的两种主要方案。

1)保通方案

(1)方案一：双向通行不分流方案

即按双向四车道通行，内侧行驶速度 80km/h，外侧不低于 60km/h，不分流、不断行的原则进行保通方案设计。为此，我们提出以下保通方案。

施工工期：2008 年 4 月开工，2010 年 10 月底竣工，总工期为 30 个月。

本项目老路两侧对称加宽，同时将老路有问题处进行改造治理，全线 113km，30 个月的工期相对较为紧张，应两侧同时施工。

采用分幅施工、不中断交通的施工方案。此方案在路基施工期间不封闭交通，双侧同时进行路基施工。进入路面施工期，首先施工的半幅新建路面，在基层、底基层施工期间，实行降低车速的半封闭施工；在进行面层施工期间，先进行新建加宽路面的施工，待新建加宽路面施工完毕后，结合老路维修改建施工；此间另外半幅双车道单项正常行驶，半幅路面施工完毕之后，开放交通，新建半幅实施四车道通行。注意进行另外半幅的路面施工时，始终保证施工现场与通行车道的安全隔离。

2008 年 4 月开工，2010 年 10 月底竣工，总工期为 30 个月。其中，半幅货车分流时段为 8 个月，半幅双向行驶时段为 12 个月。共分以下四个阶段组织实施。

①2008 年 4 月初，开始全线征地拆迁和前期各项准备工作，进行路基、桥涵工程的招投标工作。2008 年 5 月～2009 年 4 月，工期 12 个月，全线维持现状交通，进行绿色通道的树木移栽、路基加宽的填筑及开挖、涵洞加长、桥梁基础及下部施工、各种梁板预制、部分跨线桥基础和下部等施工。在此期间应完成路基桥涵工程总量的 80%左右。本阶段后期拆除路侧防撞护栏。

②2009 年 5 月～2009 年 8 月，工期 4 个月，进行路面底基层、基层的铺装及桥梁上部构造的施工。在此期间，车辆以超车道 80km/h、行车道 60km/h 的速度通行，但与新建加宽部分保证安全隔离。

③2009 年 9 月～2010 年 2 月，工期 6 个月，工期半幅路面面层铺装及路侧和本半幅中央分隔带防撞护栏安装等工作。在此期间，施工半幅老路超车道和行车道保持通行，但与新建加宽部分保证安全隔离，然后进行各施工区段的半幅新建路面施工。

a. 施工新建路面底基层，然后铺筑基层和面层；

b. 按照新路面的标准完成单侧新建防撞护栏、标志标牌等的施工；

c.新建路面施工完成后,车辆转至新建路面行驶,进行老路维修改造,期间保证新建路面与老路的安全隔离。

待老路路面完工后,完成车道划线,开放本半幅双向交通,进行下一阶段施工。

④2010年4月~2010年9月,工期6个月,实施另半幅路面工程及其他全部工程。在此期间,先期建成半幅实行双向四车道限速行驶,然后进行各施工区段的半幅路面施工。

a.先铣刨行车道老路面,按照老路面处理方案控制铣刨深度;

b.施工新建路面底基层,然后同时铺筑基层和面层;

c.按照新路面的标准完成单侧的车道划线、防撞护栏、标志标牌等的施工。

路面完工后,开放全幅双向八车道交通,取消所有分流。

2010年10月1日全线竣工通车。

(2)方案二:半幅间隔分段施工,货车分流方案

本项目施工过程中,路面施工阶段通行车辆所受的影响最大,采用"半幅间隔分段施工,货车分流"能更好地进行加宽和老路改造。根据这一方案将交通组织实施阶段分为路基施工、路面底基层基层施工、半幅路面施工、另半幅路面施工四个阶段。分幅施工具体段落如表7-11所示。

路面分幅施工段落表 表7-11

起点桩号	终点桩号	合同段	施工次序
K0+000	K6+000	No.1	先施工西侧路面,东侧通行
K6+000	K19+800	No.1、2、3	先施工东侧路面,西侧通行
K19+800	K28+600	No.3、4	先施工西侧路面,东侧通行
K28+600	K43+980	No.4、5、6	先施工东侧路面,西侧通行
K43+980	K58+000	No.6、7、8	先施工西侧路面,东侧通行
K58+000	K65+000	No.8、9	先施工东侧路面,西侧通行
K65+000	K90+000	No.9、10、11、12	先施工西侧路面,东侧通行
K90+000	终点	No.12、13、14、15	先施工东侧路面,西侧通行

2)主线施工组织方案

采用半幅分段货车分流的施工方案,此方案在路基施工期间不封闭交通,双侧同时进行路基施工。进入路面施工期,首先施工的半幅路面,在基层、底基层施工期间,实行半幅货车自发分流、客车保留的半封闭施工;在进行面层施工期

间，半幅封闭施工，另外半幅实施双车道双向行驶。半幅路面施工完毕之后，开放交通；新建半幅实施双向通行，注意进行另外半幅的路面施工时，始终保持无车流施工现场。

工程于2008年4月开工，2010年10月底竣工，总工期为30个月。其中，半幅货车分流时段为8个月，半幅双向行驶时段为12个月。共分以下四个阶段组织实施。

(1)2008年4月初，开始全线征地拆迁和前期各项准备工作，进行路基、桥涵工程的招投标工作。2008年5月～2009年4月，工期12个月，全线维持现状交通，进行绿色通道的树木移栽、路基加宽的填筑及开挖、涵洞加长、桥梁基础及下部施工、各种梁板预制、部分跨线桥基础和下部等施工。在此期间应完成路基桥涵工程总量的80%左右。本阶段后期拆除路侧防撞护栏，并进行回厂加工，大货车开始进行分流。

(2)2009年5月～2009年8月，工期4个月，进行路床的施工及桥梁上部构造的施工；在此期间，客车和小、中型货车正常通行(小、中型货车不强制分流)，大货车强制分流至平行公路。

(3)2009年9月～2010年2月，时间6个月，进行半幅路面面层铺装及路侧和本半幅中央分隔带防撞护栏安装等工作。在此期间，施工半幅封闭交通，交通转移至另半幅，实行对向二车道限速行驶，所有货车全部分流，然后进行各施工区段的半幅路面施工。

①先铣刨东侧行车道老路面，按照老路面处理方案控制铣刨深度；

②施工新建路面底基层，然后同时铺筑基层和面层；

③按照新路面的标准完成单侧的车道划线、防撞护栏、标志标牌等的施工。

路面完工后，开放本半幅双向交通，进行下一阶段施工。

(4)2010年4月～2010年9月，工期6个月，实施另半幅路面工程及其他全部工程。在此期间，先期建成半幅实行双向四车道限速行驶，为了减小对新建半幅内侧行车道的破坏，大货车仍然强制分流，然后进行各施工区段的半幅路面施工。

①先铣刨行车道老路面，按照老路面处理方案控制铣刨深度；

②施工新建路面底基层，然后同时铺筑基层和面层；

③按照新路面的标准完成单侧的车道划线、防撞护栏、标志标牌等的施工。

路面完工后，开放全幅双向八车道交通，取消所有分流。

2010年10月1日全线竣工通车。

3)保通方案比较

两方案相比较，在路基施工期间，两方案施工方法及保通措施基本一致，故两方案比较主要是路面施工期间的比较，我们从施工期间的安全性、通行能力、经济效益、社会效益、环境保护、施工难易程度、保通难度等方面进行保通方案的比较，选择较优方案。

(1)施工期间的安全性

方案一：路面施工期间，由于仍然按双向四车道行驶，行驶车辆与施工机具、人群之间存在一定的相互干扰，安全隐患较大。由于采用四车道行驶，行驶车辆之间间距较近，存在安全隐患。

方案二：路面施工期间，由于采用半幅封闭，故行驶车辆与施工机具、人群之间没有干扰，安全性较高。采用半幅通车，则车辆之间干扰较大，存在安全隐患。

考试施工期间的安全性，方案二占优。

(2)通行能力

方案一：路面施工期间，按双向四车道行驶，车速降低，使得通行能力有所降低。其中，老路结构物施工时必须与方案二类似地采用半幅封闭形式，通行能力降低较多。

方案二：路面施工期间，半幅封闭，车辆按双向双车道行驶，通行能力降低较多。

考虑通行能力，方案一占优。

(3)经济效益

方案一：路面施工期间不强制分流，车辆通行较多，使得本条高速公路经济效益降低较少。

方案二：路面施工期间强制分流货车，并半幅封闭，使得本条高速公路经济效益降低较多。

考虑经济效益，方案一占优。

(4)社会效益

方案一：路面施工期间，通行车辆较方案二多，社会效益较好，但行车与施工干扰较大，降低了社会效益。

方案二：路面采用半幅施工，通行车辆较方案一少，社会效益较差，但行车与施工不干扰，对社会效益有所提高。

考虑社会效益，两方案相当，方案一略占优势。

(5)生态与环境保护

方案一：老路废料大部分不能回收利用，废料需要择地堆放，对环境保护极为不利。

方案二：老路废料大部分能够利用到加宽道路及老路的底基层中，废料不需择地堆放，对环境保护非常有利。

考虑生态与环境保护，方案二较优。

(6)施工难易程度

方案一：先施工加宽路面，再施工老路路面，其间老路形成坑沟，雨季形成积水，且与加宽路面之间有多种搭接形式，同时大部分老路废料不能利用、需调运出施工场地，部分废料需进行调运方能利用，施工难度较大。

方案二：新老路面一起施工，老路不形成坑沟，不会积水，路面搭接形式单一，老路废料不需调运即可再生利用，施工难度较小。

考虑施工难易程度，方案二较优。

(7)保通难度

方案一：路面施工期间不封闭、不强制分流，行车与施工干扰较大，保通难度较高。

方案二：路面施工期间半幅封闭，行车与施工无干扰，保通难度较低。

考虑保通难度，方案二较优。

方案比较如表7-12所示。

保通方案比较表　　表7-12

指标＼方案	方案一：双向四车道，不封闭、不分流	方案二：半幅封闭，货车分流	方案比较
施工期间安全性	行车与施工干扰大，车辆间距较近，安全性较低	行车与施工无干扰，安全性较高	方案二优
通行能力	四车道通行，通行能力较高	半幅封闭，通行能力较低	方案一优
经济效益	通行车辆较多，经济效益较好	通行车辆较少，经济效益差	方案一优
社会效益	通行车辆多，路况差	通行车辆少，路况好	方案一优
环境保护	废料利用少，需要择地堆放	大部分废料可回收利用	方案二优
施工难易程度	老路形成坑沟，雨季施工积水，路面搭接形式多，施工难度大	新老路面一起施工，不积水，路面搭接形式单一，施工难度小	方案二优
保通难度	不分流、不封闭，行车干扰较大，保通难度高	半幅封闭，无干扰，保通难度低	方案二优
比较结果	推荐方案	比较方案	

经综合比较，推荐采用方案一。

7.1.8.2 桥涵工程施工组织方案

桥梁工程加宽施工的实施对安新高速公路交通的影响较大，涵洞、通道的施工影响较小，除桥梁工程施工必须满足设计和规范要求外，交通组织方案十分重要。

老路桥梁的改造同老路的治理同时进行，同样注意安全保通，桥梁加宽施工的主要步骤为：

(1)路基施工的同时进行桥梁、通道涵洞下部的施工，原四车道正常通车。需要注意的是，分离式立交、通道作为本项目横向通行构造物，对沿线人民群众的出行影响极大。因此，本着以人为本的设计思想，对沿线分离式立交、通道实行间隔施工的方法，每间隔一道横向构造物施工一道。待施工完成后，再进行另一部分横向构造物的施工。

(2)路面底基层、基层施工的同时进行同侧半幅桥涵上部结构的施工，在原桥涵设置临时防撞设施，拆除原桥涵外侧护栏及护栏座，切除原桥外边板翼缘，并对桥梁路段限速行驶。

7.1.8.3 互通式立交施工组织方案

各施工标段凡有互通式立交的，令其首先修建临时匝道，以保证整个施工期间互通式立交的交通顺畅及安新高速和各纵横向道路的连接畅通，然后再进行主线和立交匝道的改建，整个互通式立交的各部分施工都应先于主线。

7.1.8.4 交通分流点的确定

安新高速公路是京珠高速的重要组成部分，交通量很大，同时在加宽改造过程中，存在许多不确定因素。对于方案一，遇到紧急情况，在安新高速交通被迫受阻的情况下，可根据上面提到的局域公路网，对安新高速进行交通分流，自北向南交通分流点确定在河北磁县互通立交处，自南向北交通分流点确定在新乡互通立交处。其他互通立交可作为辅助分流点。

7.2 G30 高速公路郑州至洛阳段改扩建工程

7.2.1 项目概况

(1)项目位置及扩建必要性

G30 高速公路郑州至洛阳段是国家规划的“五纵七横”之一——“连霍国家高速公路”的重要组成部分，也是河南省高速公路网的主骨架，自 1995 年建成运营以来，交通流量持续上升，公路服务水平逐渐下降，而且部分路段需要维修，经常出现较为严重的拥挤和堵车现象，已不能满足发展的需要。从郑洛通道中长期交通需求预测结果分析来看，2010 年平均日交通量将临近二级服务水平通行能力；2011 年平均日交通量将超出二级服务水平；2015 年本路段平均日交通量将超出四车道高速公路服务水平通行能力，改建扩容已十分紧迫。本改扩建项目所在的地理位置如图 7-22 所示。

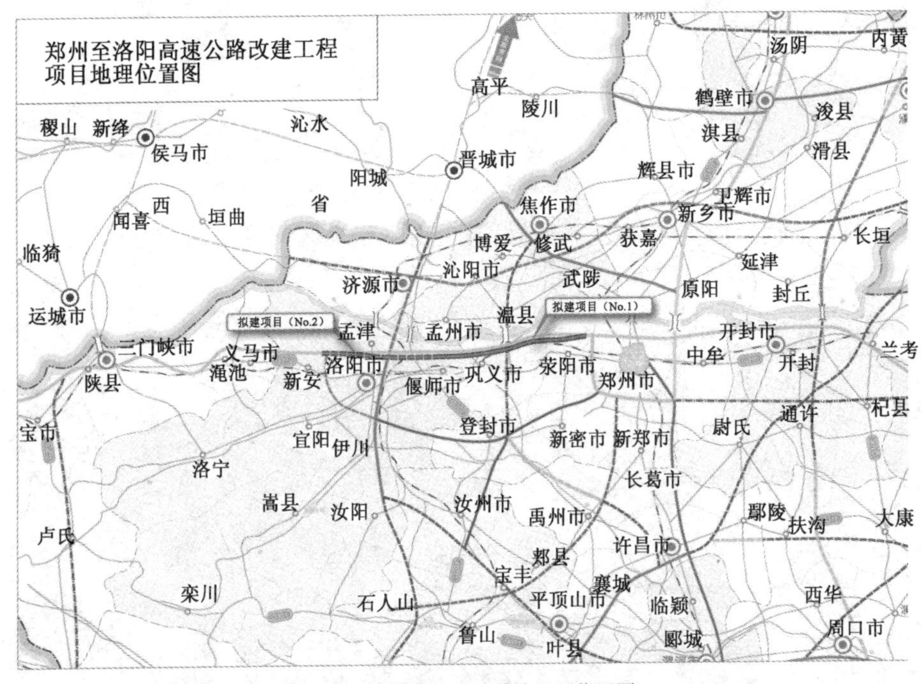

图 7-22　郑洛高速公路路线地理位置图

G30 高速公路郑州至洛阳段改建工程东起本项目与郑州西南绕城高速公路交叉的枢纽立交，向西途经荥阳、上街、巩义、偃师、孟津，终止于本项目与洛阳西南环高速公路交叉的枢纽立交，改建工程全长 106.391km。本项目在起点和终点附近分别与郑少洛（郑州至少林寺至洛阳）高速、济焦郑（济源至焦作至郑州）高速及京港澳国道主干线高速公路相连，中间通过枢纽立交与二广（二连浩特至广州）高速公路相连，在河南省及整个中原地区的公路运输网中占有重要地位。

（2）老路现状

现有高速公路为双向四车道高速公路，于 1993 年设计，并于 1995 年建成通车，是河南省第一条建成通车的高速公路。平微区采用计算速度 120km/h，路基宽度 26m；重丘区采用计算速度 100km/h，路基宽度 24.5m，如图 7-23 所示。

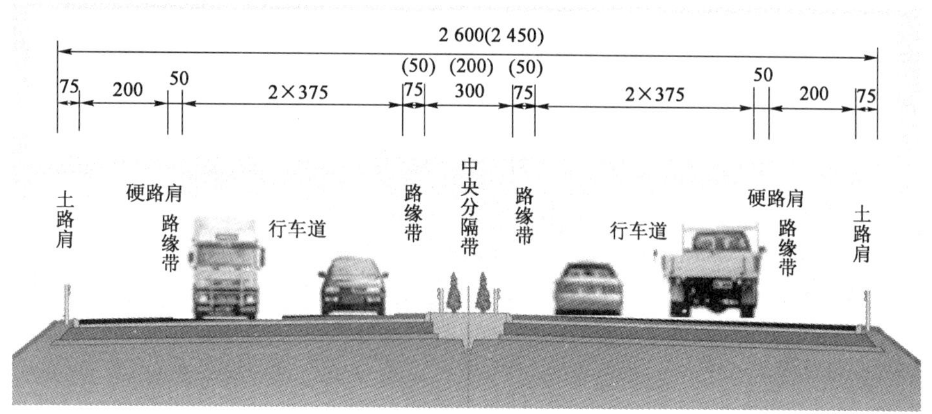

图 7-23 原郑洛高速公路横断面图(尺寸单位:cm)

项目沿线地形复杂多变,平原微丘区、山岭重丘区交错出现,重丘区黄土冲沟密布,下切较深(50~90m),如图 7-24 所示。

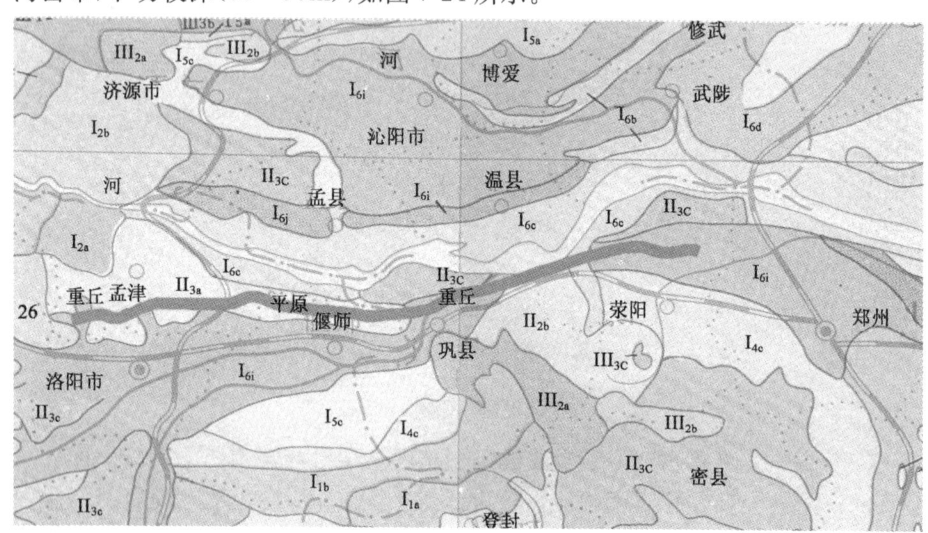

图 7-24 郑洛高速公路沿线地形、地貌图

起点至荥阳汜水以东属豫东平原,地势平坦,均系农田。跨汜水后,进入复杂的黄土冲沟重丘地形,路线连续跨越六条黄土冲沟,沟深 50~90m。站街镇至康店镇康北村属伊洛河下游伏牛山前丘陵地貌。康店镇至马洼为黄土塬东缘重丘地形,地面起伏较大,冲沟宽而深。马洼至障阳为黄土塬地貌,地势西高北低倾向黄河,属平丘区。障阳以西属重丘黄土塬梁地貌,地面起伏较大。黄土塬地带具有一定湿陷性。郑洛高速公路重丘区典型地貌如图 7-25 所示。

图 7-25　郑洛高速公路重丘区典型地貌

重丘区路段设有 4 处隧道、5 处高架桥，隧道和高架桥之间的路段是分离式路基，有多处填高大于 20m 的高填路段。规范对纵坡小于 3%的纵坡坡长没有限制，但老路上长陡纵坡较多，多处坡长不能满足现行路线设计规范的要求。孟津至终点段重丘区路段存在纵坡超标等现象，严重影响到道路行车的安全。为此，2005 年河南高速公路发展有限责任公司对郑洛高速公路采取了加设爬坡车道等措施，特别是康店隧道至游殿 4km 长路段是我省高速公路事故多发路段，该路段由伊洛河谷到黄土塬顶，地面高程抬升剧烈，老路纵面设计为长大纵坡，4.0km 范围的平均纵坡高达 3.2%，同时平曲线半径较小，设有两处 750m 半径的平曲线和一处隧道。由于该路段纵面指标较低，为陡坡急弯路段，加上下坡方向重车比例较大以及隧道行驶条件的变化，容易引发交通事故。因此，如果能借助对原郑洛高速公路进行改扩建的机会进行整治和改善，对于保障行车安全将起到非常有利的作用。

7.2.2　方案选择及论证过程

1)改扩建方案控制因素

本改扩建工程项目的主要控制因素有：沿线互通式立交、现有高速公路及其北侧的黄河、南侧的陇海铁路、重丘区路段的伏羲台隧道、兴洛仓隧道、凤凰山隧道和康店隧道和四座高架桥、伊洛河大桥、瀍河大桥、魏家坡大桥、庄沟大桥等结构物、汉墓群、杜甫故里、康百万庄园等文物古迹。其中尤其以黄河、陇海铁路、重丘区的隧道、桥梁和文物是改扩建项目的制约因素。本项目终点与连霍国家高速公路洛阳至三门峡高速公路相接，洛阳至三门峡高速公路地处山岭重丘区，南靠邙山，北临黄河，地形、地质情况复杂，将来其改建扩方式也是本次方案控制因素之一。

2)改扩建方案拟订的原则及思路

在重丘区实施高速公路改扩建项目与平原区不同，原有高速公路现状和地形复杂给改扩建方案选择造成了更大难度。经过反复论证，工可阶段提出了改扩建方案拟订的原则及思路。

①对高速公路进行改扩建的主要目的是提高通行能力和服务水平，因此，在进行改扩建方案的比选时，应将通行能力和服务水平放在第一位。

②高速公路的行车安全至关重要，如果行车安全无法保证，则方案就是失败的。

③土地资源的紧缺、环境保护的重要性以及施工期间的交通保障是高速公路改扩建工程成败的关键。在进行改扩建方案的比选时，也应将用地数量、对环境的影响以及施工对交通的影响放在十分重要的地位。

④本项目的总体布局关系到以后对洛阳至三门峡段高速公路的改扩建工程，因此，也是重要制约因素。

⑤工程技术的难易程度和工程造价也是确定改扩建方案的重要因素，但应满足具有根本性和长远性的通行能力和服务水平、土地资源和环境保护等要求。同时，也要充分考虑对高速公路的改扩建十分关键的交通保障因素和运营期的维修养护问题。

⑥改扩建方案还应包括对现有高速公路在平、纵线形、路基路面、桥隧构造物、安全设施等方面所存在缺陷的改造。

3)改扩建方案设计

根据交通量需求，本改扩建工程需要改扩建为八车道高速公路，本项目在工可阶段选定了以下三个改扩建方案。

(1)方案一：另辟新线(单侧双向四车道分离式路基)方案

即在现有高速南侧新建一条双向四车道高速公路，如图7-26和图7-27所示。

本方案的提出主要是考虑到现有老路技术指标较低，老路病害严重，不能满足现行标准、规范的要求。为了适应重载交通，延长旧路使用寿命，新建双向四车道分离式路基专供中型货车、大型货车和重型货车行驶，现有老路供客车和小型货车行驶。新建公路的平、纵线形、桥梁结构物、路面结构的设计将充分考虑重载交通的特性。

(2)方案二：单侧整体式加宽(重丘区单侧分离式加宽)

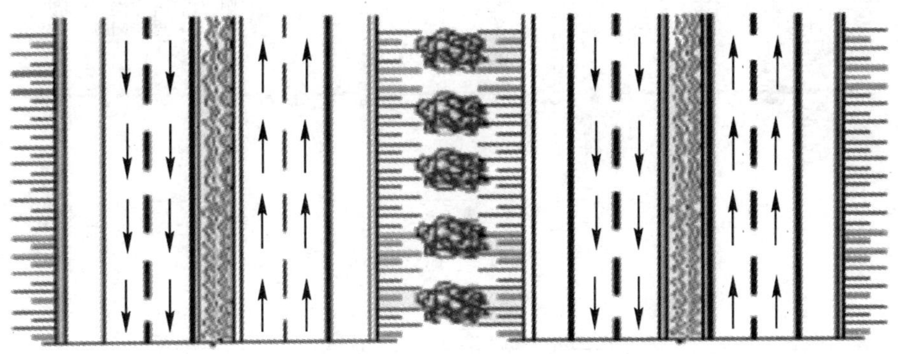

图 7-26　方案一的交通流示意图

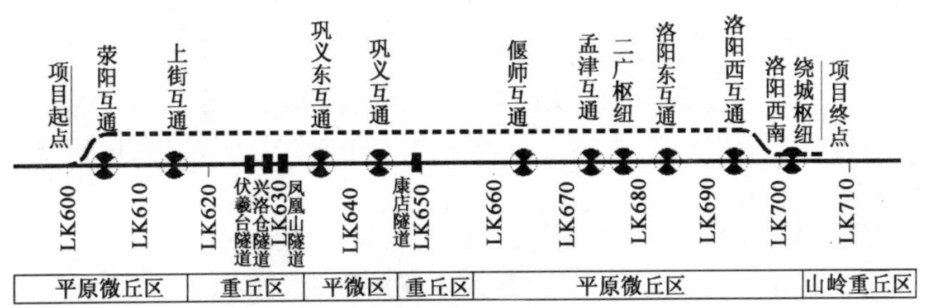

图 7-27　方案一路线走向示意图

即在现有公路南侧整体式加宽一个四车道路基，供由西向东车辆行驶，老路由原有的双向行驶改为由东向西单向行驶，新老路共同构成双向八车道整体式路基，如图 7-28 和图 7-29 所示。

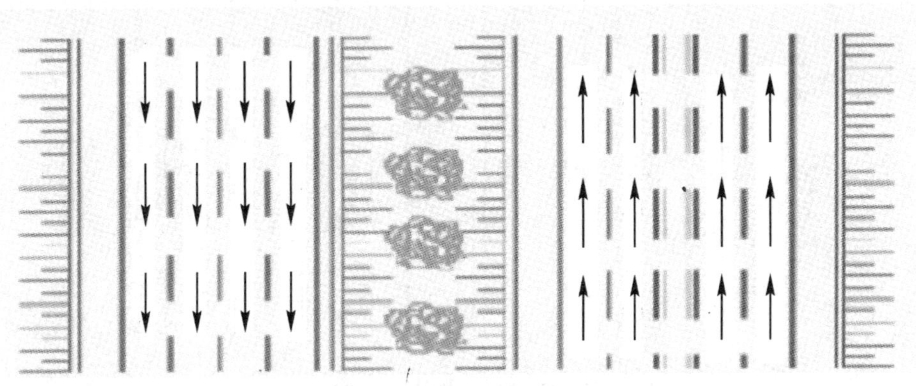

图 7-28　方案二的交通流示意图

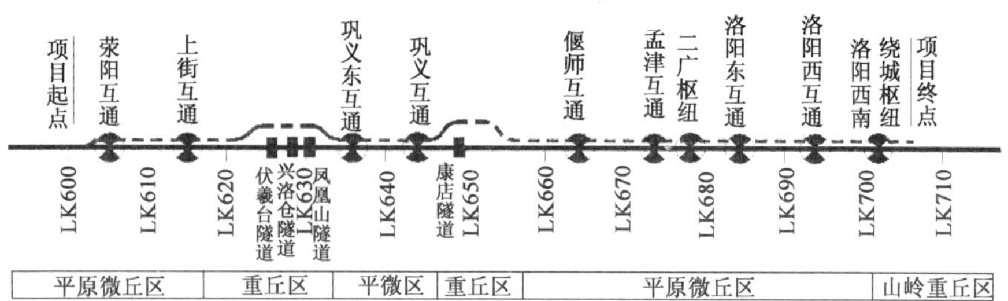

图 7-29　方案二路线走向示意图

新老路之间设置新的中央分隔带，在互通式立交及服务区等车辆需要进出高速公路的路段，对老路的中央分隔带进行处理，将老路两个半幅路基连成整幅路基。

本项目终点与 G30 高速公路洛阳至三门峡段相接，洛阳至三门峡高速公路地处山岭重丘区，南靠邙山，北临黄河，地形、地质情况复杂，将来其扩容方式应为单侧加宽。综合考虑本项目的总体布局情况，如采用方案二单侧加宽方式，会为后续项目的衔接创造便利条件，并且避免了路幅形式的频繁变化和对已建工程的拆除。

(3)方案三：双侧整体式拼宽(重丘区单侧分离式加宽)

本方案在郑州至上街段平丘区采用双侧整体式加宽的方式进行加宽，进入重丘区利用曲线线形转换，由双侧整体式加宽形式变为单侧分离式路基，绕过重丘区冲沟地带的高架桥和隧道后，再变换为双侧整体式加宽形式，全线需要经过两次加宽的方式转换，如图 7-30 和图 7-31 所示。

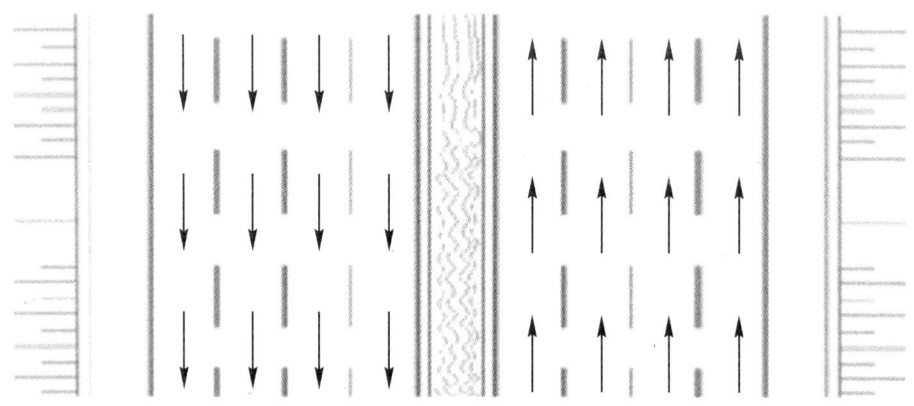

图 7-30　方案三的交通流示意图

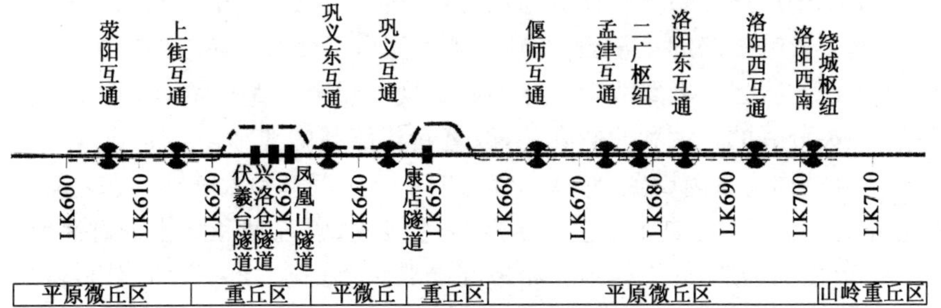

图 7-31 方案三路线走向示意图

本方案路线全长 105.64km，其中单侧加宽路段 35.51km。

4)方案比选论证

(1)方案分析

方案一为两条分别供大车和小车行驶的双向四车道高速公路，新建路基供大车行驶，采用较高的技术标准，可以更好地适应重载交通。老路行驶小型车辆，可以延长老路使用寿命。新路基施工期间不影响老路的正常通行，新路建成后，交通流转移到新路上，便于对老路进行大修改善，施工组织和保通方案简单易行。但是由于两条双向四车道高速公路的通行能力比一条双向八车道高速公路的通行能力要小，每个互通立交相当于两条高速公路与地方道路相交叉，互通立交改扩建的难度较大，分车型上下高速公路交通组织困难，不符合行车习惯，不利于行车安全。互通式立交路段由于匝道布设要求新老路相距一定距离，两条高速公路之间所包围的土地不便耕种，导致征地面积大量增加，如图 7-32 所示。

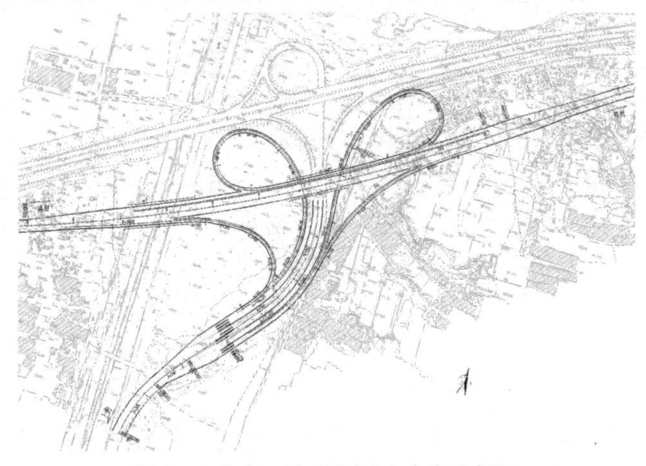

图 7-32 方案一的互通式立交方案示意图

方案二采用单侧整体式加宽，由于新老路之间有新的中央分隔带相隔，新路施工期间不影响老路的正常通行，新路施工完后将交通流转移到新路上，有利于老路的大修改善。在老路线形指标不满足现行规范的路段，可以通过调整新老路之间中央分隔的宽度和两侧高差，改善新建路基的线形。新老路基之间有分隔带，桥梁结构物分离设置，对新老部分的不均匀沉降不太敏感。在老路一侧加宽，老路另一侧的路侧护栏、边坡防护、排水设施、隔离栅和绿化带可保留不动，施工场地、预制场地、施工便道均布置在老路一侧，施工组织较简单。新老路基由中央分隔带隔开，新路基可根据需要适当抬高，以保证分离式立交及通道的净空，从而避免被交道再次下挖，改善沿线居民的出行环境。但方案二老路中央分隔带需要处理，在互通式立交及服务区等车辆进出高速公路的路段需对老路的中央分隔带进行处理，铺筑路面结构，老路的两个半幅桥需连接成整幅桥，现有老路中央分隔带内的管线需要迁移。

方案三改扩建完成后将成为标准的双向八车道路基，占地少，路容景观好，符合行驶习惯。但双侧拼宽方案施工组织复杂，施工期对老路交通干扰大，保通措施复杂。新老路基、路面、桥梁涵洞双侧拼接，对新老部分的差异沉降很敏感，易产生纵向裂缝，对新拼接部分的设计、施工要求较高。对老路不满足规范要求的路段，不能改善线形。

(2)方案比选过程

方案一虽然可适应重载交通，延长老路使用寿命，建设期利于老路保通，但通行能力低，不利于行车安全，占地太多，投资大，故不予推荐。下面仅就方案二和方案三进行同深度比较。

①通行能力。根据分析结果，同样在二级服务水平的条件下，整体式双向八车道方案和分离式双向八车道方案的通行能力均为 91 000 辆/日，两个方案基本一致。

②行车安全性。两个方案南半幅(洛阳至郑州方向)相同，北半幅(郑州至洛阳方向)由于老路南半幅的右侧硬路肩可作为改建后北半幅的左侧硬路肩，便于内侧车道故障车辆的应急处理。整体式加宽路基北半幅虽没有左侧硬路肩，但车道划分整齐，有利于车辆变换车道，符合行驶习惯。南半幅行车安全性相当，北半幅各有利弊。

两侧整体式加宽路基在高填土路基段和瀍河大桥、魏家坡大桥等路段需要新老路基分离，不利于行车安全。单侧整体式加宽可以克服这个缺陷。

③占地。方案二的占地比方案三多 400 余亩，原因是单侧整体式加宽新增加路基宽度 21m，两侧整体式加宽路基新增加宽度 16m，宽度多 5m。需要调整

纵坡的路段两幅路基分离。占地位于原郑洛高速公路南侧，占用了南侧的绿化带，同时对北侧的绿化带没有影响。

④与拟改扩建的洛三高速公路衔接方式

本项目全线采用沿现有高速公路单侧拓宽的改扩建方案，主要是考虑到单侧加宽有利于减少路基、桥梁拼接缝处理的技术难度，同时对于山区高速公路的高填、深挖、山区高墩桥梁、隧道等结构物拓宽改建的适应性较好。根据1∶10 000地形图上对任庄枢纽以西路段约10km范围的研究认为，以后G30高速公路洛三段（洛阳至三门峡）任庄枢纽以西约10km路段的路线走廊沿现有洛三路布设可能性最大，其他路线走廊基本不太可行。考虑到任庄枢纽以西的洛三段高速公路位于山岭区，随着路线向西延伸，山势更加险峻，拟改扩建的洛三高速公路采用单侧拓宽的可能性更大。

⑤现有桥梁的改扩建难度。本路段的改扩建涉及三座大桥和两座分离式立交桥，三座大桥分别是庄沟大桥（5×50m简支T梁）、潘沟大桥（2×40m简支T梁）及金水河大桥（15×50m简支T梁）。该三座桥的下部结构分别为柱式墩、箱形薄壁墩，墩高在25～40m不等；桥台为肋式台，由于当时为节约造价，台后控制填土高度较高，基本上在10～20m不等，且个别桥台前即为深沟陡坡，如图7-33所示。

图7-33 郑洛高速公路庄沟大桥实景

采用双侧整体式加宽方式，桥梁下部结构桥台处拼接受地形影响很大，现有桥台后填土高度较高，且个别桥台前即为深沟陡坡。根据现场实测地面线，在桥梁布跨与老桥一致情况下，个别桥台前的护坡已落入台前深沟，台前锥坡需进行加固处理，设计、施工技术难度均较大。

而采用单侧加宽方式时，桥梁拼接改造不存在上述问题。

⑥老路缺陷的改造。新老路基由中分带隔开，新路基可按现行规范进行设计，使之满足平纵线形要求；老路路基路面和结构物缺陷可在新建半幅完成后，再行修复。由于没有新老路面和结构物的连接问题，其投资和工程难度均小于方案三。

老路存在的高路基、大纵坡、平纵线形指标较差等问题，单侧加宽方案可以通过适当调整路基间距、高低路基、半路半桥等方式来克服老路缺陷。

巩义以西属于黄土塬地带，具有一定湿陷性；不同于一般的平原微丘区，高填深挖方路段较多，填土高度为10～26m，挖深为20m；高架桥多，两侧桥头处填土高度较高，一般都在10m以上，如瀍河大桥东侧桥台处锥坡高度已达38m之高。双侧加宽若与老桥保持一致，必然会造成桥头填土过高，在黄土塬地带采用如此高的桥台，对桥台的稳定性十分不利。单侧加宽则可以适当地延长桥长，保证桥台的稳定。

高填方路段，填土高度为10～26m，单侧加宽可方便地以半路(老路)半桥(新路)方式通过。又如指标超限路段，纵坡3%，坡长超限，对于这些路段单侧加宽，可通过高低路基等方法改变南半幅新路的纵坡，克服老路缺陷。

对于双侧加宽，由于原有平纵面线形缺陷无法改变，老路基路面和结构物需要在新建半幅路基和结构物下部完成后与新建路面和结构物上部同期进行，施工难度和工程投资均高于方案二，但效果不如方案二。

(3)比选结论

方案二、方案三各有优缺点，虽然方案二在建设期施工组织和老路保通等方面比方案三具有明显的优势，但方案三在建成后的路容景观和运营期交通运营组织方面占有优势。由于运营期的时间远长于建设期，方案的选取应更重视运营期的优势。单从改建方案比选角度考虑，应侧重于方案三。

但是考虑到本项目实际特点，项目沿线平原微丘区和黄土重丘区交错出露，据前面所述，重丘区路段采用单侧分离式路基的扩建方式，如平原微丘区采用方案三，则会造成路幅形式的频繁变化和对老路工程的拆除；采用方案二，则有利于保持全线路幅的连续性。本项目平原微丘区老路有多处路段线形指标不能满足现行规范要求，采用方案二可改善新建路基的线形指标，提高行车的安全性和舒适性。本项目平原微丘区路段大多数分离式立交和通道存在被交道下挖的现象，采用方案二，有利于保证被交道通行净空，可避免被交道再次下挖，有利于沿线居民的出行。本项目终点与洛阳至三门峡高速公路相接，洛三高速公路地处山岭重丘区，地形、地质情况复杂，将来其改建方式应为单侧加宽。若本项目采用方案二单侧加宽方式，会为后续项目的衔接创造便利条件。

结合考虑本项目的具体特点，将方案二作为推荐方案。

5)改扩建方案——单侧整体式加宽(重丘区单侧分离式单向加宽)

郑洛高速公路改扩建工程自连霍高速公路 K600＋200 起，接刘江立交至郑州西南绕城段改扩建工程的终点，仍然按平丘区双侧整体式加宽进行改扩建。至 K602＋283.268 第一条右转平曲线处，利用线形变为南侧的单侧单向四车道整体式加宽形式；前进至 K617＋850 处，变为重丘区单侧整体式加宽形式；至 K618＋843.816 处，由整体式加宽形式变为单侧分离式路基，以绕过重丘区冲沟地带的高架桥和隧道；至 K633＋455.789 处，贴近原高速公路；前进至 K643＋790.031处，远离原郑洛高速公路，以跨越伊洛河、绕过隧道及高架桥路段；至 K654＋326.577 处，重新并为重丘区单侧整体式加宽形式；至 K654＋731.48 处，渐变为平丘区高速公路；至 K689＋831.48 处，渐变为重丘区高速公路，直至改扩建工程终点，连霍高速公路 K705＋840。

郑洛高速公路改扩建方案实施方案的路基加宽横断面如图 7-34 所示，桥梁加宽横断面如图 7-35 所示。

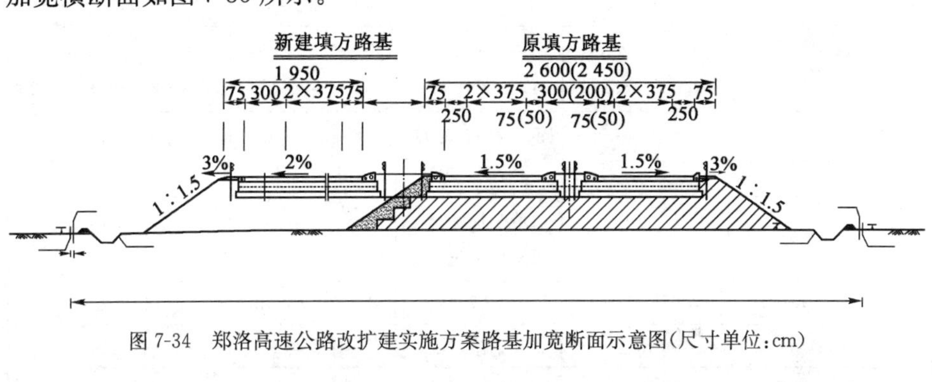

图 7-34　郑洛高速公路改扩建实施方案路基加宽断面示意图(尺寸单位：cm)

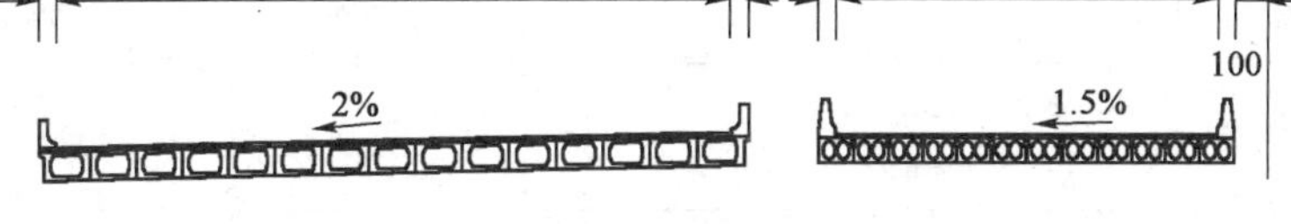

图 7-35　郑洛高速公路改扩建实施方案桥梁加宽断面图(尺寸单位：cm)

7.2.3　技术标准

根据工可报告批复的意见，按照双向八车道高速公路标准设计，平原微丘区设计速度 120km/h，重丘区设计速度 100km/h。其他技术指标如表 7-13 所示。主要技术指标段落划分如表 7-14 所示。

郑洛高速公路主要技术指标一览表 表 7-13

<table>
<tr><td>1</td><td>道路等级</td><td colspan="4">双向八车道高速公路</td></tr>
<tr><td rowspan="2">2</td><td rowspan="2">设计速度</td><td colspan="2">平 微 区</td><td colspan="2">重 丘 区</td></tr>
<tr><td colspan="2">120km/h</td><td colspan="2">100km/h</td></tr>
<tr><td>3</td><td>路基宽度</td><td>双侧加宽 42m</td><td>单侧整体加宽
19.5m+L</td><td>单侧整体加宽
19.5m+L</td><td>分离式路基
20.5m</td></tr>
<tr><td>4</td><td>桥梁荷载等级</td><td colspan="4">公路—I 级</td></tr>
<tr><td>5</td><td>地震烈度</td><td colspan="4">地震动峰值加速度 0.1g(相当于 VII 度)</td></tr>
<tr><td>6</td><td>设计洪水频率</td><td colspan="4">特大桥 1/300、其他桥梁和路基 1/100</td></tr>
<tr><td>7</td><td>路面类型</td><td colspan="4">沥青混凝土</td></tr>
</table>

注：L 为中央分隔带宽度，一般路段平原微丘区 3m，重丘区 2m。

主要技术指标段落划分 表 7-14

<table>
<tr><td rowspan="2">序号</td><td rowspan="2">段 落</td><td>1</td><td>2</td><td>3</td><td>4</td></tr>
<tr><td>LK600+200～
LK602+283.113</td><td>K0+000～
K0+772.792</td><td>K0+772.792～
K16+496.574</td><td>K16+500～K20+200
BK20+200～BK23+350</td></tr>
<tr><td>1</td><td>断链</td><td></td><td>LK602+283.113
=K0+000</td><td></td><td>K16+496.574
=K16+500</td></tr>
<tr><td>2</td><td>过渡段</td><td></td><td>单侧加宽至
双侧加宽过渡段</td><td></td><td></td></tr>
<tr><td>3</td><td>段落长度</td><td>2.083 113km</td><td>0.772 792km</td><td>15.723 782km</td><td>6.85km</td></tr>
<tr><td>4</td><td>地形类别</td><td>平微区</td><td>平微区</td><td>平微区</td><td>重丘区</td></tr>
<tr><td>5</td><td>设计速度</td><td>120km/h</td><td>120km/h</td><td>120km/h</td><td>100km/h</td></tr>
<tr><td>6</td><td>路基宽度及
横断面形式</td><td>双侧加宽横断面</td><td></td><td>单侧加宽
横断面</td><td>单侧加宽
横断面</td></tr>
<tr><td>1</td><td>断链</td><td>BK26+515.167
=K26+600</td><td></td><td>K46+051.454
=K46+050.570</td><td></td></tr>
<tr><td>2</td><td>过渡段</td><td>K32+284.341～
K32+534.341</td><td></td><td>K42+118.466～
K42+318.466
K52+600～
K52+680</td><td></td></tr>
</table>

续上表

序号	段　落	5	6	7	8
		BK23+350～BK26+515.167 K26+600～K32+534.341	K32+534.341～K42+118.466	K42+118.466～K52+680	K52+680～K64+900
3	段落长度	9.099 508km	9.584 125km	10.562 418km	12.220km
4	地形类别	重丘区	重丘区	重丘区	平微区
5	设计速度	100km/h	100km/h	100km/h	120km/h
6	路基宽度及横断面形式	20.5 分离式路基横断面	单侧加宽横断面	20.5 分离式路基横断面	单侧加宽横断面
序号	段　落	9	10	11	12
		K64+900～K88+600	K88+600～K90+500	K90+500～K93+686.527	K93+686.527～K104+393.978
1	断链				K94+149.135 =K94+150
2	过渡段				
3	段落长度	23.700km	1.900km	3.187km	10.707km
4	地形类别	平微区	重丘区	重丘区	重丘区
5	设计速度	120km/h	100km/h	100km/h	100km/h
6	路基宽度及横断面形式	单侧加宽横断面	单侧加宽横断面	20.5 分离式路基横断面	单侧加宽横断面

本改扩建工程路线总长 106.391km，平原微丘区设计速度 120km/h，路段长 54.5km，重丘区设计速度 100km/h，路段长 51.9km；整体式路基长 83.5km，占总长的 78.5%，分离式路基长 22.8km，占总长的 21.5%。

7.2.4　线形修正

采用单侧加宽整体式路基方案的主要优点在于：通过改扩建工程原高速公路，事故黑点路段的线形缺陷将得到改善。老路康店隧道西 4.5km 范围内由西向东方向为老路交通事故黑点路段，该路段线形为小半径平曲线（700m/2 处）与长陡下坡（平均纵坡 3.2%）的组合。新路基建成后，老路将会由现在的双向交通改为由东向西的单向交通，现有的长陡下坡将变为上坡，老路的交通安全问题将得到很大改善。现该路段由东向西方向的爬坡车道已建成投入使用，通行能力和交通安全均得到了有效改善。

除康店隧道事故黑点外，原郑洛高速公路纵断面线形指标已取用甚至突破现行规范的极限值的路段如表 7-15 所示。

原郑洛高速公路线形不满足现行规范要求的路段 表 7-15

段 落 范 围	老路纵断面	新加宽路基改善措施
LK142＋400～LK143＋300 （汜水河西侧）	纵坡 3.6%，坡长 900m，凸曲线半径 10 000m。坡长超限，竖曲线半径偏小	新加宽路基适当减小坡度、坡长(3.5%/800m)，增大竖曲线半径至视觉要求半径(16 000m)
LK156＋000～LK157＋600 （站街东）	3%/1 050m 与同向的 3.8%/550m 的纵坡相接	新加宽路基适当减小坡度、坡长，缓坡坡度取用 2.3%
LK190＋957.4～LK192＋197.4 （偃师互通西）	纵坡 3.0%，坡长 1 240m。坡长超限	新建左幅路线纵坡 3.0%，坡长 865m
LK198＋017～LK199＋197.4 （孟津互通东）	纵坡 3.0%，坡长 1 180m。坡长超限	新建左幅路线纵坡 3.0%，坡长 680m
LK214＋027～LK215＋242 （瀍河大桥东）	纵坡 3.0%，坡长 1 215m。坡长超限	新建左幅路线纵坡 3.0%，坡长 890m
LK216＋707～LK218＋896 （瀍河大桥及洛阳西互通段）	纵坡 4.0%，坡长 590m；纵坡 3%，坡长 650m，凸曲线半径 16 000m。坡长超限，互通区竖曲线半径偏小	洛阳西互通区新建左幅路线纵坡 2.0%，坡长 505m。凸曲线半径 26 000m

为改善行车条件、提高安全性，新加宽路基需对上述路段的线形进行了改善。新老路基高差较大，为保证行车的安全性和视觉的舒适性，中央分隔带宽度需适当增加，以不过多设置中央分隔带高挡墙为限。

7.2.5 软弱路基处理

(1)处理方案

双侧拼宽路基填土较低路段，地下水位距地表 4m 左右，拼宽路基自身沉降量对老路影响不大，同时路基拼宽采用挖台阶和冲击碾压处理，故仅采用冲击碾压＋灰土垫层的处理方式。

双侧拼宽路基填土较高路段，新拼宽路基自身沉降量较大，在新老路路基结合处差异沉降超过6.5cm，这些路段采用预应力管桩处理。

对单侧加宽的桥头地基、高填土地基、软弱土地基，可采用复合地基的处理方式。复合地基有预应力管桩、CFG桩、水泥搅拌桩、灰土桩等。由于单侧加宽对地基的沉降控制标准较高，而水泥搅拌桩和灰土挤密桩属柔性桩，与预应力管桩和CFG桩相比，虽然造价较低，但难以满足上述地基沉降控制标准，同时成桩质量较差。CFG桩和预应力管桩相比，虽然强度也较高，可以满足上述地基沉降控制标准，但所需桩间距稍密，达到同样处理效果的造价与预应力管桩相比相对较贵。两者具体比较示于如表7-16所示。施工现场较为杂乱，因此，此次设计除重丘区局部交通运输不便的路段采用CFG桩外，其他大部分路段地基处理采用施工文明、便利、单位造价较低的预应力管桩。

预应力管桩与CFG桩处理费用比较　　表7-16

预应力管桩								
处理面积（m^2）	桩距（m）	桩长（m）	根数（根）	数量（延米）	单价（元）	桩帽（m^3）	桩帽单价（元/m^3）	总费用（万元）
1 000	2.8	10	128	1276	130	55.1	350	19.81
CFG桩							预应力管桩处理费用与CFG桩处理费用之比	
处理面积（m^2）	桩距（m）	桩长（m）	根数（根）	数量（延米）	单价（元）	总费用（万元）		
1 000	2.0	10	250	2500	92	23.00	0.86∶1	

预应力PTC管桩具有如下特点：可工厂化批量生产，成桩质量可靠，耐久性好，穿透能力强，单桩承载力高，同时运输起吊方便，施工速度快，对确保不中断交通的改扩建工程而言，可缩短工期，以便提前发挥经济效益。此外，施工现场文明清洁，监测方便。

对平微区分离式路基高填方路段，虽然采用水泥搅拌桩、灰土桩等桩型进行地基处理后可以满足规范规定的工后沉降量要求，但由于工程总量不大，施工较烦琐，故这些路段仍采用预应力管桩处理。

(2)地基处理方法及范围

垫层处理地基：冲击碾压＋40cm厚8%灰土垫层处理，灰土垫层中间设置单层钢塑格栅，形成强度较高的基础垫层，起到均匀应力的作用。

预应力管桩处理地基：采用直径40cm、壁厚8cm的预应力PTC管桩，顶部设1.2m×1.2m×0.3m钢筋混凝土桩帽，桩帽顶部设置30cm厚碎石垫层，垫层中部设置单层钢塑格栅，从而增大桩体与垫层的接触面积，起到均化桩顶应力、有效减小桩顶刺入量的作用。单侧加宽填土较高路段($H>6$m),为了减小荷载对老路的附加应力,在边坡上打设 PTC 坡桩,横向间距 3m,纵向间距 2.7m。其他路段桩间距在 2.3～3.0m,按正方形布置。

CFG 桩处理地基:CFG 桩直径 50cm,采用机械钻孔或人工挖孔,桩顶设置 30cm 厚碎石垫层。单侧加宽填土较高路段($H>6$m),为了减小荷载对老路的附加应力,在边坡上设 CFG 坡桩,横向间距 2.4m,纵向间距 2.5m。郑洛高速公路 CFG 桩地基处理如图 7-36 所示。

图 7-36　郑洛高速公路 CFG 桩地基处理

7.2.6　路基、路面加宽方案设计

7.2.6.1　路基设计

(1)路基双侧拼宽方案

本改扩建工程的起点处路基采用两侧拼宽的方式进行,首先应对加宽范围内的路基进行清表,对边坡种植土按 40cm 清除,同时应充分利用原路基废除的圬工材料作为路基填前处理用材料。加宽采用挖台阶方式进行,第一级台阶高度为 1.6m,台阶宽度为 2.4m,其他台阶高度为 0.8m,台阶宽度为 1.2m,如图 7-37所示。为了减少新老路基沉降差,基底清表和局部换填后要进行冲击碾压,以提高压实的均匀性,并视加宽路基填高的大小、新路基沉降对老路附加影响的强弱,对基底采用不同的地基处理方式。

对于加宽路基不高、新填路基沉降对老路影响较小的路段,加宽地基采用 40cm 厚灰土垫层处理,垫层中间设置单层双向钢塑土工格栅。

对于加宽路基较高、新填路基沉降对老路影响较大的路段,加宽地基采用预应力管桩加设桩帽处理。必要时,还需在台阶面上设置管桩,削减新老路基沉降差,防止产生纵向裂缝。

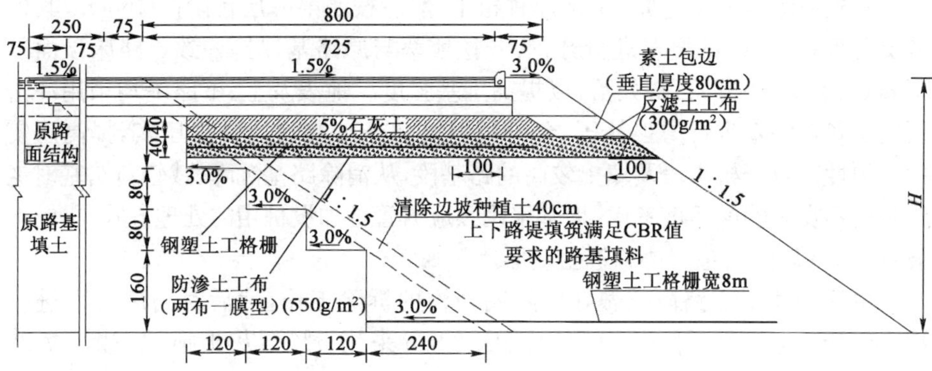

图 7-37　双侧加宽路基方式图(尺寸单位:cm)

新填路床顶面以下 40cm 采用 5%石灰土换填，其下 40cm 采用碎石换填，兼具排水和协调路基差异变形的作用，碎石垫层中间设单层双向钢塑土工格栅，碎石垫层底面设两布一膜防渗土工布。上、下路堤填料的 CBR 值需满足规范要求，否则也应掺加结合料或提高压实度加以解决。路堤台阶土方应采用冲击压实，从而减少路基自身沉降量。

(2)路基单侧加宽方案

路线在平微区及部分重丘区路段采用单侧加宽路基方式，新老路基间设中央分隔带。加宽采用在原路基南侧边坡开挖台阶的方式进行，如图 7-38 所示。

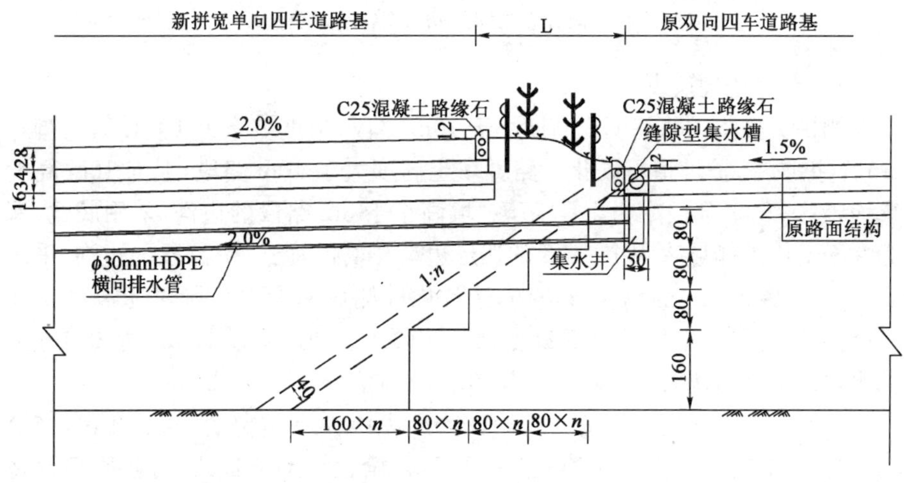

图 7-38　单侧加宽填方路基方式图(尺寸单位:cm)

首先清除地表及边坡 40cm 厚种植土，然后按照第一层台阶高 160cm、其他各层台阶高 80cm 的要求进行开挖，开挖坡率与原路基保持一致。路床顶面以下 80cm 均采用 5%石灰处治，以提高土基强度。地表及上、下路堤均采用冲击压实设备对路基进行增强补压，台阶每填筑 200cm 高进行冲击压实，提高压实的均匀性。对于桥头段及填土较高的路基段，从消除路基沉降、减轻新路基对老路基的不良影响的角度考虑，地基采用预应力管桩加设桩帽的处理方式，桩帽上设置 30cm 厚碎石垫层协调桩土变形。

单侧加宽挖方路段应做好原路基边沟的拆除工作，然后对路床底面进行冲击碾压，压实度不低于 96%。路床 80cm 采用 5%石灰土换填，如图 7-39 所示。

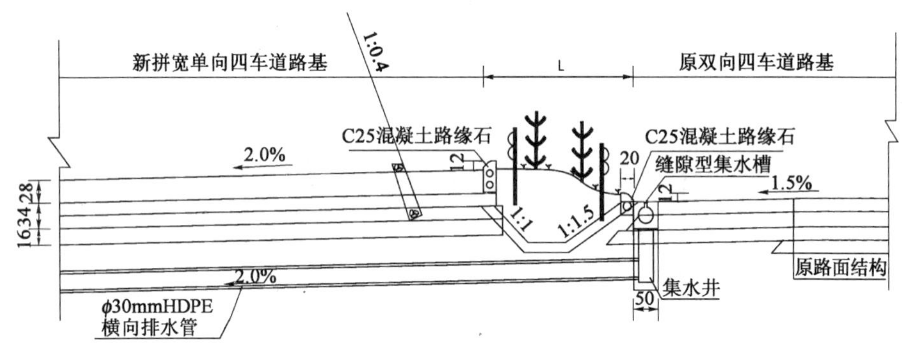

图 7-39　单侧加宽挖方路基方式图(尺寸单位:cm)

(3)坡率、护坡道、边沟

双侧拼宽整体式路基填土高度小于 10m 路段，边坡坡率为 1∶1.5，坡脚外设 2m 宽护坡道，护坡道不硬化。路基填土高度大于 10m 路段，上部 10m 高度坡率为 1∶1.5，下部坡率为 1∶1.75。填高小于 3m 路段的边沟，采用底宽、深均为 0.6m，内外侧坡率为 1∶1.5 的弧形边沟。填高大于 3m 路段的边沟，采用底宽 112cm、深 80cm 的倒梯形边沟，边沟内外侧坡率为 1∶1。填土高度 10m 以上路段的护坡道，采用 C25 混凝土预制块硬化。沟外侧设 0.4m 高、0.4m 宽的挡水埝。郑洛高速公路边坡施工如图 7-40 所示。

双侧拼宽整体式挖方路基高度均在 6m 以下，从改善路容、景观考虑，在满足路基稳定的前提下，路堑坡率为 1∶1.5，并设置矩形盖板式边沟，碎落台宽 2m，边坡及碎落台采用植物绿化、防护。

单侧加宽填方路基填土高度差异较大，路基高度小于 10m 时，边坡坡率为

图7-40 郑洛高速公路边坡施工现场图

1∶1.5;路基高度大于10m时,上部10m坡率为1∶1.5,下部坡率为1∶1.75。路基高度小于3m的路段,采用同双侧拼宽一致的弧形边沟;路基高度大于3m时,采用底宽112cm、深80cm的倒梯形边沟,边沟内外侧坡率为1∶1。边沟外侧设0.4m高、0.4m宽的挡水埝。护坡道宽2m。填土高度10m以上路段的护坡道采用C25混凝土预制块硬化。

单侧加宽挖方路基根据挖方深度的大小,采用如下的边坡坡率:挖方深度小于6m且路段深度不一,有较大差异的路段,边坡坡率为1∶1,碎落台宽2m;挖方深度在6~8m且挖方深度变化不大的路段,边坡坡率为1∶0.4,但将碎落台加宽至5m,进行景观绿化,为单调的黄土路堑区增添些许绿色;挖方深度6m以上且高度变化较大的路段,边坡坡率为1∶0.4,挖方深度20m以上的路段,在15m处设置2m宽平台,采用C15现浇混凝土硬化,碎落台宽2m,并采用M7.5浆砌片石硬化。边沟采用矩形加盖板形式,一般路段边沟底宽80cm,深90cm,边沟采用C25混凝土现浇。

(4)路基设计高程及路拱横坡

双侧拼宽路基设计高程为中央分隔带外侧边缘处路面高程;加宽段路面横坡为1.5%,路肩横坡为3.0%。

单侧加宽路基设计高程为行车道中央处路面高程;一般路段路面横坡为2.0%,路肩横坡为4.0%。

7.2.6.2 路面设计

1)新建路面设计

(1)交通组成、交通量及轴载计算

根据工可报告提供的交通量、交通组成、重载、超载等实测资料，经过统计分析，得到其交通量预测结果和车型组成如表 7-17 和表 7-18 所示。

主线交通量预测表(辆小客车/d)　　表 7-17

年　份	2009 年	2010 年	2020 年	2025 年
全线平均	19 386	20 684	36 972	43 756

主线交通量车型比例(%)　　表 7-18

车　型	小　货	中　货	大　货	拖　挂	小　客	大　客
车型比例	10.37	26.27	14.47	17.51	18.9	12.49

根据交通量特点，在考虑超载的情况下，主线在设计年限内一个车道累计标准轴载当量轴次 $N_e = 3.8321 \times 10^7$ 次，$L_d = 0.183$mm，竣工验收弯沉值为 0.145mm。

(2)路面结构类型的比选论证

根据交通量及其车型组成和使用任务、服务功能、当地材料、自然条件、施工便利性以及经济性等多方面因素，路面设计进行了以下三种路面结构方案的比选。

方案Ⅰ:4cm 改性沥青 SMA-13＋6cm 中粒式改性沥青混凝土(AC-20C)＋8cm 粗粒式沥青混凝土(AC-25C)＋10cm 密级配沥青稳定碎石(ATB-25)＋改性乳化沥青下封层＋透层油＋34cm 水泥粉煤灰稳定碎石＋16cm 低剂量水泥粉煤灰稳定碎石。

方案Ⅱ:4cm 改性沥青 SMA-13＋6cm 中粒式改性沥青混凝土(Sup-20)＋8cm 粗粒式沥青混凝土(Sup-25)＋改性乳化沥青下封层＋透层油＋38cm 水泥粉煤灰稳定碎石＋20cm 低剂量水泥粉煤灰稳定碎石。

方案Ⅲ:4cm 改性沥青 SMA-13＋2cm 应力吸收层＋改性乳化沥青下封层＋28cm 水泥混凝土面板＋18cm 水泥粉煤灰稳定碎石＋18cm 水泥石灰稳定土。

方案Ⅰ与方案Ⅱ相比:整体承载能力相当，但方案Ⅰ由于在半刚性基层顶面设置了 10cm 厚的密级配沥青稳定碎石，改善了行车荷载在路面结构内部的应力分布，也大大减少了半刚性基层裂缝对上部沥青路面的影响，使得沥青路面的损坏仅局限于路面表层，维修时不必进行开膛破肚式地施工，仅处理表层损坏即可，虽然初期投资较大，但具有良好的服务功能和耐久性能，全寿命周期成本较低。

方案 II 为传统的半刚性基层沥青路面，承载能力较高，但基层反射裂缝的影响以及半刚性基层对超载的敏感性决定了半刚性基层随着时间的延长、超载的增长，其发生结构性破坏是不可避免的，进行开膛破肚式施工不仅要挖除破坏基层，面层也需挖除，不但浪费资金、中断交通，而且会产生不良的社会影响，与国家建设节约型社会的要求相悖。超级路面是国际上先进的沥青混合料设计方法，采用该方法设计出的沥青混合料性能良好，但制备、检测仍存在部分技术问题。

方案 III 是典型的复合式路面，依靠强度大的刚性混凝土面板提供承载能力，同时考虑混凝土面板存在接缝多、易产生反射裂缝、行驶性能差等因素后，在面板上加铺细粒式改性沥青混凝土应力吸收层和 SMA 面层。整体来讲，该结构具有较高的结构性能和使用性能，但适应重丘区高填土路段沉降变形能力稍差，且刚性路面接缝迟早会反映在面层上。

综合比较后，选择初期造价相对较高、综合经济性能较佳、具有良好的结构和使用性能、适应不均匀沉降较好的方案 I 作为推荐路面结构方案。其结构组成如表 7-19 所示。

沥青混凝土路面结构组成表　　表 7-19

上面层	4cmSMA-13 改性沥青玛蹄脂碎石混合料
中面层	6cmAC-20C 中粒式改性沥青混凝土
下面层	8cmAC-25C 粗粒式沥青混凝土
联结层	10cmATB-25 沥青稳定碎石
下封层	改性乳化沥青防水下封层
基层	34cm 水泥粉煤灰稳定碎石
底基层	16cm 低剂量水泥粉煤灰稳定碎石

注：沥青混凝土面层之间设黏层油，以确保沥青路面层间连续。

2)原路面改善措施

(1)半刚性基层路面改善方案

根据连霍郑洛段的检测成果，老路路面的竖向承载能力尚可，但表面病害反映出路面结构内的劣化、缺陷相当严重。因此，结合沪宁、沈大高速公路改扩建成功经验，不需对基层进行过多补强，而应把重点放在提高老路的使用性能和耐久性方面。

目前,国内外改善路面使用性能、提高耐久性主要有三种方案,即铣刨加铺、直接加铺和铣刨再生加铺。究竟采用哪种方案才能确保使用了十余年之久的老路面还能够至少使用15年且不出现大的问题,是研究的重点所在。

①方案概略分析。

a.直接加铺型。采用简单的直接加铺一层不但平整度不满足要求,而且沥青层下部、甚至基层的裂缝仍会较快地在新加铺层上出现;直接加铺两层虽然可以大大改善路面平整度问题,提高使用性能,但下部病害依然没有得到根治,耐久性仍然不足;直接加铺三层虽然提高了路面使用性能,改善了平整度,大大延缓了裂缝的发展、延伸,但路面高程抬升较大,造价也较高。

b.铣刨加铺型。铣刨一层加铺一层虽然改善了路表性能,但下部裂缝的反射依然不可避免;铣刨一层加铺两层在消除表面层劣化和缺陷的同时,也改善了平整度,但病害严重的路段结构内部的缺陷还是会在加铺层中出现;铣刨两层加铺三层消除了路面表、中面层的缺陷,并通过加铺层改善了路面使用性能,虽然下面层还有些病害,但较厚的新拌制沥青混合料也可以大大延缓病害的出现,铣刨料没有得到及时利用;铣刨全部沥青层加铺三层,虽然从根本上消除了旧路面的缺陷,保证了路面使用性能的耐久,但该方案没有将铣刨料利用,造成了资源浪费,不利于环保。

c.铣刨再生加铺型:现场再生一层加铺一层,可以消除表面病害,加铺层过薄,老路面内部病害向上反射较快;现场再生一层加铺两层,可以有效提高老路使用性能和耐久性,但病害严重路段路面结构内部缺陷还会在加铺层中出现;现场再生一层加铺三层,在消除表面缺陷的同时,通过较厚的加铺层提高了平整度,改善了使用性能,但基层破碎路段的路面结构耐久性尚值得进一步商榷;铣刨两层厂拌热再生再加铺两层,可以消除表、中面层的病害,通过较厚的沥青层大大制约病害的发展;将病害严重路段的沥青层全部铣刨,并厂拌冷再生至少9cm,再加铺18cm新的沥青混合料,该方案可以将劣化的沥青层消除,并通过再生形成柔性上基层,可以更好地起到均匀应力、延缓反射裂缝开展的作用,同时利用了废料,但没有充分利用原有面层的强度,铣刨量较大,废料利用率不高,对基层破损严重,对于面层较厚的路段较为适合。

根据沥青路面设计规范旧路改扩建应遵循的基本原则,对以上几种方案进行详细分析,根据路表面病害程度确定路面改善方案。

②方案详细分析。针对路面病害轻微和严重,分别制订了若干处理方案,然后就其经济性、处理效果和优缺点进行对比,如表7-20和表7-21所示。

病害轻微半刚性基层路面处治方案分析 表 7-20

处治方案	优、缺点
加铺两层(6cm+4cm) 128 元/m^2	较好地改善了路面平整度，但没有将劣化的表面层消除，中后期病害难以避免
再生一层(5cm) 加铺两层(6cm+4cm) 153 元/m^2	可以将表面劣化的沥青混合料予以改善，较好地改善平整度，提高路面结构的耐久性，符合规范提出的在保证一定使用年限的要求下，尽量减少原路的开挖量，减少废弃材料的设计思想
铣刨两层(12cm) 加铺三层(6cm+6cm+4cm)212 元/m^2	对病害轻微的车道而言，该方案处理太强，造价较高

病害严重半刚性基层路面处治方案分析 表 7-21

处治方案	优、缺点
加铺两层(6cm+4cm) 128 元/m^2	老路面性能劣化及缺陷未得到改善，由于加铺层较薄，原路面上的缺陷还会在新沥青路面表面显现，耐久性难以保证
加铺三层(8cm+6cm+4cm) 204 元/m^2	可以在较长的时间内保持路表面的完好，但因老路缺陷没有消除，不排除远期路面出现自下而上的裂缝。另外，由于加铺层太厚，路面高程抬升较大(18cm)，新路填土高度随之增加
铣刨一层(5)厂拌热再生 加铺两层(6cm+4cm) 168 元/m^2	可以消除表面层缺陷，通过厂拌热再生恢复其功能，加铺两层提高其使用性能，因处理层厚小，病害仍会在路表面出现
铣刨两层(8cm)厂拌热再生 加铺两层(6cm+4cm) 192 元/m^2	可以消除表面层及中面层大部分缺陷，通过厂拌热再生恢复其功能，加铺两层提高其使用性能，因处理层厚适宜，病害在路表面出现的几率较小
铣刨两层(12cm)加铺三层 (6cm+6cm+4cm) 212 元/m^2	可以将原路面大部分缺陷消除，路面的强度、耐久性得以提升，但铣刨料没有得到利用，不利于环保
铣刨全部沥青层 加铺三层(8cm+6cm+4cm) 222 元/m^2	可以将原沥青路面内缺陷全部消除，铣刨料没有充分利用，加铺新拌制沥青混合料，提高路面的使用性、耐久性，不利于环保
铣刨全部沥青层(20cm)厂拌冷再生 9cm 后 再加铺三层(8cm+6cm+4cm) 229 元/m^2	可以将原沥青路面内缺陷全部消除，冷再生作为柔性基层，以均匀应力，减少反射裂缝的影响，后期病害较少，养护费用低，铣刨料可以及时再生利用。路面高程抬升不太大，约 10cm，利于调坡。在基层有一定缺陷、沥青层总厚较厚时，较为适宜

根据以上方案比选，参考与本项目相接的连霍郑州段老路改善方案评审意见，对病害轻微路段，推荐采用铣刨表面层(厚度 5cm 左右)现场热再生再加铺 6cmAC-20C(采用 SBS 改性)＋4cmSMA-13(采用 SBS 改性)的改善方案；对病害严重路段，铣刨两层(厚度 8cm 左右)，并厂拌热再生再加铺 6cmAC-20C＋4cmSMA-13 的改善方案；对病害严重路段沥青层较厚(超过 27cm)采用铣刨全部沥青层，保证有 18cm 新拌制沥青混合料，剩余厚度采用厂拌冷再生混合料铺筑；对病害严重、基层破损严重路段，还需将基层挖除换填为水泥粉煤灰稳定碎石结构，其上铺筑新沥青混合料。

(2)复合式路面处治措施

由于复合式路面沥青层厚度在 10～14cm，而水泥混凝土结构的整体性仍较好，现有路面的病害主要集中在沥青层内，水泥混凝土路面改善的重点与半刚性基层基本一致，即恢复路表面使用性能和耐久性。

因此，复合式路面与半刚性基层路面就沥青路面改善的方案基本一致，路表面病害轻微的超车道、行车道的改善方案同半刚性基层路段，不再作比较。现仅就路表面病害严重情况下，对水泥混凝土碎石共振后加铺沥青层和全部铣刨冷再生进行分析，如表 7-22 所示。

病害严重复合式路面处治方案分析 表 7-22

处 治 方 案	优、缺点
铣刨全部，水泥混凝土碎石共振，冷再生后再加铺三层(9cm＋8cm＋6cm＋4cm) 260 元/m²	碎石共振技术在降低碾压混凝土的刚度、消除反射裂缝对沥青面层影响的同时，也削弱了路面的整体强度，施工繁杂，造价较高
铣刨全部沥青层(14)冷再生后再加铺三层(9cm＋8cm＋6cm＋4cm) 233 元/m²	原沥青面层内缺陷全部消除，冷再生作为柔性基层，后期病害较少，养护费用低，铣刨料可以再生利用。路面高程抬升不太大，利于调坡。初期成本较高，但后期养护费用低，全寿命周期成本较低。对于刚性基层上较厚沥青面层较为适宜

根据以上分析比较，对病害严重的复合式路面路段推荐采用铣刨两层(厚度 8cm 左右)，并厂拌热再生再加铺 6cmAC-20C＋4cmSMA-13 的改善方案；局部因高程因素，可参考半刚性基层沥青路面改善方案。

(3)路面改善方案

因半刚性基层沥青路面路段及复合式路面路段改善方案一致，故不再区分二者，而以路表面病害程度、具体加铺厚度以及基层沉陷情况确定具体改善加铺方案，如表 7-23 所示。

郑洛高速公路路面改善方案　　表 7-23

处理类型	分类依据	处理措施
①	路表病害轻微，加铺层厚度 h<10cm	先对各车道、硬路肩先铣刨(10－h)cm，并对行车道和超车道现场热再生 5cm，最后统一加铺 6cmAC-20C＋4cmSMA-13
②	路表病害轻微，加铺层厚度 10≤h<15cm	对各车道、硬路肩采用适当加入新料、新沥青，现场热再生 5cm，然后统一加铺 6cmAC-20C＋4cmSMA-13
③	路表病害轻微，加铺层厚度 15≤h≤18cm	对各车道、硬路肩采用先铣刨(18－h)cm，然后加铺 8cm 厂拌热再生＋6cmAC-20C＋4cmSMA-13
④	路面病害严重、弯沉满足要求基层破损较轻的路段 h<10cm	车道范围铣刨(18－h)cm，硬路肩铣刨(10－h)cm，车道范围先铺筑 8cm 厂拌热再生，然后再统一加铺 6cmAC-20C＋4cmSMA-13
⑤	路面病害严重、弯沉满足要求基层破损较轻的路段 10≤h<15cm	车道范围铣刨(18－h)cm，车道范围铺筑 8cm 厂拌热再生，硬路肩采用适当加入新料新沥青现场热再生 5cm，然后半幅统一加铺 6cmAC-20C＋4cmSMA-13
⑥	路面病害严重、弯沉满足要求基层破损较轻的路段 15≤h≤18cm	对各车道、硬路肩采用先铣刨(18－h)cm，然后统一加铺 8cm 厂拌热再生＋6cmAC-20C＋4cmSMA-13
⑦	路面病害严重、弯沉满足要求基层破损较重的路段沥青层总厚(H<27cm)	对各车道依照附近路段大致层厚铣刨，然后挖除车道处的剩余面层、破损基层，换填为水泥粉煤灰稳定碎石，其上铺筑新拌制沥青混合料；硬路肩的处理措施依照加铺层厚度，参考以上方案进行改善
⑧	路面病害严重、弯沉满足要求基层破损较重的路段沥青层总厚(H≥27cm)	对各车道依照附近路段大致层厚铣刨，然后挖除车道处的剩余面层，车道处铺筑(H－18)cm 厂拌冷再生沥青混合料及 8cm 厂拌热再生沥青混合料、6cmAC-20C、4cmSMA-13；硬路肩的处理措施依照加铺层厚度，参考以上方案进行改善
⑨	隧道内沥青路面总厚度在 14cm 以内	路面处理采用铣刨全部沥青混凝土面层，然后厂拌热再生(h－4)cm＋4cmSMA-13 处理
⑩	隧道内沥青路面总厚度在 19cm 以上，病害轻微路段	路面处理采用先铣刨至设计高程以下 10cm，再对行车道和超车道现场热再生 5cm，然后半幅统一加铺 6cmAC-20C＋4cmSMA-13 处理；硬路肩改善根据加铺层厚度参考以上方案进行改善
⑪	隧道内沥青路面总厚度在 15～22cm、病害严重的路段	路面处理采用铣刨全部沥青混凝土面层，保证车道处表面层 4cmSMA-13 和中面层 6cmAC-20C，剩余厚度均采用厂拌热再生沥青混合料铺筑；硬路肩改善根据加铺层厚度参考以上方案进行改善

3)老路分隔带封闭设计

互通式立交和服务区范围及其两端各2km范围内的现有中央分隔带需重新铺筑路面,该段落内的现有分幅桥涵也需连成整幅。考虑到分隔带宽度仅2～3m,采用较厚的沥青面层压实度难以达到,封闭设计根据各封闭段内路面结构的不同,本着满足使用要求、利于施工、保证质量的原则进行分隔带封闭设计,分隔带内封闭的路面结构一般为:4cmAC-13C＋6cmAC－20C处＋16～18cm厂拌冷再生铣刨料＋3层各15cm厚C15现浇混凝土＋10cm级配碎石垫层。最上一层C15现浇混凝土与厂拌冷再生铣刨料之间设50cm宽抗裂贴,减少接缝处裂缝对面层的影响。

7.2.7 桥梁拼接

7.2.7.1 新建桥梁设计方案

新建桥梁位于单侧加宽或分离式路基段,与老桥上、下部结构均不相连。桥梁设计遵循“安全、适用、经济、美观和有利于环保”的原则,并考虑因地制宜、就地取材、便于施工和养护等因素,结合地形、地质、施工条件、相邻桥梁结构形式及墩高等进行综合考虑,选用了不同的桥型方案。

对于分离式路基路段,桥位尽可能选在沟岸较低、冲沟较窄、抗冲性强、比较稳定的地段。桥孔布设考虑合理性与协调性。跨径选择注意高跨比的协调,使上、下部结构总造价较为经济。选用成熟的桥型,确保结构的可靠性与耐久性,充分考虑施工场地、施工工艺及工期,避免设计与施工脱节。尽可能采用结构连续的上部结构,以利于桥面平整,行车舒适。

25～40m装配式部分预应力混凝土连续箱梁、50m装配式连续T梁结构具有结构刚度大、变形小、行车舒适等优点,采用先简支后连续的施工方法,使箱梁的预制施工机械化、生产工厂化,提高了施工质量。

位于宽浅河流的大桥推荐采用装配式连续梁的桥型方案。当桥墩较高地质条件较差时,跨径宜稍大一些;当桥墩较低地质条件较好时,宜采用较小的跨径。

黄土重丘区路段冲沟发育,路线跨沟时需设置高架桥,高架桥设计也采用便于养护和少养护的结构体系。

中小桥梁在桥型选择时,应根据本地区的自然条件、材料供应及施工要求等进行综合考虑。本项目中小桥推荐采用便于机械化、工厂化施工的跨径16m、20m装配式预应力混凝土空心板桥。

位于单侧加宽路段的桥梁,新桥设计时与老桥“同结构、同跨径”,和单侧加宽的路基顺接,当与老桥分离时进行新建。

7.2.7.2　互通式立交范围内老桥的上下行连接设计

在重丘区，本项目新建单侧四车道作为左幅车行道，现有的双向四车道高速公路改造成右幅的单向四个车行道。考虑到这种改造模式在国内尚属首次，尤其是现有的双向四车道高速公路中央分隔带的改造范围也无资料和已建成项目可参考。对于一般路段(非桥梁路段)中央分隔带的封闭改造设计、施工技术难度均不大，但现有桥梁中间净空隙有 1m 和 2m 两种，桥梁有 T 梁、板梁或组合箱梁等三种类型。考虑到中央分隔带净距过小，下部结构增加桩基和盖梁，施工空间过小，不利于施工，甚至有些由于新老桩基中心距不满足规范要求而无法增加桩基。其次，需对上部结构的左右幅中央分隔带边板进行拼接改建，受力较复杂，施工也较难控制，特别是对于大跨径的 T 梁和组合箱梁桥。因此，从设计、施工技术难度上来看，老路中央分隔带需封闭的长度应充分考虑互通区前后一定范围内的桥梁分布情况，同时又要能满足车辆变换车道需要，以方便车辆上下互通。

1)桥梁横向拼接原则

(1)尽量利用原有结构，采用"同跨径、同结构"的拼宽方式，保证施工便利；

(2)维持原有构造物功能，尽量减少对原有交通的影响；

(3)体现技术先进、方案可靠的原则。

2)空心板桥拼接方案

(1)不增加立柱基桩的拼接方案

从结构利用及便于施工出发，参照以往项目改建工程经验，采用"上、下均相连"的桥梁拼接方案，对老桥的下部基桩进行后压浆加固处理，将老桥的上、下行两幅的盖梁通过植筋、再浇注混凝土等连接在一起，更换原中央分隔带附近部分老空心板，换为板宽 1.33m 的新空心板，使原结构的两幅桥拼接成一个整体。

方案一：将老桥上、下行桥内侧边板去掉，对应盖梁的悬臂端也切割掉，通过计算在盖梁内重新植入钢筋后将上、下行盖梁浇筑成为一个整体。待新浇筑盖梁达到设计强度后，在盖梁上放置三块板宽 1.33m 的新空心板，与老空心板连接在一起形成一个整体。

缺点：上部恒载增加较多，盖梁需植筋的数量较多且需植入的深度较深，施工不方便。

方案二：将老桥上、下行桥内侧各去掉两块板，将盖梁的悬臂端全部切割掉，通过计算在盖梁内重新植入钢筋后将上、下行盖梁浇注成为一个整体。待新浇注盖梁达到设计强度后在盖梁上放置四块新空心板，与老空心板连接在一起形成一个整体。

优点：相对于方案一，上部恒载增加较少，盖梁植筋比较方便，植筋数量也比较少，故推荐方案二作为最终的桥梁拼接方案。

桥梁拼接具体方案为：

①桥梁下部基桩的后压浆，通过在桩侧钻孔，直达持力层，然后以高压旋喷、定向摆喷及静压注浆等方式对桩周围的土层进行置换填充、挤密加固等，从而提高老桥基桩的承载能力，满足桥梁拼接后的要求。

②拆除内侧桥梁护栏、部分空心板及内侧盖梁的悬臂端，留出原盖梁上、下面的主筋，再植入部分钢筋，支模板，扎钢筋，将上、下行桥的盖梁浇注成为一体。

③待盖梁达到设计强度后，架立新空心板，或者更换部分不满足使用要求的其他旧空心板。通过植筋，新旧空心板底面用环氧树脂粘贴钢板等方法，做好新旧板的横向连接。然后浇筑铺装层，完成桥梁拼接。

优点：易实施，利于保通；新老桥上部结构连接刚度适中，整体性好，行车舒适，路容美观；下部原中央分隔带处无须再打桩，对下部结构扰动较小，保证了结构安全。

(2)增加立柱基桩的拼接方案

方案三：以尽量不破坏原结构为出发点，在原中央分隔带中间加一根桩及立柱，柱顶现浇盖梁，新盖梁与老盖梁不连接。拆除原中央分隔带护栏及挡块，在新盖梁上架设两块 0.99m 新空心板，在新板上铺上铺装使原结构的两幅桥拼接成一个整体。

优点：上部施工简单，对老结构破坏最小。

缺点：下部基桩施工困难，钻孔灌注桩设备很难进场，部分桥桩间距很难满足设计要求。

3)先简支后连续箱梁桥拼接方案

以伊洛河特大桥 LHK678+978.0 为例，其上部结构采用 2 孔 35m 的先简支后连续小箱梁结构，下部采用柱式墩台，桩基础，分成分离的两幅建造。根据该桥的竣工资料及现场的实测数据，该桥的扩建采用将原来底宽为 1m 的小箱梁更换成底宽为 1.3m 的小箱梁，然后对中央分隔内的两块小箱梁进行横向连接，下部结构保持不动。新拼宽的小箱梁梁高与现有老桥梁高一致，新拼宽的小箱梁需作特殊设计。

中央分隔带拼宽桥的施工方案：

①先对现有老桥的内侧一个车道进行封闭作为施工空间；

②桥下设防护网，确保桥下正常通行；

③拆除老桥中央分隔带内侧波形护栏；

④拆除老桥中央分隔带附近的左右幅桥的两块小箱梁；

⑤拆除老桥墩台盖梁上的防振挡块；

⑥架设新预制的小箱梁；

⑦拆除老桥内侧一定宽度的桥面铺装结构；

⑧整体浇筑桥面铺装。

4)T梁桥拼接方案

本改扩建工程中需要进行上下行桥梁之间拼接的T梁桥主要有瀍河大桥、卫坡大桥、庄沟大桥。下面以瀍河大桥为例作一说明。

(1)扩建方案选择

瀍河大桥的上部采用6孔50m的简支T梁结构，桥墩下部采用整体式的薄壁墩＋大挑臂预应力盖梁的形式，箱形扩大基础和桩基础两种形式，桥台采用肋式台，桩基础。上部空隙1m，分成分离的两幅建造，下部连成整体，如图7-41所示。

图7-41　瀍河大桥实景图

根据该桥的竣工资料及现场的实测数据，初步设计时对该桥扩建涉及的中央分隔带改造拟订了如下的三个方案(图7-42)。

方案一：对老桥边T梁进行局部黏钢板加固，并在相应的位置植筋浇筑横隔板，凿除边T梁的部分挑臂长度，植入钢筋，然后对中央分隔带内的2块边T梁进行刚性连接。经计算，由于原桥防撞护栏拆除后，该方案改造前后对边T梁的支反力不增加，因此，下部结构无需进行加固处理。

方案二：在老桥边T梁的外侧翼缘下和墩台之间增设一片钢梁，凿除边T梁的部分挑臂长度，植入钢筋，然后对中央分隔带内的2块边T梁进行刚性连接。经计算，由于原桥防撞护栏拆除后，该方案改造前后对边T梁的支反力及桩基反力增加值不超过3%，因此，下部结构无需进行加固处理。

方案三：在中央分隔带内增设一块1m宽的50m跨径的新浇筑的T梁。由于该桥下部采用空心薄壁墩＋大挑臂盖梁形式，本方案增设的 T 梁位于盖梁的中心处。经核查原设计资料，该方案的下部结构能满足要求。

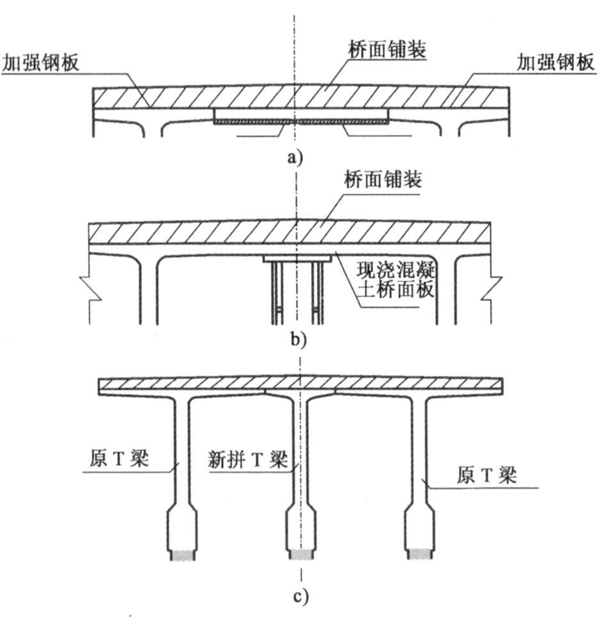

图 7-42 瀍河大桥扩建方案

a)方案一 中央分隔带改造设计图；b)方案二 中央分隔带改造设计图；

c)方案三 中央分隔带改造设计图

本次改扩建采用单侧加宽方案，老路改建特别是老桥的改建可以采用全封闭条件下进行改建，方案三增加一片 T 梁结构受力明确，计算、建模简单，施工时质量易控制，本桥下部无需进行改建。因此，本桥推荐采用方案三。各方案的对比分析如表 7-24 所示。

郑洛高速公路瀍河大桥扩建施工现场图如图 7-43 和图 7-44 所示。

(2)中央分隔带拼宽桥的施工方案

由于瀍河大桥中央分隔带改造的各个方案均需对现有老桥的内侧边梁翼板进行局部凿除、植筋、拼接浇筑混凝土等操作，为确保改造施工过程中正常通车，同时确保改造施工的安全性，本桥的中央分隔带改造建议待左幅新建桥开通后，把洛阳往郑州方向的交通流转移至新建左幅后再进行，同时对现有老路靠近中央分隔带内侧的左右各一个车道进行封闭，郑州往洛阳方向的车流从现有老路的外侧两个车道通行，或者也可以采用新建左幅临时改成双向四车道行驶，本桥进行全封闭改建。

瀍河大桥扩建方案经济比较表 表7-24

项 目	方 案 一	方 案 二	方 案 三
受力状况	由于涉及对现有边T梁的局部加固，受力较复杂	由于采用钢结构加固，桥梁横断面上采用钢、混凝土结合体系，受力较复杂	增加一片T梁，结构受力明确
横向连接状况	T梁翼板混凝土相连，连接处桥面不易开裂	横向采用钢、混凝土结合，两者刚度、挠度相差较大，结合处桥面易开裂	T梁翼板混凝土相连，连接处桥面不易开裂
施工难度	由于涉及植筋、黏钢等新技术，施工控制技术要求较高，施工难度较大	吊装质量较轻	需要预制场地及大型的吊装设备，施工难度一般
后期养护	费用低，技术简单	费用高，技术要求高	费用低，技术简单
施工期间对交通的影响	较大（需较长时间封闭内侧车道）	较大（需较长时间封闭内侧车道）	一般（需短时间封闭内侧车道）
质量控制	施工质量不易控制	施工质量不易控制	施工质量易控制
工程造价（万元）	849	943	790
结论	比较	比较	推荐

图7-43 郑洛高速公路瀍河大桥桥面凿毛

图7-44 郑洛高速公路瀍河大桥扩建下部结构施工图

(3)施工顺序

根据施工空间要求，先对老桥内侧的边T梁翼板进行部分凿除，预制T梁并吊装就位，老桥内侧边T梁的翼缘部分进行植筋，并与新架设的T梁进行连接，整体浇筑桥面铺装。

7.2.8 分离式立交及通道扩建

G30高速公路郑州至洛阳段全线除游殿分离式立交位于分离式路基路段需要进行新建、一处分离式立交位于双侧加宽路段需要进行双侧拼宽外，其余均位于单侧加宽路段，新桥和单侧加宽路基顺接，与老桥分离进行新建。分离式路基段新桥上部构造结构类型及孔径根据下穿道路的等级和净空要求选定。单侧加宽段新桥、双侧拼宽段加宽桥的上部构造结构类型及孔径按原桥确定，同时结合目前道路的远景规划，净空一般与原有结构物保持一致。G30高速公路郑州至洛阳段改扩建工程共设分离式立交22座，上部采用预应力混凝土空心板结构，跨径分别为10m、16m、20m；下部结构为薄壁桥台或桩柱式桥台；基础为钻孔灌注桩。郑洛高速公路分离式立交下部结构施工如图7-45所示。

图7-45 郑洛高速公路改扩建工程东蔡庄分离立交基坑开挖

7.2.8.1 分离式立交

净空分析表明，原分离式立交基本能够满足现被交道通行及规划要求，故改建时未改变原净空标准。考虑被交道已进行过不同程度的下挖，本设计为方便桥下通行，降低被交道改造工程量，拟采取以下措施避免拼宽时桥面横坡影响桥下净空。

位于单侧拼宽路段的分离式立交部分不再下挖被交道，保持新桥空心板底最低点与原桥低点一致，考虑新空心板建筑高度、桥面铺装及路面横坡推算拼宽桥梁控制点的设计高程，在中央分隔带处构成新老桥高程差异；考虑到新老路基之间中央分隔带开口的设置，新老桥的高程不能有很大差异，为保证与老桥相同净高，部分分离式立交仍需要下挖改造被交道。

位于双侧拼宽路段的分离式立交因两侧拼宽桥梁必须与老桥桥面高程、横坡顺接，为保证桥下净空，设计下挖改造被交道。

7.2.8.2 通道

G30高速公路郑州至洛阳段改扩建工程共设通道221道。受高速公路路面横坡影响，暗通道加宽后涵顶最小填土高度会有所降低。当加宽后填土高度大于或等于0.5m时，拼宽的通道底纵坡按照原通道设计；当加宽后填土高度小于

0.5m时，通道底纵坡根据主线纵坡、路面横坡进行调整，使暗通道加宽后填土高度大于或等于0.5m。

为保证通道净空，明通道底纵坡根据主线纵坡、路面横坡调整确定。

对需调高净空的现有通道，先挖除原通道铺底，再下挖被交路至新设铺底底面高程设计值，切除原通道在该高程以上露出涵身外的基础部分，然后铺设40cm厚C30现浇混凝土通道底铺装，通道底铺装兼起支撑梁的作用。郑洛高速公路通道接长施工如图7-46所示。

图7-46　郑洛高速公路通道接长施工图

7.2.9　互通式立交扩建

7.2.9.1　互通式立交设置情况

G30高速公路郑州至洛阳段扩建工程推荐路线共设互通式立交10处，天桥26座(含6座拆除后新建天桥)，沿线互通式立交如表7-25所示。

G30高速公路郑州至洛阳段互通式立交一览表　　表7-25

序号	名　称	交叉桩号	与前一互通间距(km)	交叉形式	利用情况	被交路	
						名　称	等级
1	荥阳互通	K3+303.415	9.800	双喇叭	重建	S232省道	二级、规划一级
2	上街互通	K14+439.308	11.136	半苜蓿叶	部分改建	X042县道	二级
3	巩义东互通	K34+167.877	19.729	半苜蓿叶	部分改建	巩义黄河桥连接线	二级
4	巩义互通	K40+880.342	6.712	单喇叭	部分改建	伊洛河大桥连接线	二级
5	偃师互通	K63+095.793	22.215	单喇叭	部分改建	X006县道	二级

续上表

序号	名　　称	交叉桩号	与前一互通间距(km)	交叉形式	利用情况	被交路	
						名　　称	等　　级
6	孟津互通	K74＋179.100	11.083	单喇叭	部分改建	G207	二级
7	朱家仓枢纽	K76＋572.500	2.393	变异苜蓿叶	改造新建	二广高速	高速
8	洛阳东互通	K80＋028.800	3.456	单喇叭	部分改建	S238	二级
9	洛阳西互通	K93＋687.300	13.659	单喇叭	部分改建	洛阳西互通连接线	一级
10	洛阳西南绕城	K102＋884.473	9.197	单喇叭	部分改建	高速公路	高速

7.2.9.2　互通式立交设计标准

各互通式立交匝道计算行车速度均采用40km/h，匝道路基宽度为：单向单车道匝道路基宽度为8.5m；单向双车道匝道路基宽度为12m；对向分离双车道路基宽度为15.5m；对向分离3车道匝道路基宽度为19m。

7.2.9.3　现有互通式立交现状调查及技术指标确定

(1)现有互通式立交现状调查

根据外业实地调查，目前全线10处互通式立交的运营使用状况良好。根据项目交通量预测，远期的直行通道交通量的增长较大，而转弯交通量除了荥阳互通、朱家仓枢纽、任庄枢纽以外，其余互通均较小，洛阳西互通出入交通量受洛阳旅游城市影响，交通量呈现季节性变化较大。

根据实地测量及原设计文件资料，现有互通的匝道线形满足现行规范的要求，现状运行状况良好。通过对调查结果和预测交通量的分析，结合主线的加宽方式，除了荥阳互通式立交外，采用改建南侧互通匝道方案，北侧的互通匝道及变速车道不再改建。

(2)匝道车道数确定

现有互通式立交匝道均为8.5m宽单向单车道及15.5m宽对向双车道，互通改建需要根据交通量验算确定改建互通的匝道通行能力及匝道车道数。

由工可报告预测的新线2023年各立交匝道转弯交通量，按照《公路路线设计规范》(JTG D20—2006)规定计算，除荥阳互通郑州—焦作方向和任庄枢纽洛阳西南绕城—三门峡方向交通量较大，需设置双车道外，其他互通立交各匝道的交通量均较小，单车道匝道就能满足需求。

(3)现有收费站拆除情况

规范规定收费广场中心线至匝道分岔点的距离不得小于75m。现有荥阳、上街互通为半苜蓿叶互通，现内环匝道半径较小。因此，拟将荥阳互通改建为双喇叭形式，原有半苜蓿叶互通及其2处收费站在改建完成后废弃拆除；上街互通改建南侧部分，高速公路南侧拓宽后将进一步压缩主线与收费站方向间的距离，新匝道布设后不能满足上述规范要求。因此，上街互通南侧收费站需拆除重建。

巩义互通现收费广场中心线至匝道分岔点的距离55m，新匝道布设后能维持现状，但不能满足规范要求，拟将其拆除移位重建。

巩义东和偃师互通新匝道布设后收费站广场中心线至匝道分岔点距离满足规范，收费站可保留。

7.2.9.4 互通式立交改建方案

除荥阳互通式立交外，本扩建工程涉及的互通立交扩建均采用改建南侧互通匝道方案，北侧的互通匝道及变速车道不再改建。下面以孟津互通式立交和荥阳互通式立交为例作一说明。

1)孟津互通式立交

(1)互通立交区的设计交通量

孟津互通式立交设计交通量如表7-26所示。

孟津互通设计交通量(辆小客车/d) 表7-26

年份 类别	2009年	2015年	2020年	2028年
直行交通量	18 713	27 660	35 800	46 941
转向交通量	1 346	1 883	2 346	2 940

(2)互通现状

孟津互通位于郑洛高速LHK675＋200～LHK676＋250范围内，主线设计行车速度120km/h，原互通为A式单喇叭形，主线现为四车道断面，与主线相接的A、B、C、D匝道均为单向单车道匝道，E匝道为对向双车道匝道。在LHK675＋779.503处有一座3—16m预应力混凝土空心板主线桥，E匝道下穿主线，E匝道上设置2进2出收费站。在LHK676＋039.15处有一座1—16m预应力混凝土空心板主线桥，G207国道下穿主线。

(3)改建方案

互通保留现有的A式单喇叭形，主线改造方案为在原郑洛高速南侧拼宽单向四车道，故原互通路线北侧部分保留使用，路线南侧的部分进行相应改造，C、D匝道与新建拼宽的路幅相衔接，同时考虑交通量的增加，E匝道上现有的2进2出收费站改建为2进4出收费站，如图7-47所示。

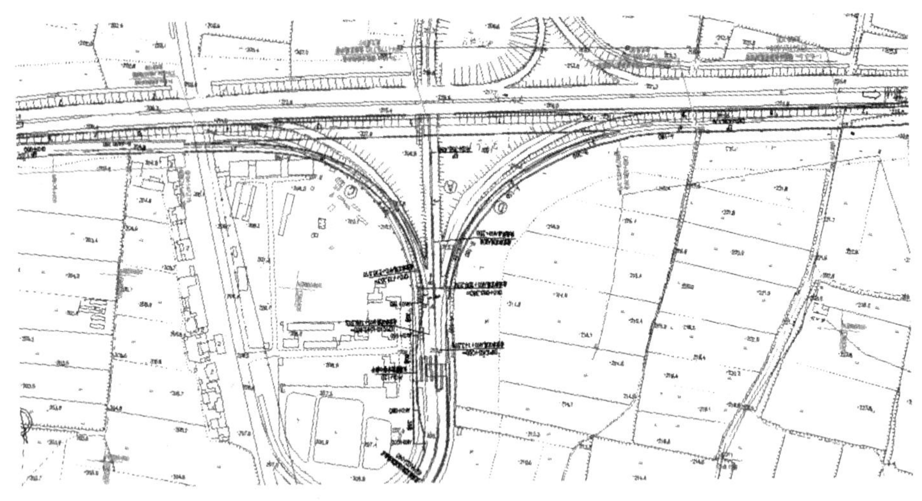

图7-47 孟津互通式立交扩建平面示意图

(4)其他事项说明

①互通匝道设计指标按照40～60km/h的设计速度进行控制；

②单向单车道路基宽度为8.5m，对向双车道路基宽度为15.5m；

③桥梁：主线桥64m/2座。

2)荥阳互通

(1)交叉位置和被交路

该互通位于荥阳市北高村乡西张村，被交路为荥阳至高村省道S232，中心桩号K3+303.415。原立交为半苜蓿叶式立交，老郑洛路与S232交叉处于东北、东南象限设置了对称布置的部分苜蓿叶形互通，主线跨被交道桥为3—16m预应力混凝土空心板桥。互通区域地形平坦，但互通附近建筑物较多。

(2)预测交通量

根据交通量预测结果，本互通转移交通量以东—北、北—东最大，该互通总转向交通量目标年近19 000辆，东北象限往返转向交通量占60%。S232省道远期将改建为焦作至荥阳一级路，南北向横向交通量将有较大增加。

(3)互通等级及主要技术标准

荥阳互通等级为二级，主线设计速度为 120km/h，匝道设计速度 40km/h。单向单车道匝道路基宽度 8.5m，单向双车道匝道路基宽度 12m，对向 3 车道匝道路基宽度 19m。

(4)互通方案

S232 省道远期将改建为焦作至荥阳一级路，为满足交通流快速转换的需求，根据交通量分布情况，主交通流方向拟采用单向双车道匝道。为减少拆迁和占地，缩小立交规模，立交形式拟采用双喇叭形。同时，为满足次交通流方向交通转换的需求，并保证主交通流方向交通转换的快速、顺适，立交布设时采用了 A 式喇叭形，并将环圈式匝道设在次交通量方向。结合现场条件，拟订了两个方案。

方案一：根据交通量预测，其主交通流分布在郑州—焦作方向，即东北象限，新建立交收费站设置在交叉点的东北象限，与一级公路相接环圈匝道半径为 50m，与高速公路相接环圈匝道半径为 60m，连接匝道上跨现有郑洛路和 S232。原部分苜蓿叶形互通在新互通建成后拆除，如图 7-48 所示。

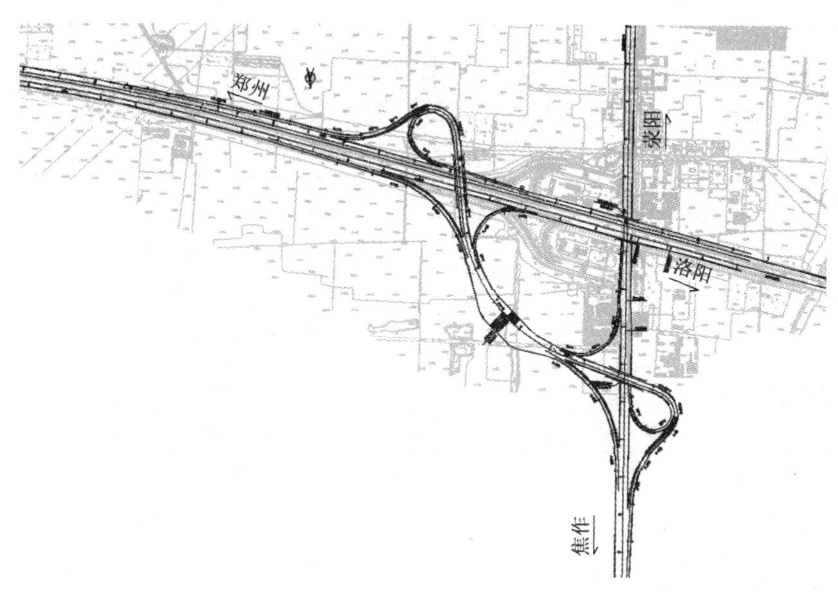

图 7-48　荥阳互通立交方案一平面示意图

方案二：即工可方案，与方案一形式相似的双喇叭形互通方案，但收费站设置在东南象限，与一级公路相接环圈匝道半径为 50m，与高速公路相接环圈匝道半径为 60m，连接匝道上跨现有郑洛路和 S232。原部分苜蓿叶形互通在新互通建成后拆除，如图 7-49 所示。

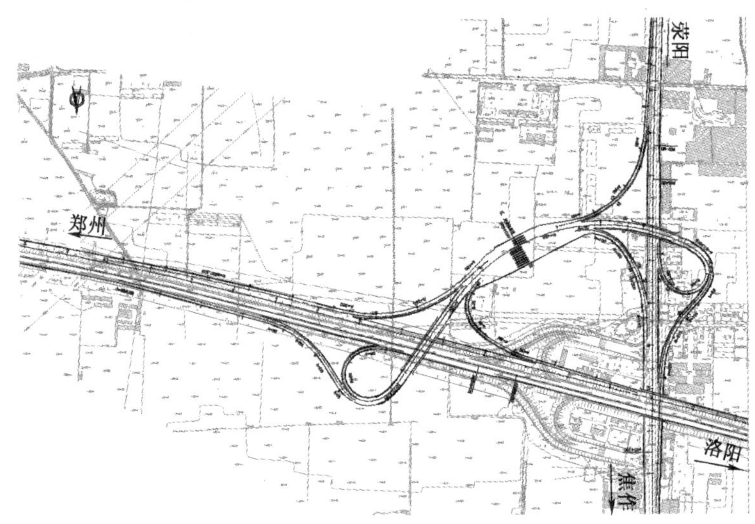

图 7-49　荥阳互通立交方案二平面示意图

(5)方案比选

针对上述两个互通立交方案,从占地面积、匝道指标、工程数量等方面作了对比分析,如表 7-27 所示。两个方案的优、缺点分析如表 7-28 所示。

荥阳互通式立交方案比较表　　表 7-27

项目＼方案		方案一	方案二	备 注
交叉方式		主线上跨	主线上跨	
互通方式		双喇叭	双喇叭	
被交叉公路名称及等级		S232,规划一级	S232,规划一级	
土方数量(m^3)	填	563 199	555 032	
	挖	35 523	39 130	
占地面积(m^2)		3.23×10^5	3.18×10^5	
匝道	设计速度(km/h)	40	40	
	最小半径(m)	50	50	
	最大纵坡(%)	3.5	3.8	
	全长(m)	5 215.074	5 141.161	
桥长(m/座)		328.24 / 3	328.24/ 3	
涵洞(m/道)		254.12/12	253.62/12	
路面工程(m^2)		96 151	93 605	
结论		推荐	不推荐	

荥阳互通式立交方案优、缺点分析表 表7-28

方案 \ 优、缺点	优 点	缺 点
方案一	互通布置与转向交通量分布情况相符,行车条件较好; 拆迁少,对周边村庄影响小	建设期间对现有互通有一定影响,需作相应的交通组织; 造价较高
方案二	主线为南侧加宽,互通同在南侧布置,建设期间对现有互通影响较小; 造价较低	互通布置与转向交通量分布不符,主交通流绕行较远; 拆迁量较大,需拆掉在建的荥阳市招商引资项目泰可思服装厂厂房

经综合比较,初步设计将方案一作为推荐方案。

(6)其他事项说明

由于S232省道远景年交通量较大,而改建升级为一级路仅为规划项目,实施时间难以确定,因此,荥阳互通采取一次规划设计、分期实施的方案,先期与S232采用平交形式,远期待交通量增加后,与被交道升级一起改建为匝道上跨S232的双喇叭立交,荥阳互通立交推荐方案一平面示意图如图7-50所示。

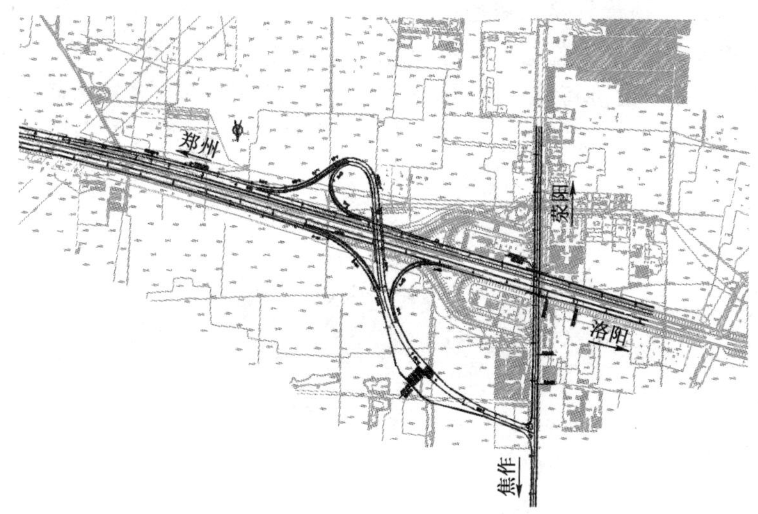

图7-50 荥阳互通立交推荐方案一平面示意图

7.2.10 沿线设施设计方案

7.2.10.1 双侧加宽路段

原道路的路侧护栏全部拆除,加宽道路两侧依据规范新设桥梁混凝土护栏和土方路段波形梁护栏，所设防撞护栏的等级均应满足规范的要求。原道路拆除的波形梁护栏可用在天桥、互通式立交的被交道路；拆除的部分护栏立柱经镀锌防腐和喷塑翻新处理后，利用在明涵（明通道）或填土高度不能满足护栏立柱打入深度的暗涵（暗通道）路段。

由于加宽改建后的路面高出原道路路面 10cm，原道路中央分隔带波形梁护栏须全部拔除，重新移位打入。中央分隔带开口处活动护栏、防眩设施保留利用。

道路两侧的隔离设施、轮廓标全部拆除重新设置；交通标志和道路标线全部重新布设。拆除的标志进行简单的加工改造，可用作道路施工阶段的保通临时标志。

7.2.10.2 单侧加宽路段

本改扩建工程的单侧加宽工程为向原道路的南侧加宽扩建，因此，主要拆除原道路南侧路侧护栏改设为中央分隔带护栏，南侧其他安全设施全部拆除。原道路北侧的安全设施在原则上保留利用，只是需在提高防护等级的路段重新设置护栏。拆除的安全设施的处理方式同双侧加宽路段。

7.2.10.3 新建分离式路基

全段按规范要求设置安全设施，其采用的结构形式尽量同原道路设施保持一致，以便更好地衔接和统一。原道路的安全设施的处理方式同单侧加宽路段。

第 8 章　高速公路改扩建效果和经验总结

2008 年 12 月 1 日，连霍高速公路郑州刘江至广武段改扩建工程正式通车，宣告河南省首条高速公路改扩建工程正式投入运营。G4 高速公路安阳至新乡段和郑州至漯河段即将于 2010 年完成扩建，尽管全线的扩建工程尚未完工，但是扩建工程所带来的部分效益已经或即将显现。现仅就目前所呈现的扩建效果和所取得的经验总结如下。

8.1　高速公路改扩建的效果和经验

8.1.1　G30 高速公路刘江至广武段改扩建效果

2008 年 12 月 1 日上午，河南省交通厅举行了“连霍高速公路刘江至广武段改扩建工程通车新闻发布会”，标志着河南省首个高速公路改扩建工程——连霍高速公路郑州段改扩建工程全面完工并投入运营。

G30 高速公路刘江至广武段改扩建工程东起 G30 高速公路与 G4 高速公路交叉的刘江互通立交，西至 G30 高速公路与郑州西南绕城高速公路交汇处，全长 40.5km。改扩建工程采用两侧加宽的方法，在原四车道高速公路两侧各加宽 8m，拼宽成整体式双向八车道高速公路，加宽扩建后的高速公路分别如图 8-1～图 8-4所示。

图 8-1　G30 高速公路刘江至广武段扩建竣工时照片

图 8-2　G30 高速公路刘江至广武段扩建后门架指路标志

G30 高速公路刘江至广武段改扩建工程于 2006 年 7 月动工兴建，经过 29 个月的紧张施工，于 2008 年 12 月 1 日全部完工投入运营，现在已经正式运营一年多的时间。目前的扩建效果主要表现在以下两个方面。

图 8-3　G30 高速公路刘江至广武段扩建后的 PVC 景观声屏障

图 8-4　G30 高速公路刘江至广武段主线桥梁扩建效果

(1)通行能力成倍提高

G30 高速公路刘江至广武段改扩建工程采用在原路两侧加宽的方式，即在原四车道高速公路两侧各加宽 8m，拼宽成整体式双向八车道高速公路，路基宽度由 26m 增加到 42m，桥面由净宽 2×11m 增加到 2×19m。为此，全线共改建、增设柳林、惠济、沟赵、郑州西南绕城 4 座互通立交，加宽分离式立交 14 座，加长、升高涵洞 100 道，改建服务区 1 处。根据新的设计标准，改扩建工程完工后的日通行能力将比老路提高一到两倍，基本可以满足未来 20 年内的交通发展要求。

G30 高速公路刘江至广武段改扩建工程的竣工不仅有效缓解了连霍高速公路交通压力，提高了综合服务水平，而且使省会的辐射能力进一步增强，区位优势得以巩固。G30 高速公路刘江至广武改扩建工程将与郑州西南绕城高速公路、京港澳高速公路新乡至郑州段一起，形成全部由六到八条车道高速公路组成的目前在我国车道最多的环城高速公路。此举对于拉大郑州市城市框架、建设区域性中心城市、带动周边卫星城发展均具有重要现实意义。该改扩建工程与我省现有的公路、铁路、航空运输系统能力的提升结成一体，极大地提高了中原城市群的整体辐射能力，使我省的区位优势得到进一步的巩固。

(2)施工保通措施全国领先

施工期间的道路保通问题，是困扰国内外道路施工界的难题。沈大高速公路为确保扩建施工的顺利实施，对高速公路进行了全程封闭。沪宁高速公路改扩建虽然实现了不中断交通，但却采取货车分流等一系列交通管制措施，仍对交通产生了一定的影响。G30 高速是我国非常重要的国道主干线，一旦断行将给我国东西部地区公路运输往来产生重大影响。因此，从项目立项伊始，就确定了扩建工程必须在不断行、不分流，边通行、边施工的情况下实施，这在我国当时尚属首例。

为确保工程实施期间高速公路的安全畅通，项目业主单位——河南高速公路发展有限责任公司在总结以往改扩建工程经验的基础上，按照精细化管理的原则制订了安全保通方案。

首先，通过与湖南大学等高校和科研单位合作，结合改扩建施工方案，制订了总体保通方案框架；其次，在不同阶段制订了详细的保通方案；第三，针对不同阶段的保通方案与交警、路政联合召开论证例会。为了确保安全畅通，施工路段所有交叉路口、主要路段均设置了醒目的提示标志，保通人员 24 小时值勤，指挥、疏导车辆。为了确保路面畅通，还设置了电子监控系统和测速车，随时纠察违章车辆。由于措施得力，在整个扩建施工期间未出现一起重、特大交通事故。

经跟踪观测，目前 G30 高速公路刘江至广武段全线路面平整，路基稳定，构造物安全，排水设施顺畅，横向新老路面和桥梁的连接部位均没有出现纵向开裂，全线工程达到了预期扩建目标。

8.1.2　G30 高速公路郑州至洛阳段改扩建经验总结

(1)因地制宜制订恰当的改扩建方案

每个高速公路改扩建工程都有自己的特点，原有郑州至洛阳高速公路的现状和复杂地形特点决定了其改扩建方案必定是独特的，不能直接搬用别的扩建工程经验和方法。G30 高速公路郑州至洛阳段是我国第一条山岭重丘区高速公路改扩建项目，其主要特点是平原微丘区和黄土重丘区交错出现，重丘区路段比较长，这就决定该改扩建工程必须采用大规模进行单侧加宽的改扩建方式。

(2)路基加宽方案

G30 国道主干线郑州至洛阳高速公路扩建工程分别采用了双侧整体式加宽、单侧整体式加宽和单侧分离式加宽三种路基加宽方式，即在平原微丘区采用双侧整体式加宽、在重丘区采用单侧整体式加宽、在深切冲沟的重丘区采用单侧分离式加宽进行改扩建。通过从通行能力、行车安全性、土地占用、与后续扩建项目的衔接方式、现有桥梁的改扩建难度、原路缺陷的改造等方面进行的对比分析表明，这种选择是正确、明智的。

(3)中央分隔带的合理利用

本扩建工程除起点段两公里采用双侧拼宽外，其他段落均采用单侧加宽的改扩建方式，老路由现有的双向四车道改为单向行驶，新老路基共同构成双向八车道高速公路，原路的中央分隔带处理是一个值得关注的问题。

河南省境内早期建设的高速公路中央分隔带宽度多为2～3m，平原微丘区中央分隔带宽3m，山岭重丘区中央分隔带宽2m。经研究发现，除互通式立交和服务区路段车辆有变换车道的需要外，其他一般路段车辆按车型和行驶速度分车道行驶，正常行驶的车辆没有变换车道的需求，且加宽一侧的硬路肩为个别故障车辆提供了安全保障，因此，最终选定“仅在互通式立交及服务区路段将原高速公路中央分隔带进行路面封闭和桥梁连接处理，其他一般路段保留现有中央分隔带”的方案作为实施方案。

(4)原路面改善方案

根据G30国道主干线郑州至洛阳高速公路的检测成果，老路路面的竖向承载能力尚可，但表面病害反映出路面结构内的劣化、缺陷相当严重。因此，结合沪宁、沈大高速公路改扩建成功经验，不需对基层进行过多的补强，而应把重点放在提高老路的使用性能和耐久性方面。主要措施是：对病害轻微路段，推荐采用铣刨表面层(厚度5cm左右)现场热再生再加铺6cmAC-20C(采用SBS改性)+4cmSMA-13(采用SBS改性)的改善方案；对病害严重路段，铣刨两层(厚度8cm左右)，并厂拌热再生再加铺6cmAC-20C+4cmSMA-13的改善方案；对病害严重路段沥青层较厚(超过27cm)，采用铣刨全部沥青层，保证有18cm新拌制沥青混合料，剩余厚度采用厂拌冷再生混合料铺筑；对病害严重、基层破损严重路段，还需将基层挖除换填为水泥粉煤灰稳定碎石结构，其上铺筑新沥青混合料面层。

(5)桥涵构造物拼接技术

新建桥梁位于单侧加宽或分离式路基段，与老桥上、下部结构均不相连。桥梁设计遵循“安全、适用、经济、美观和有利于环保”的原则，并考虑因地制宜、就地取材、便于施工和养护等因素，结合地形、地质、施工条件、相邻桥梁结构形式及墩高等进行综合考虑，选用适用的桥型方案。

在重丘区，位于互通式立交和服务区前后的路段，中央分隔带需要进行改造，因此，需要对新老桥梁进行拼接。面临的主要技术难题首先是现有桥梁中间净空隙只有1m和2m，桥梁有T梁、板梁或组合箱梁三种类型，中央分隔带净距过小，下部结构增加桩基和盖梁，施工空间过小，不利于施工；有些由于新老桩基中心距不满足规范要求，导致无法增加桩基。此外，需对上部结构的左右幅中央分隔带边板进行拼接改建，受力较复杂，施工也较难控制，特别是对于大跨径的T梁和组合箱梁。

基于上述考虑，本改扩建工程制订了如下的拼接设计原则：

①尽量利用原有结构,采用“同跨径、同结构”的拼宽方式,保证施工便利;

②维持原有构造物功能,尽量减少对原有交通的影响;

③体现技术先进、方案可靠的原则。

(6)施工组织与保通方案

在制订交通组织方案的过程中,首先树立了“以人为本”的设计理念,结合改扩建工程的特点,针对路基路面、桥梁涵洞、互通式立交的不同施工阶段,制订了科学合理的施工组织计划,重点做好双侧加宽路段、双侧加宽路段向单侧加宽路段的过渡段、单侧加宽路段、互通立交范围需拆除重建以及构造物加宽接长等重要工点的交通组织方案,必要时通过设计方案的调整确保工程施工期间老路车辆安全通行。

8.2 高速公路改扩建的建议

目前,我国在高速公路加宽改扩建方面只有短短十几年的经验,还没有成熟的设计方法、计算理论和规范指导。因而,在对高速公路进行加宽扩建之前,必须针对改扩建工程涉及的主要内容,如原路的现状、地形特点、路基损坏机理、加宽方案以及桥梁等构造物的扩建方案等进行论证和分析,以期对设计状态有全面系统的把握,提出合理的设计方案,从而保证设计的合理性和施工质量。结合河南省境内高速公路的改扩建实践,有以下建议:

(1)高速公路改扩建工程技术是高速公路可持续发展的体现,它面对的技术问题不同于新建项目,建议交通主管部门和各科研部门加强科技攻关、开展技术创新、技术总结和整理工作,在不断积累以往工程经验的基础上,尽早形成高速公路改扩建工程建设成套技术。

(2)我国早期修建的高速公路采用的是《公路工程技术标准》(JTJ 001—97)(甚至更早),而当前执行的是《公路工程技术标准》(JTG B01—2003)及相关的技术标准和规范。由于新旧标准在荷载水平等方面有差异,因此,会出现采用不同技术标准的新老路基、路面和桥梁结构物并存的现象,今后应针对受力性能的差异进一步加强研究,尽早提出设计控制措施和指导意见。

(3)应针对改扩建完成的高速公路,加强资料和数据收集工作,根据扩建后通车运营以来的交通量、维修、养护技术数据,与原路的交通量、维修、养护技术数据以及使用状况作对比分析,为今后确定改扩建工程的技术标准和技术方案提供可靠的依据。

(4)针对改扩建项目的特点和关键技术提前安排技术攻关工作,尤其是针对软土地基段新老路基间衔接技术，开展路基沉降观测、技术方案对比、新技术应用以及技术经济比较等方面的研究，以期尽早取得突破，为软土地基段新老路基间衔接设计和施工提供参考。

(5)对于交通量增长较快、工程条件复杂的新建高速公路项目，针对局部复杂的单体工程，其建设标准和规模的确定应为将来的扩建做好必要的技术准备。欧美等公路交通运输体系较为完善的国家已经在这方面作出了表率，有经验的设计师在公路桥梁的规划设计阶段通常会对其日后的拓宽做好准备，如 SBWM (Strutted Box Widening Method) 法和 SGWM (Strutted Girder Widening Method)法就为预应力混凝土箱梁的拓宽提供了一个很好的思路，值得国内同行借鉴。

(6)高速公路改扩建工程中的互通式立交扩建是一个难点，互通立交有多种形式，各种形式互通立交的扩建可能存在多种扩建方式及施工组织方案，相应地有多种交通流组织方案。目前，高速公路扩建实践仅对互通立交简单扩建方式的交通流组织方案进行了探讨，而事实上高速公路扩建期交通流组织优化研究涉及的内容十分广泛，今后还需要对各种互通立交扩建可能的交通流组织方案体系作进一步研究。

总之，G4 高速公路和 G30 国道主干线是贯穿我国南北和东西的重要公路交通大动脉，在河南及整个中原地区的公路运输网中地位非常突出。这两条主动脉的改建扩宽工程，将进一步完善国家和河南省的高速公路网建设，对中原地区乃至国家干线公路的通行、运输能力和公路服务水平提高、行车条件的改善都将产生极大的推动作用。

参考文献

[1] 中华人民共和国行业标准. JTG H10—2009 公路养护技术规范[S]. 北京:人民交通出版社,2009.

[2] 河南省交通规划勘察设计研究院有限公司. 京港澳高速公路安阳至新乡段改扩建工程可行性研究报告[R],2004.

[3] 河南省交通规划勘察设计研究院有限公司. 连霍国道主干线郑州至洛阳高速公路改扩建工程可行性研究报告[R],2007.

[4] 河南省交通规划勘察设计研究院有限公司. 连霍国道主干线郑州至洛阳高速公路改扩建工程初步设计[R],2008.

[5] 于凤河,张永明,宋金华. 道路改扩建工程设计与施工技术[M]. 北京:人民交通出版社,2004.

[6] 褚晨枫. 高速公路改扩建旧路检测与评价技术[D]. 长沙:长沙理工大学,2008.

[7] 孙一挥. 公路工程可行性研究质量评价方法研究[D]. 西安:长安大学,2007.

[8] 寇小兵. 公路可行性研究中若干问题的理论分析与应用研究[D]. 成都:西南交通大学,2005.

[9] 马新勇. 中、小跨径混凝土桥梁承载力评定指标计算分析研究[D]. 西安:长安大学,2009.

[10] 夏阳. 改扩建高速公路交通量预测方法研究[D]. 武汉:武汉理工大学,2006.

[11] 舒晓武. 高速公路加宽工程技术及应用研究[D]. 天津:天津大学,2005.

[12] 韩宝睿. 高速公路改扩建工程方案研究的关键技术分析[D]. 南京:东南大学,2005.

[13] 王宗华. 高速公路桥梁加宽拼接技术优化研究[D]. 西安:长安大学,2009.

[14] 宋学文. 高速公路扩建期交通流组织优化研究[D]. 武汉:武汉理工大学,2008.

[15] 郭骞,唐光武,寇晓娜. 公路中小跨径旧桥检测及承载力评估方法[J]. 交通标准化,2008,4:102-106.

[16] 吴玉涛. 高速公路改扩建项目经济评价方法探讨[J]. 中国公路,2006,15:96-97.

[17] 赵延庆，王家杰，刘伟. 适合我国高速公路交通荷载特性的轴载谱参数分析[J]. 华东公路，2008，2：34-37.

[18] 赵鸿铎. 轴载测定与轴载谱分析[J]. 公路，2002，12：70-75.

[19] 彭向荣. 广佛高速公路扩建工程设计的经验与体会[J]. 广东公路交通，2006，2：30-32.

[20] 刘奉侨，曲向进，聂鹏，等. 沈大高速公路改扩建工程路基加宽技术[J]. 辽宁交通科技，2005，1：1-7.

[21] 陈胜营，刘祖祥. 高速公路改扩建方案思考[J]. 公路，2001，1：11-14.

[22] 桂炎德. 高速公路拓宽设计方法初探[J]. 公路，2005，7：59-64.

[23] 钱劲松，凌建明，黄琴龙. 路基拓宽工程设计方法研究[J]. 公路交通科技，2007，24(5)：43-47.

[24] 吴文清，叶见曙，鞠金荧，等. 高速公路扩建中桥梁拓宽现状与方案分析[J]. 中外公路，2007，27(6)：100-104.

[25] 于大涛，王可君. 沪宁高速公路路面扩建设计探讨[J]. 中外公路，2007，27(6)：35-39.

[26] 徐邦凯，余泽新. 喇叭形互通改扩建方案探讨[J]. 中外公路，2008，28(2)：207-210.

[27] 朱建强，张贵廷. 预应力混凝土桥梁的加宽方法[J]. 世界桥梁，2006，2：61-63.

[28] 邵景干. 郑漯高速公路改扩建工程关键技术分析[J]. 公路交通科技(应用技术版)，2009，1：103-107.

[29] 张金鹏. 郑州至漯河高速公路改扩建工程设计方案[J]. 交通科技，2006，5：45-47.

[30] 房筱莉，王桂侠，贾述评. 日本高速公路改扩建[J]. 吉林交通科技，2008，1：70-71.

[31] 李峰. 美国高速公路[J]. 公路，1994，10：44-48.

[32] 赵佳军，李捷，王华城，等. 日本高速公路管理和扩建技术[J]. 现代交通技术，2004，1：23-29.

[33] 张丰焰，周伟，王元庆，等. 高速公路改扩建工程交通组织设计探讨[J]. 公路，2006，1：109-113.

[34] 谭积青. 广佛高速公路沥青路面维修及沥青再生研究[J]. 广东公路交通，2005，1：4-7.

[35] 颜彬，徐世法，高金歧，等. 沥青再生技术的现状与发展[J]. 北京建筑工程

学院学报，2005,21(1):72-75.
[36] 苏小萍,熊巍,刘松,等.厂拌冷再生技术在高速公路基层的应用研究[J].上海公路,2006,2:25-28.
[37] 邵景干.郑漯高速公路加宽工程新旧桥梁拼接设计施工技术研究[J].公路交通科技,2009,2:95-98.